新版 お金持ちになれる黄金の羽根の拾い方
知的人生設計のすすめ

橘　玲

幻冬舎文庫

定義
Definition

【目標】

Goal

真に自由な人生を生きること。

【自由】

Liberty

何ものにも束縛されない状態。

【経済的独立】

Financial Independence

国家にも、会社にも、家族にも依存せず、
自由に生きるのに十分な資産を持つこと。

【近道】

Shortcut

最短距離で目標に到達できる、少数のひとしか知らない方法。

【黄金の羽根】

Golden Feather

制度の歪みから構造的に発生する〝幸運〟。
手に入れた者に大きな利益をもたらす。

文庫版まえがき

本書は２０１４年9月に発売された『お金持ちになれる黄金の羽根の拾い方２０１５』の文庫版です。親本は２００２年12月発売の『お金持ちになれる黄金の羽根の拾い方』で、改訂版を出したのは、原著の出版から10年以上が過ぎて、変わったところと変わっていないところを整理したいと考えたからです。

今回の文庫化はそれからさらに約３年が経過したわけですが、その間に重要な出来事がいくつかありました。

ひとつは２０１６年1月からマイナンバー（社会保障・税番号制度）の運用が始まったことです。

ふたつめは、法人に対する社会保険（厚生年金保険・健康保険）の加入義務が厳格化されたことです。

3つめは日本国外で保有される資産を捕捉する試みが強化され、2018年からは香港・シンガポールを含む先進国間での税務情報の自動情報交換が始まることです。

これらの政策は、日本をはじめ世界の先進諸国が置かれた環境の大きな変化を背景としています。

ICT（情報通信技術）の急速な進歩は、国家が国民をデジタル情報で管理することをますます容易にしています。先行しているのはスウェーデンなど北欧の国々で、出生とともに個人番号が付与され、所得税の確定申告から失業保険、児童手当など社会保障の給付申請、医療費の支払い、年金情報の提供、パスポートや運転免許証の個人認証、公立図書館の利用まで、さまざまな行政サービスを自宅にいながら電子的に済ませることができます。さらには民間事業者もその情報を（本人の同意のもとに）利用でき、銀行・証券会社の口座開設、クレジットカードの利用、保険取引、賃貸住宅の契約、携帯電話の新規契約まで、「番号なしでは生活できない」といわれるほど国民生活に浸透しています。

「後進国」と見なされていたインドでも、大手IT企業インフォシスの共同創業者ナンダン・ニレカニの陣頭指揮のもと、国民一人ひとりの顔画像、指紋、目の虹彩画像を登録し、12桁のＩＤ番号を付与する生体認証システム「Aadhaar（アドハー）」の運用が２０１０年から開始されました。インドではカースト制度による差別と貧困が深刻な社会問題になっていますが、これによって年金や補助金の不正受給を防ぎつつ必要なひとに適切な支援を行なうことが期待されています。スウェーデンと同様、このシステムは民間にも開放されており、ムンバイなどインドの都市部では現金もクレジットカードも使わず、ＩＤと指紋認証だけで携帯電話の契約や店舗での支払いが完結するとのことです。

こうした国々に比べれば日本はいまだに「ＩＴ後進国」ですが、国民総背番号による行政サービスの効率化や民間企業の生産性向上が目指されているのは間違いないでしょう。

日本が抱える大きな問題は、人類史上未曽有の超高齢社会を迎えたにもかかわらず、国の借金が１０００兆円を超えるまで膨らんでいることです。こうした事情は、程度の差はあるものの欧米諸国も同じで、どこも歳出削減（公共事業や社会保障など行政サービスの見直し）と歳入の増加（増税）が喫緊の課題になっていますが、これだけでは有権者の支持を得ることができないので、相続税などで富裕層への課税を強化するとともに、国外に「不正に」蓄財された資産の捕捉と徴税が重要な政治課題となってきました。こうして先進国間で税務情報が交換されることになったのですが、ここでもマイナンバーが重要な役割を果たします。

すでに日本国内では、証券会社やＦＸ（外国為替証拠金取引）会社に口座開設する際にはマイナンバーの登録が必須になりました。これは既存の口座にも広げられつつあり、いずれは銀行や保険会社の口座もマイナンバーで管理されるようになるでしょう。金融機関の口座情報がデータとして税務当局に提出され、マイナンバーによって個人資産がガラス張りになる時代がもうすぐやってきます。

こうした事情は日本の外も同じで、一部の海外金融機関は口座開設を希望する日本人にタックスＩＤ（マイナンバー）の提出を求めています。金融機関の口座とマイナンバーが紐づけられれば、国内と同様に海外の資産をガラス張りにすることも技術的には難しくありません。

税務当局からみれば、マイナンバー導入の目的は国内・国外を問わず収入と資産を捕捉し、効率的に課税できるようにすることです。しかしそれだけでは日本国の天文学的な借金を支えきれるかこころもとないので、高齢化によって雪だるま式に支出が増えていく年金や健康保険・介護保険をなんとかしなければなりません。

社会保障制度の破綻を避けるためには、年金の支給開始年齢を70歳まで引き上げるなどの抜本的な改革が不可避になるでしょうが、これは政治的にはきわめて困難なので、政治家も厚生労働省の官僚も、保険料収入の増額でなんとか糊口をしのごうとします。このようにして、厚生年金・健康保険などの保険料率(「保険税」の税率)が国会の審議もなしに一方的に引き上げられると同時に、厚生年金保険・健康保険の対象をパートなどにも拡大し、事業主である法人への社会保険加入義務が徹底されることになったのです。

2002年の親本のときから、本書では「個人」と「法人」というふたつの人格を使い分けることを提案していますが、税金とならんで大きなコストである社会保険料は人生の経済的な側面の設計に大きな影響を与えます。それとともに近年の大きな変化は、世界的な法人税の引き下げ競争が起きていることです。安倍政権は法人税の実効税率をかろうじて30%未満にしましたが、アメリカのトランプ大統領は法人税率を15%に引き下げ、相続税を廃止すると明言しました(実現可能かどうかは別ですが）。日本も今後、国際競争力を維持するためにさらなる法人税の引き下げを迫られる可能性があります。

「個人」と「法人」のふたつの人格を持つ場合、税・社会保険料のコストをどちらがどのように払うかの設計が重要になります。これまでは年金・健康保険は個人で支払った方が有利でしたが、国民健康保険の財政悪化で実質保険料率が引き上げられる一方で、今後、法人税率がさらに引き下げられるならば、「個人への報酬を少なくして利益は法人で納税する」設計の方が有利になるかもしれません。

文庫版では、こうしたさまざまな環境の変化にともなう変更点を書き加えました。とはいえ、本書のコンセプトは２００２年以来、なにも変わっていません。人生を経済的側面から考えるならば、それは売上と支出を管理し、利益を最大化する一種のゲームです。マイクロ法人によって「人格」を分離することは、このゲームを有利に進めるための基本戦略なのです。

幸福になるのにお金は重要ですが、お金だけでは幸福になれないこともまた真理です。人生における「経済」以外の側面については、近刊の『幸福の「資本」論』（ダイヤモンド社）で「金融資産」「人的資本」「社会資本」のポートフォリオ最適化問題として論じています。本書の続編として、手にとっていただければ幸いです。

２０１７年７月

橘　玲

はじめに

本書は、2002年12月に上梓した『お金持ちになれる黄金の羽根の拾い方』（以下『黄金の羽根』）の改訂版です。

『黄金の羽根』は30万部を超えるベストセラーになり、その後、何度も改訂版の話が出たのですがそのまま月日が過ぎてしまいました。もちろん私の怠慢のせいですが、それ以外にも理由はあります。

原著は大きく3つのパートに分かれていました。

ひとつは「資産運用論」で、私たちの人生の経済的な土台（インフラ）となる金融資産や不動産、生命保険について語っています。

ふたつめは「マイクロ法人論」で、家計を効率化するために「個人」と「法人」というふたつの人格を使い分ける技術を提唱しています。

3つめは「PT論」で「永遠の旅行者Perpetual Traveler」と呼ばれる「オルタナティブな（もうひとつの）生き方」を紹介しました。

これらはいずれも私の人生設計論の中核をなす考え方で、『黄金の羽根』は間違いなく初期の著作でもっとも重要なものですが、そのことが逆に改訂を難しくしてきました。その後、それぞれのパートからスピンオフするかたちでさまざまな著作を刊行してきたからです。

資産運用・人生設計については『臆病者のための株入門』『臆病者のための億万長者入門』（ともに文春新書）、『日本人というリスク』（講談社＋α文庫）、マイクロ法人（法人化した自営業者）については『貧乏はお金持ち』（講談社＋α文庫）、海外投資やPTについては『黄金の扉を開ける賢者の海外投資術』（講談社＋α文庫）、『マネーロンダリング入門』（幻冬舎新書）などで扱っています。これら一連の著作が、結果として『黄金の羽根』のアップデート版になってきたのです。

しかしその一方で『黄金の羽根』がこうした作品の原点となっていることも確かで、それを改訂版のかたちで読者に届けたいという希望は常に持っていました。

『黄金の羽根』がベストセラーになった理由のひとつは、ロバート・キヨサキの『金持ち父さん貧乏父さん』（筑摩書房　２０００年11月）という先行するミリオンセラーがあったからです。キヨサキの本についてはは本文中でも触れていますが、法人を使ったキャッシュフローの最適化など、そこで述べられている原理や原則は本書とほぼ同じです。ただ法人化にしても、節税術にしても、キヨサキは当然、アメリカの法制度を前提としています。それをそのまま日本に当てはめてもうまくいかないのではないか、というのが私の疑問でした。

奇しくも、『金持ち父さん貧乏父さん』も初版から13年たって「改訂版」（筑摩書房　２０１３年11月）が出版されました。21世紀に入ってさまざまな出来事があり、日本人の投資環境や資産運用に対する考え方も大きく変わりました。それを考えると、そろそろ過去を振り返ってみる時期に来ているのかもしれません。

本書の企画はもともと、「『黄金の羽根』から10年以上たって、かつて書いたことがどれくらい正しかったかを検証してみる」という話から始まりました。ところがいざやってみると、資産運用のルールや法人の活用法のように原理的に変わらないものもあれば、社会保険制度や海外投資をめぐる税制など、状況が大きく変化していてそのままでは使えないものもありました。10年もたてば情報が古くなるのは当たり前ですが、それをすべて現在の視点から書き直すなら「改訂版」の意味はなくなり、「新しい本を書けばいい」ということになってしまいます。

そこで本書では、不要になった部分を大幅に削って論旨の骨格だけにする一方で、オリジナル版の雰囲気を活かすために（いまとなっては）恥ずかしい文章もそのまま残し、その後の経緯や情報は本文中で追記することにしました。いま読み返してみると過度に露悪的だったり、サラリーマンに対して厳しすぎる表現も目につきますが、そうした勇み足も含めて「日本という国の〝秘密〟を見つけた」という驚きが、オリジナル版のいちばんの魅力だと思ったからです。本書のような〝熱気〟のある文章は、現在の私にはもはや書けません。

また今回の改訂にあたって、海外投資とPTについての章を削除しました。「日本というリスク」を考えれば個人の資産を広く世界に分散させることはますます重要になってきていますが、それと同時に日本国内の金融ビジネスもグローバル化し、いまでは日本の証券市場や国内のネット証券などを利用して海外の金融市場にアクセスすることが簡単にできるようになりました。ETF（株価指数連動型上場投資信託）を使った世界株への分散投資についてはほかの本で何度も書いているので、ここで繰り返すまでもないと考えたからです。

『黄金の羽根』の旧版でPTという〝究極の節税法〟を紹介しましたが、その後、消費者金融大手・武富士創業者の長男が、香港に居住地を移したうえで海外資産の贈与を受けるという〝節税〟を行なっていたことが明らかになりました。非居住者の認定をめぐって争われた訴訟では、2011年2月、最高裁が生前贈与分約1330億円に対する課税は不当だとして、還付加算金などを含む約2000億円を長男に返還するよう命じています。この判決によって、海外居住を利用した合法的節税は富裕層の常識になりました。

しかしその一方で、2007年の世界金融危機以降、タックスヘイヴンやプライベートバンクへの欧米諸国の批判が強まり、税務当局による租税情報の交換で「守秘性」は有名無実となりました。今後はグローバル企業の租税回避に焦点が移っていくのでしょうが、「海外の金融機関を使えば簡単に節税できる」という〝幸福な時代〟が終わってしまったことは間違いありません。こうした状況の変化については、あらためて本にしたいと考えています。

旧版の記述を大幅に整理するかわりに、改訂版では『黄金の羽根』ができるまで」という章を冒頭に追加しました。これまであまり個人的なことは書いてこなかったのですが、ここでは私がなぜこのような考え方をするようになったのかを、1995年という「特別な年」を出発点に振り返ってみました。

原著は私がこれまで書いたなかで、もっとも大きな影響力を持った本でもあります。私の場合、読者と直接会う機会は多くないのですが、それでも『黄金の羽根』を読んで人生が変わりました」という方との出会いが何度もありました。「この本に触発されて会社を辞め、いまは赤坂にビルを3棟持っています」というひとが現われて驚いたこともあります。もちろん成功はそれぞれの努力の賜物ですが、しかしそれでも、この本には彼らの背中を押す何らかの力があった――それが改訂版を出す気になった理由のひとつでもあります。

本書で繰り返し問うているのは、「経済的な視点から見て、私たちが生きているのはどういう社会なのか」ということです。それを知ることではじめて、〝正しく〟

生きる方法がわかります。

もちろん、この世に絶対的な正義があるわけではありません。その〝正しさ〟を選ぶかどうかは、読者一人ひとりが自らの価値観に基づいて決めることです。

新版　目次

お金持ちになれる
黄金の羽根の拾い方
知的人生設計のすすめ

世紀末のバブル　64

PART 1 人生を最適設計する資産運用の知識

1 世界にひとつしかないお金持ちの方程式——96

PART2 人生を最適設計するマイクロ法人の知識

新版

お金持ちになれる黄金の羽根の拾い方

知的人生設計のすすめ

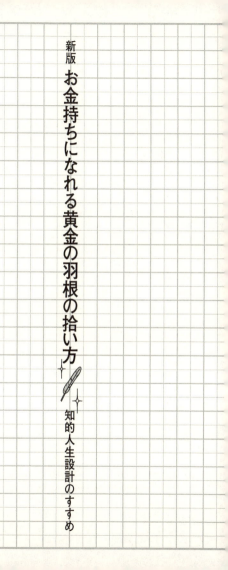

本文イラスト　浦野周平
本文デザイン　鈴木成一デザイン室

Prologue

1995-2014

0「黄金の羽根」ができるまで

1995年という特別な年

「黄金の羽根」とはいったい何か？　これを私は次のように定義しました。

【黄金の羽根】Golden Feather　制度の歪みから構造的に発生する〝幸運〟。手に入れた者に大きな利益をもたらす。

このように書いても直感的に理解することは難しいので、原著では2002年に開催されたサッカーの日韓ワールドカップでのチケット争奪戦を例にあげて、制度の歪みからどのように「黄金の羽根」が落ちてくるのかを説明しています。いま読み返してもこれほどわかりやすい例はほかにないので、そのまま再掲します。

チケットはどこに消えたのか

２００２年ＦＩＦＡワールドカップの１カ月に及ぶ戦いも、ブラジルの５度目の優勝で幕を閉じました。

日韓共催の今回のワールドカップは、最初からチケット問題で揺れました。とくに日本国内で人気が沸騰し、１枚７０００円のチケットがネットオークションでは20万円以上で売られていました。このチケットを手に入れるために、スポンサーの商品を買い漁って抽選の権利をもらい、山のような葉書を送り、ひたすら電話をかけ続けたひとも多いと聞きます。

しかしその一方で、競技場には、ほぼ全試合のチケットを手にし、全国の会場を転々としながら家族で観戦を楽しんでいるひともいました。

なぜこのひとたちは、簡単にチケットを入手できたのでしょうか？

その理由は簡単です。

ワールドカップ開幕後の空席問題で明らかになったように、海外販売分のチケットは実際には大量に売れ残っていました。FIFA（国際サッカー連盟）が需要を見誤り、スポンサー分や海外販売分を多めに確保してしまったにもかかわらず、だぶついたチケットを日本国内で販売するルートがなかったためです。日本のマスメディアは大量の空席を目にしてはじめて騒ぎ出しましたが、海外での販売不振はずいぶん前から広く知られていました。

サッカーファンのなかでも、ヨーロッパや中南米からわざわざ極東の島国まで大枚をはたいてやってくることのできる人数は限られています。イギリスやドイツのフーリガンは低所得者層や無職の白人がほとんどで、彼らはもともと日本まで来る金を持っていません。参加チームのなかには、日本までの旅費が年収に匹敵するような国がいくらでもあるのです。

売れ残った海外分のチケットを購入する方法は、いたって簡単でした。

インターネットでFIFAのチケット販売サイトにアクセスし、見たい試合を選んで注文を出すだけです。購入が難しかったのは日本戦・韓国戦のホームゲームと、人気のあるイングランド戦くらいで、そのほかの試合は開幕直前でも簡単に入手できました。自分の応援するチームを決勝まで追いかけていけるチケットや、近くにあるいくつかの会場の全試合が見られるチケットも用意されていました。

ただし、海外販売分のチケットを入手するにはひとつだけ条件がありました。日本の居住者は国内販売分のチケットしか購入できず、海外販売分のチケットを買えるのは海外（日本国外）の居住者だけだったのです。そこで仕方なく、日本のサッカーファンは数少ないチケットに殺到することになったのです。

しかし、考えてみてください。

あなたが求めるチケットは、目の前に山積みになっているのです。それは、日本の居住者でなければ簡単に手に入れることができます。

チケット1枚売るのに、わざわざ住所証明書類を提出させたり、パスポートで本人確認するわけにはいきません。日本の居住者であるか否かは、チケットの届け先で判断するほかありません。

だったら、海外に住む知合いに頼んでかわりに購入してもらえばいいだけです。

そうした抜け道を防ぐために、チケットに購入者名を印字し、会場の入口で本人確認を行なうとされていましたが、そんな対策が非現実的だということは最初からわかりきっていました。案の定、チケットの印刷は大幅に遅れ、入場時の本人確認はあっけなく放棄されました。

どうしても自分名義のチケットが欲しければ、しばらくのあいだ、郵便受けに名前を載せておいてもらえばいいだけです。チケットを運んでくる郵便局員は、そこに本人が住んでいるかどうかなど確認しませんから、それでなんの問題もありません。

代理購入を頼める知合いがいないのなら、お金を払って業者に依頼することもできます。本人名義の住所を提供してくれる業者を「メールドロップ・サービス」といい、インターネットで検索すればどこの国でも簡単に見つかります。200ドル程度の報酬を提示して交渉すれば、ふたつ返事で引き受けてくれるでしょう。

一方には、必死に努力しても1枚のチケットすら手に入れられなかった大多数の日本人サッカーファンがいます。

もう一方には、なんの努力もせずに好きなだけチケットを購入し、優雅な観戦ツアーを楽しんだひとたちがいました。手に入れたチケットをネットオークションで売却し、観戦のための旅費やホテル代まで賄った人もいます。

あなたは、この現実を不公平だと感じるでしょうか？

ここで指摘しておきたいのは、必要な情報は万人に公開されていたということです。ごく一部の特権階級がおいしい思いをしていた、という話ではありません。

インターネットでＦＩＦＡのチケット販売サイトにアクセスすれば、海外販売分のチケットの購入方法は誰でもわかります。チケットが大量に売れ残っていることは海外メディアではずいぶん前から話題になっていましたし、日本でも何度か報道されました。あとは、目の前にある宝の山にアクセスする、ちょっとした工夫をすればいいだけです。チケットの流通システムを理解すれば、誰でもできることです。

「知識社会」あるいは「情報化社会」では情報は瞬時に共有されていきますが、万人がそれを活用できるわけではありません。

かつては、情報を一部の特権層に制限することが権力の重要な機能とされていました。世界を見渡せば、いまだにそのような国の方が多いという現実もあります。日本社会のなかでも、法曹や医療をはじめとして、閉鎖的な業界はいたるところに残っています。しかし「ＩＴ革命」を喧伝するまでもなく、こうした情報の特権性・優位性は、インターネットの普及と情報通信技術（ＩＣＴ）の急速な進歩によって、いずれは意味を失っていくでしょう。

しかし、だからといって誰もが幸福になれる薔薇色の世界が待っているわけではありません。

「知識社会」では、必要な情報を的確に入手し、それを活用する知識を有しているひとは、いくらでも近道ができます。そうでなければ、ひたすら回り道をするほかありません。「知識」が価値を持つとは、そういうことです。

オープンな社会では情報は万人に共有されているのですから、これは「公平な競争」の結果に過ぎません。チーズと同様に、チケットを手に入れられないのも自己責任なのです（これは当時ベストセラーになっていたスペンサー・ジョンソン『チーズはどこへ消えた？』〈扶桑社〉のことです）。

情報が広く公開されればされるほど、いたるところに近道ができます。しかし、それをわざわざ教えてくれる親切なひとがいるわけではありません。

知識もなく、回り道もしたくなければ、金を払わなくてはなりません。それが、私たちの生きている資本主義・市場経済のルールです。

21世紀に到来する「知識社会」においては、知識を獲得して近道をするのか、金を払うのか、それとも回り道をとぼとぼと歩くのか、誰もがその選択を迫られることになります。

あなたは、どれを選ぶのでしょうか？

——その後、ドイツ、南アフリカ、ブラジルと3回のワールドカップが開催され、チケットの販売システムも大きく変わりました。メールドロップ・サービスも犯罪に使われたことで規制強化されましたが、それでも趣旨は変わりません。

ここで述べたのは、「ゲームを楽しむためには、ゲームのルールをよく知らなければならない」ということです。そうすれば、目標（ゴール）に到達するための近道を見つけることができます。

ここでのゴールは、ワールドカップの観戦チケットを手に入れることです。ゲームのルールはFIFAが決めますが、そのチケット販売システムは効率的に運営されているとはとうていいえません。そしてこの制度の歪みから、海外経由で好きなだけチケットを購入できる、という「黄金の羽根」が落ちてくるのです。

世界がまるごと変わってしまった

ここから、私がどのようにして黄金の羽根に気づいたかを述べていこうと思うのですが、その前に1995年という特別な年について書かなければなりません。

正月も明けたばかりの1月17日、神戸市を中心に兵庫県南部を大地震が襲い、およそ6500名の死者と30万人を超える被災者を出す大惨事となりました。

連日、テレビ画面に映し出される壊滅した街の様子は、大友克洋のマンガ『AKIRA』の冒頭で描かれた爆心地のようでした。家も、仕事も、財産も、これまで築き上げてきたもののすべてを一瞬にして失ってしまう残酷さを、このときすべての日本人が目の当たりにしました（これと同じ残酷さを、日本人は2011年3月11日にふたたび体験することになります）。

3月20日にはオウム真理教による地下鉄サリン事件が発生し、たまたま乗り合わせた乗客の多くが被害を受け、13名が死亡しました。「世界一安全」なはずの日本で、カルト教団が化学兵器による大規模なテロを実行するという前代未聞の事件が起きたのです。

私は当時、出版社で月刊誌の編集に携わっていたことから、山梨県上九一色村（当時）などに散在するオウム真理教の施設サティアンを訪れたり、東京・南青山にあった教団本部で幹部の話を聞くという稀有な（としかいいようのない）体験をする機会を得ました。といっても、麻原彰晃をはじめとする実行犯にインタビューすることはできず、私が会った信者たちは何が起きているのか見当もつかずただおろおろするばかりでした。

オウム真理教への強制捜査が行なわれ、麻原彰晃が逮捕されたのが5月16日で、それ以降、幹部たちが次々と逮捕されマスコミの報道はオウム一色になりました。サンスクリット語のホーリーネームやポア、タントラ・ヴァジラヤーナといったチベット密教の宗教用語が週刊誌やスポーツ新聞、テレビのワイドショーを埋め尽くしたことを覚えているひとも多いでしょう。

世界じゅうを驚愕させたオウム事件が一段落したその年の秋に、「ウィンドウズ95」の日本語版が発売され、「パソコン」と「インターネット」の大ブームがやってきました。新宿や秋葉原の大型電器店の店内は、殺到する客で通勤ラッシュのような有様でした。

カルト教団の引き起こした異常な事件から、「ウィンドウズ95」が予告する光り輝く未来への落差は、当時の私にとっては衝撃以外のなにものでもありませんでした。

ある日の夕方、私は新宿東口の大型電器店の前で立ち尽くしていました。店内にはパソコンや周辺機器が所狭しと積み上げられ、さまざまなソフトウエアが並べられていましたが、私はそれがなんのためのものなのかまったくわからず、店員の口上やチラシの説明を一言半句も理解できなかったのです。

知らないあいだに世界がまるごと変わってしまった――。

そのときの呆然とした自分の姿を、いまでも鮮やかに思い出すことができます。

35歳は人生の転機

私にとって1995年が特別な年だったのは、年齢的に30代半ばを過ぎたからでもあります。

日本では多くの業種がそうでしょうが、出版界でも「転職の上限は35歳まで」といわれていました。それを過ぎると経験者でも雇ってくれるところはなく、いまの会社にしがみつくか、不安定なフリーランスになるほかはない、というのが現実でした（これは20年後の現在も変わっていないと思います）。

私の会社員生活は上司や同僚にも恵まれ、そのとき勤めていた会社にさしたる不満があったわけではありません。しかしその一方で、これから30年ちかく、ずっと同じ人間関係のなかで同じような仕事を続ける未来を素直に受け入れることもできませんでした。多くの出版社がそうでしょうが、私のいた会社も社員数１００名程度の中小企業で、ひとたび中間管理職になれば将来は容易に見通せてしまうのです。

当時、長男は小学校５年生で中学受験を控えていました。中高を私立に通わせ、大学まで卒業させようとすると、ワンルームマンション１戸分ほどの教育費がかかります。それを考えれば、世間一般の基準では悪くない給与の会社を辞めるのは経済的に不合理な選択なのは間違いありません。

しかしこのままでは会社に依存して老いていくほかなくなってしまいます。せっかくの人生なのだからサラリーマン以外の違う生き方を試してみたい、という気持ちもありました。

このように私は、人生の岐路に立たされていました。それがたまたま１９９５年という、日本にとっても特別な年と重なっていたのです。

『黄金の羽根』の発想の原点

私が会社を辞めることを考えた理由は、実はもうひとつあります。出版というビジネスの将来に不安を覚えるようになったことです。

実はこの話は旧版の『黄金の羽根』で書こうと思っていたのですが、そのときは思い直してやめました。本をつくるのは出版社との共同作業で、できあがった本は書店に並べてもらってはじめて読者の手に渡ります。それなのに、「出版社や書店はこのままでは行き詰まる」というような話を書くのは道義にもとると思えたからです。

それをここであらためて持ち出すのは、この話をしないと、私がなぜ「オルタナティブな（もうひとつの）道を探すしかない」と思ったのか、当時の心境をうまく説明できないからです。会社にも仕事にも満足しているのに辞めることを考える、ということはふつうはありません。

それともうひとつ、旧版から12年たって、もはやこの話は出版界でタブーでもなんでもなくなったからでもあります。本の流通の構造的な歪みは、いまでは出版不況を語るときの前提（常識）になっています。

出版流通では、古い問屋制度がほぼそのままのかたちで残っています。なぜこんなシーラカンスのような業態が生き延びてきたかというと、書籍や雑誌は新聞とともに独占禁止法の適用除外とされ、販売価格が固定されているからです。通常の商品とは異なって、書店は本の値段を自由に決めることができません。

書店は定価販売を強制されていて、値引きして在庫を処分することができません。これでは早晩、経営が成り立たなくなってしまいますから、書店にも特殊な慣例が認められています。それが、いつでも好きなだけ本を返品していいという返品自由の原則です。

出版社がつくった本は、印刷所から取次《とりつぎ》と呼ばれる問屋に搬入され、全国の書店に配送されていきます。出版流通では、この取次がきわめて大きな力を持っています。それはたんに本の配送と返品を管理しているだけではなく、金融業も兼ねているからです。

あらかじめ断っておくと、私はここで出版業界の慣行がよいとか悪いとか主張するつもりはありません。そこには構造的な歪みがあり、そのことから将来、どのような事態が起こるのかを経済合理的に予測できる、ということを示したいだけです。

なぜなら、『黄金の羽根』の発想の原点がここにあるからです。

出版流通の仕組みはどうなっているのか

出版流通の仕組みをできるだけ簡単に説明すると、次のようになります（込み入った計算部分は読み飛ばしても構いません）。

話を簡略化するために、本体価格1000円の本を1万部つくったとします。再販制度で本の価格は固定されているのですから、このとき小売価格の変動を考慮する必要はなく、1000万円（1000円×1万部）の売上をとりあえず計上できます。この1000万円を、出版社70％（700万円）、書店25％（250万円）、取次5％（50万円）で分け合うことになっていたとしましょう。

もちろん本はつくった分だけ売れるわけではなく、その一部は書店から返品されてきます。実際の売上は返品率20％（実売8000部）なら800万円、返品率30％（実売7000部）なら700万円です。

ところが「大手」「老舗」といわれる一部の出版社は、返品率を考慮せず、本を納品した翌月に仮売上1000万円に対する取り分を一括して受け取っていました。売れる売れないにかかわらず、出版社の銀行口座には700万円（総売上1000万円×出版社の取り分70％）が振り込まれてくるのです。

その後、6カ月ほどすると書店から取次に本が返品されてきます。返品率が20％だとすると、取次は出版社に140万円（仮払い700万円×20％）を余分に支払っていることになりますから、それを返済してもらわなければなりません。

この構図を金融取引として考えると、出版社は取次から前払いを受けたうえに、140万円を無利子で借りて資金繰りに充てていることになります。これは、銀行からの融資に比べて法外に有利な取引です。

こうした奇妙な慣行が続いているのは、取次が非上場企業で、株式の大半を大手出版社が保有しているからです。この慣行がどれほど理不尽なものであっても、取次は株主の意向に逆らって一方的に変更することが許されませんでした。

ところで、こうした出版社に有利な（取次に不利な）取引条件をすべての出版社に認めていては、取次の経営が破綻してしまいます。そのため新たに取次と契約を結ぶ出版社は正味（仮払率）が引き下げられ、支払期日も先に延ばされていきました。さらには「歩戻し」といって、予想される返品分を仮払いから差し引くということも始まりました。

このように出版流通では、老舗出版社と新興出版社で取次の取引条件に大きな差があります。これは各社の業績（貢献度）によって決まるのではなく、当初の契約が既得権となっているのです。

ここで私は、「だから出版界はダメなんだ」というつもりはありません。

出版業界は再販制度によって、国家の保護の下に競争が制限されています。農業などが典型ですが、こうした条件の下では既得権層には制度を改革する理由がありません。その結果、新規参入者が「身分」で差別されるという経済的に不合理な慣行が当たり前になっていきます。

しかしここで強調しておきたいのは、こうした不利な条件にもかかわらず、出版業界では新規参入者が健闘し、出版社間で厳しい競争が行なわれているということです。これによって日本の出版業は活性化しましたが、その分だけ矛盾も大きくなりました。

もともとの制度が歪んでいる以上、競争の激化によってその亀裂が広がっていくのは必然だったのです。

出版社と取次の利害対立

出版流通では問屋が金融業を兼ねていますが、このことを出版社の立場からもういちど考えてみましょう。

先の例では、本体価格1000円の本を1万部つくった老舗出版社は、売れる売れないにかかわらず、翌月には7000万円の仮払金を取次から受け取ることができます。ということは、同じ価格・部数の本を10点納品すれば仮払金は7000万円、100点なら7億円になります。

もちろん、価格と部数によっても仮払金は変わります。本を10点つくるかわりに、定価を1万円にしたり、部数を10万部にすれば仮払金はやはり7000万円に増えます。

といっても、一方的に価格を上げることができないのは誰でもわかります。書店にはほかの出版社の本がたくさん並んでいるのですから、小説やビジネス書、文庫や新書といった内容や形態によって、自ずと価格の上限が決まります。

しかし部数の方は、書店に並べてみなければ売れるかどうかわからないのですから、より多く取次に納品する（書店に配本する）方が有利だということに当然なります。

このようにして、売上（仮払金）を増やしたい出版社には次のふたつの誘因が働きます。

❶できるだけたくさんの本をつくる

❷できるだけ部数を多くする

では次に、取次の立場でこの問題を考えてみましょう。

取次は、出版社からより多くの納品を受ければその分だけ仮払金の総額が増えてしまいますが、これは一概に悪い話とはいえません。その本が書店で売れれば取次の売上や利益も大きくなるからです。すなわち、返品率が一定であれば、出版社と取次の利害は一致し共存共栄の関係が成立します。

しかし返品率が上昇してくると、取次は深刻な問題に直面することになります。

先ほどの例では、返品率20％の場合、取次は出版社に１４０万円（総売上１００

0万円×出版社の取り分70%×返品率20%）を無利子で融資していました。この貸付金額が、返品率30%では210万円（700万円×30%）、返品率40%では280万円（700万円×40%）、返品率50%では350万円（700万円×50%）と、どんどん増えていってしまうのです。

この貸付は無利子ですから、その金額が増えるのは不良債権が雪だるま式に大きくなっていくようなものです。経営破綻を避けようとすれば、取次はなんとしても返品率を一定の範囲に抑えなくてはなりません。

すなわち、取次の誘因は次のようになります。

❸できるだけ返品率を下げる

出版社と取次の関係は、この3つの条件（①できるだけたくさんの本をつくる②できるだけ部数を多くする③できるだけ返品率を下げる）を最適化することで安定しますが、これは実際には容易なことではありません。

新刊点数が増える理由

出版社と取次のあいだには、次のような役割分担があります。

まず、出版社は自らの企画でどのような本をつくっても構わない（取次は企画に干渉しない）というルールがあります。しかし取次は、過去の実績などに基づいて、その本を何部仕入れるかを決めることができます。仕入部数の決定権が取次にないと、出版社は誘因②に従って大量の部数を取次に納品しようとして、返品率が跳ね上がってしまうからです。

ここまでは煩瑣《はんさ》になるので説明しませんでしたが、取次が出版社に無利子融資をするという商習慣は、出版社の自転車操業という弊害を生み出しました。これは考えてみれば当たり前の、実に単純な話です。

この例では、出版社は定価1000円の本を1万部取次に納品すると700万円の仮払金を受け取ることができます。この本の返品率が20%とすると、140万円が過払い（出版社にとってはもらいすぎ）でした。

ところが出版社は、この140万円を現金で取次に返済する必要はありません。翌月も1000円の本を1万部納品すれば、140万円分の無利子融資が受けられるからです。要するに、新刊本を担保に融資を借り換えていくのです。

この取引が未来永劫続くならば、出版社にとって最初の140万円の過払い金は、何もしないのに天から降ってきたお金、ということになります。経済学ではこうした取引をシニョリッジ（貴族の特権）といい、国家が通貨を発行することで得られる利益（紙を刷るだけで儲かる）が例としてあげられますが、出版社の利益もシニョリッジの一種で、売上を維持できているかぎり濡れ手で粟のお金をもらい続けることができるのです。

問題は、返品率が上昇したときに起こります。

取次にとって適正な返品率が20％（1万部に対して実売8000部）とすると、結果として返品率が30％（実売7000部）になった場合は、適正返品率を確保するために次回の納品数は（理論的には）8750部に減数されるはずです。これで前回と同じく実売7000部なら、返品率は20％に収まるからです（8750部×実売率80％＝7000部）。同様に、返品率40％（実売6000部）なら次回の納品数は7500部（6000部÷実売率80％）、返品率50％（実売5000部）なら6250部（5000部÷実売率80％）になります。

ここまでは単純な計算ですが、その影響は出版社の経営にとって甚大です。仮に取次への納品数が6000部になれば、総売上は6000万円（定価1000円×6

000部)、仮払金は420万円(6000万円×仮払率70%)にしかなりません。もともとは7000万円の仮払金を受け取っていたのですから、返品率の上昇によって入金額が2800万円、4割も減ってしまったことになります。これでは取次から請求される過払金を現金で支払わなければならなくなり、たちまち資金繰りに窮してしまいます。

出版社がこの苦境を乗り切る方法はたったひとつしかありません。しかもそれはものすごく簡単です。すなわち、6000部の本をもう1冊つくればいいのです。価格と部数が同じだとしても、これだけで取次から受け取る仮払金は840万円(420万円×2)になって魔法のように資金繰りは改善します。

しかしすぐにわかるように、この便利な方法には大きな副作用が隠されています。返品率の上昇が収まれば経営は安定しますが、さらに返品率が上がるようだと、それを補うためにまた出版点数を増やさなければならなくなってしまうのです。

書店と取次の利害対立

次に、再販制度を前提として取次と書店の関係がどうなるのかを考えてみます。

先に述べたように、値引きによる在庫処分を禁じられている書店は、雑誌や書籍を買い切りで仕入れるリスクを冒すことができず、返品自由の委託販売が原則となります。

このとき書店の仮売上は、次のようになります。

仮売上＝取次からの納品総額－書店からの返品総額

それに対して実際の売上は、次のように決まります。

実売上＝雑誌・書籍の販売額

取次から100万円分の書籍を納品され、それをすべて売り切れば実売上も100万円で、書店の取り分を25％とするなら利益は25万円（100万円×25％）です。

それに対して、1冊の本も売れなかったとしても、それをすべて在庫として抱えていれば、返品はゼロなのですから、取次は100万円の（仮）売上があったと見なします。そうすると書店は、100万円の仮売上に対し（出版社と取次の取り分である）75万円（100万円×75％）を支払わなければならないのです。

この場合、実際には本は1冊も売れていないのですから、書店の現金収入はゼロで、取次に支払う原資がありません。

この問題を解決する方法も、やはりたったひとつしかありません。すなわち、売れ残った在庫をすべて返品してしまうのです。これで売上はゼロになり、書店の債務も消えてしまいます。

このように書店の経営は、構造的に、資金繰りが苦しくなったら在庫を返品するようになっています。書店にとっての理想は、ベストセラーを中心にできるだけ多くの本を仕入れ、一定期間内に売れなかったものは返品することです。

それに対して取次は、返品率が上がれば出版社への仮払いで経営が圧迫されるのですから、書店からの注文にすべて応えることはできません。当然、販売実績によって注文を減数し、できるだけ返品率を抑えようとします。これが書店から見ると、「注文した本が納品されない」という不満につながるのです。

これは、取次と書店のどちらが悪いのか、という話ではありません。取次から送られてくる本がどんどん売れるのなら、返品自由の委託販売でもなんの問題もありません。ところがいったん本が売れなくなってくると、書店はすこしでも売上を確保するための本を注文し、取次は返品率を引き下げるためにそれを減数して、両者の利害が対立してしまうのです。

問題は個人ではなく制度にある

ここで再度断っておきますが、私には出版業界の現状を批判するつもりはありません。ここで述べたのは、私が「出版ビジネスはどういう構造で成り立っているのか」ということを真剣に考えた1995年時点の話ですから、その後の20年間で改善されたこともあるでしょう。

それではなぜこんな話を長々と書いたかというと、編集者だった私の人的資本は出版業界に依存しており、出版の未来はその後の人生に直結するきわめて重大な問題だったからです。

出版物の販売実績は1996年にピークを迎え、雑誌が1兆5000億円、書籍が1兆円を超えましたが、その一方で業界では返品率の上昇が問題視されるようになっていました。

私の実感からしても、10万部を超えるようなヒット作が次々と生まれたのは93年頃までで、それ以降は1点あたりの実売部数が減って、売上を維持するには刊行点数を増やさなければならなくなりました。こうした事情は他社も同じで、個人の努力不足（私のつくる本が時代に合わなくなった）もあるかもしれませんが、それよりも出版業界に構造的な問題があるのではないかと考えるようになったのです。

再販制度によって価格が固定され、取次が金融機能を代替するビジネスモデルでは、本が売れなくなると出版社は資金繰りが苦しくなって、発行点数を増やして売上を維持しようとします。それに対して取次は、返品率の上昇を止めるために1点あたりの仕入れ部数を減らそうとするのですから、本はますます売れなくなって悪循環にはまり込んでしまうのです。

その当時は、「売れない書店に新刊が配本される」ことも問題視されていました。大手出版社が地方の観光地に慰安旅行に行って、そこで役員が書店に自社の本が並んでいるのを見つけ、営業の責任者を怒鳴りつけた、という話も耳にしました。読者がいないところに配本するな、というのもわかりますが、こんなことでは地方を中心に書店はどんどんつぶれていってしまいます。

私がそんなことを考えていた頃、出版各社の編集者が集まる私的な勉強会に呼ばれたことがあります。そこで私は、「いま起きているのは一時的な不況ではなく構造的な問題で、今後、出版社も書店も経営はますます厳しくなる」という話をしたのですが、大手出版社を含む出席者の誰一人として、ここで述べたような出版ビジネスの仕組みを理解しているひとはいませんでした。当時はまだ「よい本をつくれば売れる」と素朴に信じられていて、本の販売は営業が、出版社の経営は役員が考えることで自分たちには関係ない話だと思っていたのです。

構造的な問題はいつか顕在化する

その後、出版業界は私が予想したとおりの軌跡を描いて構造不況へと落ち込んでいきました。

出版物（書籍）の販売額は1990年の8660億円から95年の1兆470億円まで5年間で20％増えましたが、その間に新刊発行点数は4万点から5万8000点へと45％も増加しています。販売額は96年にピークを迎えたあと右肩下がりになっていきますが、新刊発行点数はその後も増え続け2001年には7万点を超えました。それにともなって返品率も上昇し、90年代半ばまでは35％程度だったのが98年にはとうとう40％を超えてしまいました。

出版社は以前よりも少部数の本をたくさんつくりますが、その6割しか売れません。書店には毎日膨大な数の新刊本が送られてきますが、売り場には物理的な制約があるので、その多くが店頭に並べられないまま返品されてしまいます。返品率が上昇すると取次は1点あたりの仕入れ部数を減らそうとしますから、出版社はさらに新刊点数を増やさざるを得なくなり、書店が飽和して返品率を押し上げるのです。

こうした負のスパイラルの結果、2016年の出版市場は書籍・雑誌合わせて1兆4700億円まで落ち込み、ピーク時の96年（2兆6560億円）に比べて45％も減って1980年の規模に戻ってしまいました。1995年は日本にとっても私にとっても転機の年だったと述べましたが、出版業界もこれを機に構造不況の罠から逃れられなくなっていくのです。

もっとも、出版点数が増えるのは読者にとって一概に悪い話とはいえません。これまで翻訳されるはずのなかった専門書が日本語で読めたり、少部数のマニアックな本が出版されるなど、選択の幅が広がるからです。出版社から見向きもされなかった無名の著者にチャンスがめぐってくる、ということもあるでしょう。かつてに比べて、本を出すハードルは明らかに下がりました。

しかしその一方で、1点あたりの販売部数は下がり続けているのですから、書き手の収入も減っていきます。現在では、純文学や専門書だけでなくエンタテインメント系の小説でも初刷り3000部が珍しくなくなりました。本体価格1500円、印税率10%とすると印税額は45万円（1500円×3000部×10%）。年4冊本を出したとしても年収は180万円で、これなら居酒屋や牛丼屋でアルバイトした方がずっとマシです（昨今の人手不足でアルバイトの時給が引き上げられているので、いまでは〝作家〟よりフリーターの方がずっといい暮らしができるでしょう）。

私は、自分の先見の明を誇りたいわけではありません。

ここでいいたいのは、**「構造的な歪みはいつか必ず顕在化する」**ということです。この20年で出版界に起きた不都合な出来事の数々は、制度的・構造的な制約からすべてあらかじめ決まっていたのです。

オルタナティブな人生の選択肢

80年代末のバブルが崩壊してから、マーケットの縮小に苦しむ業界は出版だけではありません。そもそも日本は少子高齢化によって人口が減少していくのですから、子どもを対象とする教育産業から公共事業に依存する建設業まで、構造不況と呼ばれる産業はいくらでもあります。

もちろんそのなかには、ユニクロ（ファーストリテイリング）のように新たなビジネスモデルを生み出して大成功する会社もあります。とはいえ、拡大する市場で成功するよりも、縮小するマーケットのなかで生き残る方がはるかに難しいのは間違いありません。多くのビジネスマンや経営者が実感しているように、市場の激変は暴風雨のようにあらゆる努力をなぎ倒してしまうのです。

私は自分が体験した出版業についてしか語れませんが、日本経済の大きな潮流の変化のなかでそのとき強く感じたのは、「右肩上がりの時代は終わってしまった」ということでした。「おいしいケーキは食べつくした」といってもいいかもしれません。

しかしだからといって別の業界に転職する算段があるわけではなく、これまでの経験の積み重ねをあっさりと放棄することもできません。ほとんどのひとは与えられた環境のなかで、なんとか生き延びていくしかないのです。

このようにして私は、市場の縮小を前提として、「そのなかで自分の能力をどう活かすのか」を真剣に考えざるを得なくなりました。

いまになって振り返れば、私にとって幸運だったのは、30代半ばという人生の転機に出版業界の変調が重なって、決断を後押ししてくれたことでした。あのとき漫然と無難な道を選びサラリーマン生活を続けていれば、「会社に依存せずに経済的独立を達成する」という選択肢は永久に失われてしまったでしょう。

ここまで読んで気づいた方もいるかもしれませんが、『黄金の羽根』で指摘した日本社会の制度的な歪みは、私が20年前に行なった出版業界の観察をそのまま拡張したものです。要するにこれが私の原理的な方法論で、人生におけるあらゆる経済的な問題に対して、なぜそのような事態が引き起こされるのかを制度的・構造的に理解したうえで、経済合理的な解決策を探し出そうとしているのです。

私がこのような考え方をするようになったのは、（おそらく）個人史とは関係ありません。もともとそういう人間だったということなのでしょう。

ただ、「会社を辞める」ハードルが低かったことには理由があります。

私は世間一般でいう順風満帆なキャリアを積み重ねてきたわけではなく、満足な就職活動もせずにアルバイト気分の延長で業界系の小さな出版社で働き始め、このままでは未来になんの展望もないと痛感して、1年半で辞めて友人と3人で編集プロダクションを設立しました。しかしその会社も、受託していた月刊誌が廃刊になったことで1年あまりで解散し、フリーランスでライターや編集の仕事をしたあとに中堅の出版社に拾われることになったのです。

こうした体験から、新卒で入社した同僚たちとは会社に対する感じ方が違うことには気づいていました。

私にとって会社はキャリアを積むための道具で、会社は私の人的資本に利用価値があるから給料を払っているのだと考えていました。会社に対する情緒的な帰属意識とは無縁なのですから、出版市場の構造的な歪みによってサラリーマンでいることの価値が失われていくのなら、かつてのフリーランスに戻るのはごく自然な選択だったのです。

世紀末のバブル

私たちは生きていくうえで、さまざまな制約の下に置かれています。人は生まれてくるときに、時代や国、親や性別を選択できるわけではありません。

図1｜紀元前1000年から2000年までの1人あたり所得の推移
（グレゴリー・クラーク『10万年の世界経済史』日経BP社）

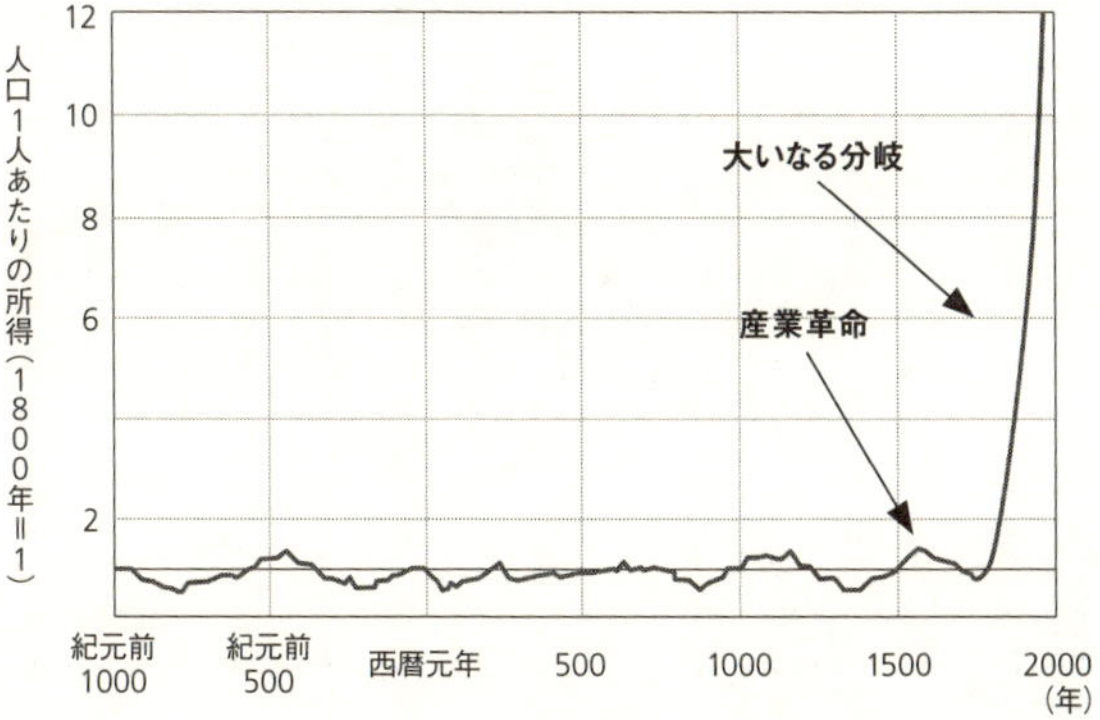

人類の歴史を1人あたりの所得から俯《ふ》瞰《かん》すると、1800年当時のヨーロッパの平均的な生活水準は、紀元前1世紀のギリシア・ローマの時代はもちろん、10万年前の旧石器時代と比べてもほとんど豊かになっていません。

所得以外の指標でも、1800年当時の平均寿命は30～35歳で、狩猟採集の時代に比べて長くなっているわけではありません。栄養状態を示す平均身長は、旧石器時代の方が1800年当時よりも高かったといいます。人類の生活は10万年の歴史を経ても向上するどころか、より過酷になっていたのです。

ところが18世紀半ばにヨーロッパの辺境であるイギリスで始まった産業革命によって、こうした状況は一変します。技術の進歩が生産性の向上をもたらし、市場を拡大してひとびとの所得を大きく伸ばしたのです。こうして先進諸国の所得水準は、わずか200年で1800年当時の10～20倍に達しました（図1）。

しかし産業革命は、すべての国や地域に均等に恩恵をもたらしたわけではありません。サハラ砂漠以南のアフリカを中心に、産業化以前の段階にとどまっているところはいくらでもあります。生活水準で見るならば、私たちの世界は21世紀と中世が混在しているのです。

このように考えれば、世界でもっとも豊かな国のひとつに生まれたということだけで、私たちはとてつもなく幸運だということがわかります。もちろん日本の社会にもさまざまな問題がありますが、中東やウクライナ、1990年代のボスニア・ヘルツェゴビナやコソボ、ルワンダを見ても明らかなように、世界にはもっと深刻な状況で苦しんでいるひとがたくさんいるのですから、「こんな国に生まれて不幸だ」というのは傲慢でしょう。

とはいえ、すべての望みがかなう幸運なひとはごくわずかです。私たちは容姿や体型を容易には変えられず、運動能力や音楽など芸術的な才能だけでなく、知識社会で生きていくための知能もその多くは親からの遺伝です。病気や事故はもちろん、恋愛や結婚、出産など人生はさまざまな偶然の出来事によって左右されます。どれほどの権力者でも、運命を思いどおりに操ることなどできません。

しかし、これら「どうしようもないこと」のなかでほぼ唯一、個人の努力で状況を改善できるものがあります。それが、人生における経済的な土台（インフラストラクチャー）です。

人生はさまざまな要素の複雑な組み合わせで、金銭で解決できる問題は限られています。しかしそれでも経済状況が幸福度に影響を及ぼすことは明らかなのですから、その土台を強化するために努力する価値は十分にあるのです。

誰でも億万長者になれる残酷な世界

これも何度か書いた話ですが、人生の岐路にあった私に大きな影響を与えた本にトマス・スタンリーとウィリアム・ダンコの『となりの億万長者』（早川書房　1997年9月）があります。アメリカ全土の億万長者を対象に大規模調査を実施し、〝お金持ちの秘密〟を解き明かそうとした試みで、その本がミリオンセラーとなって著者たちも億万長者の仲間入りを果たしました。

この本には、3000万円を超える年収を得ながらほとんど貯蓄がなく、将来の不安にさいなまれている医師が登場します。その一方で、公立学校の教師として働きながら50代でミリオネアの仲間入りを果たし、退職後の優雅な生活が約束されている夫婦もいます。このような奇妙なことが起きるのは、資産とは収入の多寡によって決まるのではなく、収入と支出の差額から生み出されるものだからです。

スタンリーたちは、アメリカの典型的な億万長者が、ニューヨークのペントハウスではなく、労働者階級の暮らす下町のありふれた家に住んでいることを発見しました。彼らは安物のスーツを着て、頑丈だが燃費のいい車を乗り潰し、周囲は誰もこの質素な一家が億万長者とは気づきません。億万長者が六本木ヒルズではなくあなたの隣にいるのは、お金を使えばお金は貯まらないからです。

スタンリーとダンコは、「収入の10～15％を貯蓄に回す倹約を続けていれば、誰でも億万長者になれる」と説きます。正確には「平均年収の倍の収入」が必要ですが、これは夫婦2人で働けば達成できます。

日本では、平均的なサラリーマンが生涯に得る収入は3億～4億円といわれています。共働き夫婦の生涯収入を総額6億円として、そのうち15％を貯蓄すればそれだけで9000万円です。仮に貯蓄率を10％（6000万円）としても、年率3％程度で運用すればやはり退職時の資産は1億円を超えているはずです。スタンリーたちの調査では、アメリカの支配層と考えられてきたWASP《ワスプ》（白人・アングロサクソン・プロテスタント）は絶対数ではもっとも億万長者の数が多いものの、人口比では4位にまで順位が下がります。人種別に見たミリオネア率の上位はロシア、スコットランド、ハンガリーからの移民で、その多くは第一世代でした。社会の底辺にいる、差別されているひとの方が億万長者になる確率が高いのは、金持ちの家に生まれたお坊ちゃん、お嬢ちゃんは遺産を食い潰すだけですが、虐げられたひとびとはそこから這い上がるために倹約するからです。

日本でも「格差社会」という言葉が流行しましたが、FRB（連邦準備制度理事会）の消費金融調査によれば、アメリカでは資産100万ドル（約1億円）以上の世帯数が2004年に900万世帯を超えました。1995年には400万世帯弱でしたから、わずか10年でミリオネア世帯の数は2倍以上に増えたことになります。アメリカの総世帯数1億1000万に対してミリオネア世帯の比率は約8％、およそ12世帯に1世帯が億万長者です。

こうした状況は日本も同じで、スイスの大手金融機関クレディ・スイスが2013年10月に発表した世界の富裕層ランキングでは、純資産100万ドル以上を持つ日本の富裕層は約270万人（人口比2・1％）で、アメリカの約1320万人（同4・3％）に次いで第2位です。ドル建ての資産は為替レートによって変動するため、1ドル＝80円台だった2012年には日本の富裕層は360万人もいました。日本の世帯数は約5200万戸ですから、世帯主がミリオネアだとするならば、億万長者世帯の比率は約7％、およそ14世帯に1世帯でアメリカと遜色なくなります。

経済的独立にはいくら必要か

人生はいちどしかないのだから、自分の思うがままに自由に生きたい――誰もがそう願っています。

これが、人生設計におけるゴール（目標）です。

ところで、「自由Liberty」とはいったい何でしょう。それは、「なにものにも束縛されない状態」のことです。

このように考えると、自由に生きるためには一定の条件を満たさなければならないことがわかります。その条件とは資産、より端的にいえば〝お金〟です。「自由」を経済的な意味で定義するならば、「国家にも、会社にも、家族にも依存せず、自由に生きるのに十分な資産を持つこと」になります。これが「経済的独立Financial Independence」です。

経済的独立という考え方はロバート・キヨサキの『金持ち父さん貧乏父さん』によって広く知られることになりましたが、自由とお金の関係をはじめて日本人に教えたのは、投資家のR・ターガート・マーフィーとエリック・ガワーの『日本は金持ち。あなたは貧乏。なぜ？』（毎日新聞社 1999年3月）でした。

私はそれまで、自由とは主観的な問題だと素朴に思っていましたから、「お金がなければ自由もないNo Money, No Freedom」という徹底したリアリズムはたいへんな衝撃でした。そこで、平凡なサラリーマンが経済的独立を達成して自由に生きるにはどうすればいいかを考えたのが『ゴミ投資家のための人生設計入門』（メディアワークス 1999年11月／現在は『世界にひとつしかない「黄金の人生設計』』として講談社＋α文庫に収録）です。

経済的独立に必要な金額は国によって異なります。

アメリカの地方都市では、マイホームと50万ドル（約5000万円）の金融資産があればハッピー・リタイアメントができるとされています。2000年代半ばまでは、5000万円の貯金があればチェンマイなどタイの地方都市で金利生活ができました。タイバーツの預金金利を5％とすると5000万円相当の元金に対する利子は年250万円相当で、外国人向けのアパート（月額7万円前後）を借り、地元のレストランで食事をして、働かずに暮らしていくことができたのです（現在は金利が下がってしまったのでこの方法は使えません）。もちろん贅沢三昧の生活を望むのならお金はいくらあっても足りませんが、日本でもミリオネア（1億円）を経済的独立の目標と考えていいでしょう。

欧米や日本のような豊かな社会では、特別な才能などなくても、勤勉と倹約、それに共稼ぎだけで、誰でも億万長者になって経済的独立というゴールに到達できます。これは一見、素晴らしいことに思えますが、きわめて残酷な事実でもあります。努力だけでお金持ちになれるのなら、貧乏は社会制度の矛盾や市場原理主義によってもたらされるのではなく、自己責任になってしまうからです（アメリカは貧困層に冷淡な社会だといわれますが、これがふつうのアメリカ人の感覚なのでしょう）。

もっとも、あなたはこうした説明に満足しないかもしれません。徹底した勤勉と倹約が幸福な人生をもたらすとはかぎらず、65歳でミリオネアになったとしても残りの人生はそう長くはないからです（平均寿命が延びたとしても自由に活動できる年齢には上限があります）。ほとんどのひとは、苦痛だらけの仕事で高収入を得るより、好きな仕事をしながら楽しく暮らしたいと思うでしょうし、50歳までに（あるいはもっと早く）経済的独立を達成したいと考えるでしょう。

問題は、サラリーマンの給与体系では、ミリオネアの夢は（たとえ実現したとしても）退職金を受け取るまで待たなければならない、ということです。もっと早く経済的独立を達成するためには、どこかに「近道」を見つけなくてはなりません。

マイクロソフト株が買えないのはなぜ？

1995年は日本にとっても、私にとっても転機の年だった、という話をしましたが、この年の12月、私は一冊の本と出会ってふたたび衝撃を受けることになります。それが、西和彦の訳した『ビル・ゲイツ未来を語る』（アスキー）です。

ビル・ゲイツはいうまでもなくマイクロソフトの創業者で、資産総額720億ドル（約7兆2000億円）という世界一の大富豪でもあります。この本ではウィンドウズ95を世に出したばかりのビル・ゲイツが、〃パーソナルコンピュータ〃という革命がもたらす輝かしい未来を語っています。

これも別のところで書きましたが（『臆病者のための株入門』文春新書）、ビル・ゲイツの〃予言〃に驚愕した私は、世の中にこんな天才がいるのなら、自分の資産をもっとも効果的に活かす方法はマイクロソフトに投資することに違いないと考えました。その当時、私が読んだ株式投資の入門書には、「株とは経営者の才能や力量に賭けることだ」と書いてあったからです。だったら、これ以上の投資対象があるでしょうか。

そこで私は、当時勤めていた会社の近くの、日本一大きな証券会社の支店に生まれてはじめて株を買いに行きました。

応対してくれたのはちょっと世を拗《す》ねたかんじのおじさんで、「マイクロソフト？　そんな会社、聞いたことありませんねえ」と慇懃《いんぎん》な笑いを浮かべ、「株をおやりになるのなら、すこし勉強なさった方がよろしいんじゃありませんか」と、カウンター脇に置いてあった『株はじめて物語』という小冊子を渡されました。

その当時（一部のネット証券を除いていまも）、日本の証券会社は米国株を扱っていませんでした。マイクロソフトを知らない証券会社の営業マンもどうかと思いますが、それ以上に疑問に思ったのは、「なぜアメリカでふつうに取引されているものが日本では買えないのだろう」ということでした（ちなみに、95年にマイクロソフト株に投資していれば2000年までの5年間で資産は14倍になっていたはずです）。

1997年はタイバーツの暴落をきっかけにアジア通貨危機が勃発し、三洋証券に続いて北海道拓殖銀行と山一證券が破綻し、翌98年のロシア財政危機では日本長期信用銀行と日本債券信用銀行が経営破綻・国有化されて日本経済は大混乱に陥りました。

この年は、「フリー、フェア、グローバル」を掲げた橋本龍太郎内閣の〝金融ビッグバン〟が本格的にスタートした年でもありました。98年4月の外国為替法改正で銀行での外貨預金の取り扱いが解禁されると、〝高金利〟のドル預金がブームになってシティバンクに長い行列ができました。マスメディアは、「いよいよ日本にも海外投資の時代がやってくる」と書き立てました。

私が金融ビッグバンに興味を持ったのは、マイクロソフト株のことがずっと気になっていたからです。そこでもういちど証券会社に話を聞きに行くと、こんどは販売し始めたばかりの米国株ファンドを強く勧められました。アメリカのブルーチップ（有力銘柄）に投資するファンドで、マイクロソフト株も組み入れられている、というのです。

しかしそれでも、私は釈然としませんでした。リンゴを買いに来た客に、フルーツバスケットを勧める果物店があるでしょうか。私が投資したいのは、あくまでもマイクロソフト株なのです。

ブルーオーシャンの発見

〝金融ビッグバン〟では、「日本人も自由に海外の金融機関を利用できるようになった」と盛んにいわれていました。しかし実際に調べてみると、海外の銀行や証券会社についての情報はまったくありません。

仕方がないので、外資系銀行や日本の金融機関の海外部門で働く友人に話を聞きに行きました。ところが彼らは、異口同音に次のようにいうのです。

「俺たちが扱っているのは10億、100億単位のカネなんだ。10万円とか100万円の個人（リテール）のことなんか知らないよ」

このとき私は、大きな情報のエアポケットがあることに気づきました。世の中は「海外投資の時代だ」と沸いていますが、実際にどうやって海外投資するのか、（証券会社で海外ファンドを買う以外は）誰もその方法を知らないのです。

そんなとき書店で見つけたのが、日本在住の資産運用コンサルタント、リチャード・マイケル・ナッシュ氏の『日本人のためのオフショア金融センターの知識』（ダイヤモンド社　1997年11月）でした。ナッシュ氏はここで、タックスヘイヴン（オフショア）に銀行口座を開設して、オフショアファンドやオフショア生保と呼ばれる海外の金融商品に投資する方法をはじめて具体的に解説したのです。

この本を読んで、私はさっそく西新宿の高層ビルの事務所（といってもヴァーチャルオフィス）にナッシュ氏を訪ねました。ナッシュ氏は父親が米国軍人で、子ども時代を日本で過ごしたことから日本語も堪能でした。

ナッシュ氏の本を参考に、日本から郵送ではじめて口座を開設したのが、イギリスの自治領、チャンネル諸島のジャージー島にあるケイター・アレンという銀行でした（その後スペイン系大手銀行の傘下に入り、現在はサンタンデール・インターナショナル）。

チャンネル諸島は英国王室領として高度な自治を認められており、銀行の利子や株式の配当・売却益など金融資産からの利益に対していっさい課税されません。こうしたタックスヘイヴンにつくられた銀行がオフショアバンクで、スイスなどのプライベートバンクとは異なり、海外に住むイギリス人や、イギリス国内で暮らす外国人（イギリスの法律では彼らも非課税特権を享受できます）にサービスを提供しています。そのため、最低預金額100万ドル（約1億円）といわれたプライベートバンクに比べて口座開設のハードルははるかに低く、ケイター・アレンは当時、7500ドル（約75万円）の預金でVISAのデビットカードがついた口座を開設できました。

その体験を書いたのが、『ゴミ投資家のためのビッグバン入門』（メディアワークス　1998年5月）です（ちなみに「ゴミ投資家」というのは、当時、証券会社の営業マンが資産のない個人投資家を〝ゴミ〟とか〝ドブ〟と呼んでいたことへの皮肉です）。

この本が予想外の好評を博したことで、それ以後、海外ファンド、米国株式・債券、香港の銀行口座、海外先物・オプションなど、さまざまな海外の金融機関・金融商品の活用法をマニュアル化していきました（念願だったマイクロソフト株も、アメリカのネット証券に口座開設して買いました）。

「海外投資を楽しむ会」の友人たちとの共同作業で、「ゴミ投資家」シリーズは関連商品も含め、2001年6月までの約3年間で17点を刊行しました。ほぼ2カ月に1冊のペースで、それ以外にも出版社の社員として書籍などをつくっていたのですから、いま思い返しても「よくあんな仕事量をこなしたなあ」と我ながら感心します（これらの作品は現在、「海外投資を楽しむ会」のサイト〈www.alt-invest.com〉でPDF復刻版が販売されています）。

その頃の私は、「ブルーオーシャンを見つけたのなら、ライバルが気づく前にマーケットを独占しなければならない」と考えていました（ブルーオーシャンとは、競争相手の多い、血で血を洗うレッドオーシャンではなく、競争相手のいない「青い海」を切り開くべきだという経営戦略です)。

もちろん、聞いたこともない海外の銀行や証券会社に英語で口座開設するハードルは高く、「海外投資」は大衆化の難しいニッチマーケットでした。しかしそれでも、ライバルに先行して市場を支配すれば、小規模の事業を行なうくらいの場所は十分にあると思ったのです。

その後私は、『残酷な世界で生き延びるたったひとつの方法』(幻冬舎 2010年9月)で、「自分が一番になれるニッチ(ブルーオーシャン)を見つけ、そこに資源のすべてを投入してデファクトスタンダード(事実上の標準)を握ること」を人生戦略として提唱しますが、これはこのときの経験が大きく影響しています。

次々と現われるあやしいひとたち

私は個人的な興味から海外の金融機関に口座開設し、さまざまな金融商品に投資してみたのですが、そのマニュアル本をつくるうちに、あやしげなひとたちが次々と現われるようになりました。

「君はなんで、タックスヘイヴンの利用法を1600円の本に書いたりするんだ」

と、ある紳士は私を怒鳴りつけました。彼はオフショアバンクの口座開設を、100万円ちかい手数料を取って請け負っていました。

「本になどしないで、私と組んで富裕層向けのコンサルティングビジネスをすれば年収1億なんて簡単だよ」と誘ってくるひともいました。彼は税理士や会計士のネットワークを持っており、税金を払わない方法を知りたがっている金持ちをいくらでも紹介できる、というのです。

「いいかい、贈与・相続税がタダになるなら、10%の手数料なんてみんな喜んで払うよ。相続財産が10億円なら手数料は1億円、100億円なら10億円の儲けだ。それを山分けするのでどうだい」

要するに彼も、タックスヘイヴンを利用した（合法的な）節税術が1600円で書店で売られていることが都合が悪かったのです。

その当時、オフショアバンクやアメリカのネット証券、香港やシンガポールの金融機関の情報はほとんど知られておらず、口座開設やその活用法をマニュアル化すると、本が書店で売れるだけでなく、読者葉書や掲示板（「海外投資を楽しむ会」のサイトに読者の掲示板を設置していました）への投稿などで大きな反響がありました。一部の専門家や富裕層だけが知っていた情報を公開することには「世の中を変えている」という実感があり、わくわくするほど面白かったのです。

これを「出版ビジネス」の醍醐味とするならば、「金融ビジネス」のひとたちの考えはニッチな情報を囲い込み、特定の顧客に高額で販売してボロ儲けする、というものでした。確かにこの方が短期的には高収益をあげられるかもしれませんが、何度話を聞いても私には興味が持てませんでした。

金融業界にも、まっとうなひとや尊敬すべきひとはたくさんいます。しかしその一方で、あやしげな人物があふれているのも確かです。

私はやがて、世の中にはきわめて知性が高く、それと同時に「楽して金儲けしたい」「額に汗して働くなんて真っ平だ」と思っているひとがいるという事実に気づきました——それも、ものすごくたくさん。金融業の本質はマネーゲームですから、その特殊性がこうしたひとたちを惹きつけるのです。

彼らは、徹夜して本をつくる私の仕事をまったく理解できませんでした。そして私も、彼らのビジネスのどこが楽しいのかわかりませんでした。しかしこのときの体験は、私にとって大きな財産になります。その後私は、『マネーロンダリング』

（幻冬舎　2002年5月）で作家としてデビューすることになりますが、金融業界の周縁に棲息するあやしいひとたちは小説のなかの登場人物として活躍してくれることになったのです。

ちなみに当時、「海外投資業界」でもっとも成功していたのは〝儲かる株〟を推奨するビジネスでした。90年代末はITバブルの絶頂期で、アメリカでも日本でもITやインターネットと関連づければどんな株でも高騰しましたから、大金を払ってでもこうした情報が欲しい投資家はいくらでもおり、東証マザーズやナスダック・ジャパン（当時）に上場してあぶく銭を得たベンチャー企業の経営者たちは、ITアナリストの設立したベンチャーファンドに競って資金を投じました。

しかしいま、かつて飛ぶ鳥を落とす勢いだった彼らは一人として生き残っていません。マーケットが常に右肩上がりで上昇するはずもなく、未来を予測するのは原理的に不可能です。けっきょく、2000年に始まったITバブル崩壊を受けて彼らのポートフォリオは莫大な損失を抱えることになり、顧客ともども市場からの退場を迫られたのです。

オフショアやタックスヘイヴンで資産運用する方法を教えてくれたファイナンシ

ャル・アドバイザーのリチャード・マイケル・ナッシュ氏はその後、日本銀行の隣のオフィスビルに事務所を構えるまでになりますが、顧客に「元本保証」として推奨していたファンドが運用不振で破綻したことからトラブルになり、逃げるようにして日本を去ることになりました（その後、香港の保険会社で働いているという噂を聞きましたが、確かな消息はわかりません）。

こうした有為転変を間近で見て、金融市場の恐ろしさも知りました。それもまた、のちの小説に活かされています。

人生を経済合理的に設計する

「ゴミ投資家」シリーズは2001年6月の『人生設計入門［借金編］』（メディアワークス）で一段落し、私は「海外投資」というニッチを足掛かりに独立することになりました。そのとき私は、ひとつの企画を考えていました。

海外の金融機関を活用するマニュアルをつくるなかで、そこで出会った〝業界人〟からさまざまな裏情報を教えてもらいました。それをどこかで活かしたいと思っていたのですが、そのまま本にすれば脱税指南になってしまい、まっとうな出版社は相手にしてくれません。

そんなとき、香港で日本人相手のファイナンシャル・アドバイザーをしているひとと出会いました。最初は「こんな仕事もあるのか」と思っただけでしたが、日本に帰る飛行機のなかで突然、アイデアがひらめいたのです。

殺人の方法をマニュアル本にすれば反社会的として批判されますが、ミステリーのなかで微に入り細を穿《うが》って殺人の場面を描写してもなんの問題にもならず、かえって評価されることもあります。同じように、香港のファイナンシャル・アドバイザーを主人公にしたエンタテインメント小説にすれば、あやしげなひとたちから教えてもらった脱税テクニックの数々を紹介できるのではないかと思ったのです。

こうして生まれたのが『マネーロンダリング』で、もともとは1回かぎりの小説のつもりでした。そのとき編集者から「書き手が正体不明の方が面白い」といわれ、国籍も性別も曖昧《あいまい》なペンネームにしたのが「橘玲」です。

このときに同時に進めていたのが『ゴミ投資家のための人生設計入門』の改訂版で、こちらは「海外投資を楽しむ会」の名前で出版する予定でした。ところが『マネーロンダリング』が予想外に好評だったことで、出版社からここでも「橘玲」のペンネームを使いたいといわれ、それが『お金持ちになれる黄金の羽根の拾い方』になったのです。

このように、私が「作家」になれたのは『マネーロンダリング』と『黄金の羽根の拾い方』の最初の2冊が商業的に成功したからで、これは幸運としかいいようがありません。人生と同じくビジネスも偶然の積み重ねなのですから、どれほど考えたところで、計画どおりにものごとが進むはずもありません。

しかしそんななかでも、ひとつだけ大切にしてきた原則があります。それは、どんなときもできるだけ経済合理的に判断する、ということです。なぜならビジネスも資産運用も、（短期的には偶然に左右されるとしても）長期的には経済合理的な選択がもっとも有利になるようにできている（はずだ）からです。

"黄金の羽根"はどこに落ちているのか？

市場経済では利益は差異から生じます。

貿易というのは、安く仕入れた商品を他国に持っていって高く売ることです。これは株や債券・不動産取引でも同じで、安く買った株を高く売ればその差額が利益になります。

金融取引が物品の売買と異なるのは、利子や配当（不動産の場合は賃料）といったかたちでキャッシュ（現金）を生み出すことと、場合によっては空売りが可能なことです。

信用取引をしたことのないひとが空売りを直感的に理解することは困難ですが、簡単にいうと、高く売って安く買い戻す取引のことです。

友人から借りた本を古本屋で売ってしまった。「返してくれ」といわれたので、同じ本を古本屋で購入し返却した――。信用取引の空売りというのは、要するにこういうことです（道徳的な是非は問いません）。ここでも、古本屋に本を売った価格と、同じ本を買い戻した価格の差異から利益（もしくは損失）が生じます。

銀行の仕事は物販とはまったく違うように見えますが、ここでも利益は価格の差異から生まれます。金貸しは、安い金利で調達したお金を高い金利で貸し出しているのです。

経済のグローバル化にともなって、先進国と発展途上国の人件費の違いを利用するビジネスモデルが大規模に展開されるようになりました。その代表がユニクロで、人件費の安い中国の工場で生産した衣料品を日本をはじめとする先進諸国や中国の都市部で販売し急成長を遂げました。

鄧小平の改革開放政策が始まった１９７０年代末は、中国の１人あたりＧＤＰ（名目）は日本の70分の１しかありませんでした。日中戦争や国共内戦などさまざまな歴史的要因や文化大革命の政治的混乱で、近代化・工業化への道を進むことができなかったからです。

しかしこれは、中国では日本の70分の１のコストで労働者を無尽蔵に雇うことができる、ということでもあります。このとてつもないビジネスチャンスに気づいた企業家たちが中国に進出し、積極的な投資をしたことで年率10％を超える爆発的な経済成長が始まったのです。その結果、中国の中産階級（年収１万ドル超）はいまや３億人を超え、日本との１人あたりＧＤＰの差も５分の１にまで縮まりました。

〝グローバリズム〟を批判するひとはなぜかこうした事実から目を背けていますが、経済のグローバル化によって中国のひとびとは素晴らしい恩恵を受けました。これは中国だけでなく、冷戦の終焉以降、インドや中南米、アフリカなどを含めれば10

億人が中産階級の仲間入りを果たしたという試算もあります。人件費の差異を利用して利益を得ようとする〝グローバリスト〟たちの経済活動によって、世界全体の幸福度は間違いなく向上したのです。

利益が差異から生まれるのなら、文化の違いも恰好の収益機会になります。日本ではずっとヨーロッパが文化（ハイカルチャー）の中心とされていて、フランスやイタリアのブランドを日本に持ってくるだけで大きなビジネスになりました。いまは日本のマンガやアニメなどサブカルチャーが世界じゅうで大人気で、こうしたコンテンツを持つ企業がグローバルビジネスを展開しようとしています。

そうしたなかで、企業家にもっとも大きな利益をもたらす差異はイノベーション、すなわち技術（テクノロジー）です。産業革命の時代からマイクロソフト、アップル、グーグルまで、市場に君臨したのは未来の技術やサービスを先取りした企業でした。ソフトバンクの孫正義社長はかつて、シリコンバレーのビジネスモデルを日本に持ってくることを「タイムマシン経営」といいましたが、未来と現在の価格の差異が利益の源泉になることをよく表わしています。

マーケットが修正できない歪み

ところで、価格にはなぜ差異が生まれるのでしょうか。それにはさまざまな要因がありますが、多くの場合は市場（マーケット）が歪んでいるからです。

中国銀行は中国最大手の国有銀行のひとつで、上海市場のほか香港やニューヨークにも株式を上場しています。さらに上海市場には、元建《げん》ての A 株と外国人投資家向けにドル建てで取引されている B 株があります。複数の株式市場で取引される株式は、株価が常に一致しているということはあり得ません。

高速取引をするヘッジファンドは、同じ株なのに異なる価格で売られている「市場の歪み」を瞬時に見つけ出し、割安な株を買って割高な株を空売りすることで、無リスクで収益をあげようとします。これを「裁定取引（アービトラージ）」といいますが、プロの投資家がこの裁定取引を繰り返すことでマーケットの歪みは修正され、市場は効率的になっていくのです。

しかしこのことは、裁定取引が不可能なケースでは、価格の歪みから長期にわたって富が生み出されることを示しています。はたしてそんなことがあり得るのでしょうか。

真っ先に思いつくのは、国家が市場に介入することで生じた歪みです。行政の規制によって外国企業などの新規参入を排除したうえで、公共事業の利益を談合によって分け合う、というのがその典型で、歪みは国家権力によって維持されますから、いったん既得権を握ればその利益は莫大なものになります。

国家が法を定めたことで生じた歪みを利用する方法もあります。禁酒法時代のアメリカを見ればわかるように、特定のビジネス（酒の製造・販売）を違法にすると、まっとうな企業はその市場から排除されてしまいます。しかしマフィアは法律違反を恐れないので、法によって生まれた市場の歪みから巨額の利益がもたらされるのです。

同様の状況は、大麻・覚醒剤などのドラッグや上限金利を超えた融資など、現代の日本でも見られます。ヤクザのシノギは、常に法律のブラックゾーンやグレイゾーンの領域で行なわれるのです。

違法とはいえないものの、社会的にはきわめて評価の低いビジネスがあります。風俗業や産業廃棄物処理業などがその典型で、こうした業種で成功して金持ちになったとしても世間一般の評価は低いままです。

ほとんどのひとは、たんにカネ儲けがしたいのではなく、それによって社会的な評価も上げたい(みんなからちやほやされたい)と思っています。一流大学を卒業したり、MBAを取得したひとは、〝汚れ仕事〟で成功したいとは思いません。

ここから、「社会的評価による歪み」が生まれます。優秀な人物が誰もやりたがらない仕事に本気で取り組めば、ほかの(社会的評価の高い)業種より成功する確率はずっと高くなるでしょう(私はそういう理由で風俗業を始めたひとを知っています)。

日本の社会の〝秘密〟

私も含めほとんどのひとは、国家から役得を得られるような立場でもなければ、法を犯すつもりもなく、〝汚れ仕事〟に人生を賭ける覚悟もありません。利益をもたらす歪みがあったとしても、それを利用できるひとは限られています。考えてみればこれは当たり前で、誰にでも利用できるなら収益機会はたちまち失われてしまうはずです。

しかし、実はそのなかでひとつだけ、その気になれば誰でも利用できる歪みがあります。それが「社会制度的な歪み」です。そのための条件はただひとつ、自営業者（または中小企業の経営者）になって「個人」と「法人」のふたつの人格を使い分けることです。

なぜこのような不思議なことが起こるかというと、戦後の日本社会のさまざまな制度がサラリーマン（＋公務員）を基準につくられてきたからです。その結果、サラリーマンでないひとたちを平等に扱うことができなくなり、そこから制度の歪みが生じたのです。

地方都市の商店主や、地域に根差した中小企業の経営者たちは、特定郵便局や農協、医師会などと並ぶ重要な票田で、政治家の後援会の中核でもあります。彼らのために便宜を図ることが、自民党から公明党、共産党に至るまで、すべての政治家にとって重要な関心事でした。そのため、収入や資産の多寡にかかわらず自営業者や中小企業はすべて〝社会的弱者〟として優遇されることになりました。

もちろん賢いひとたちは、こんなことは当然の常識として知っているでしょう。しかし私は、自分がサラリーマンだった頃は日本の社会制度に大きな歪みがあることにまったく気づきませんでした。これは私だけではなく、（サラリーマン・公務員である）読者の大半も同じではないでしょうか。

サラリーマンを辞めて事業を始めれば、誰でも富を獲得できるわけではありません。しかし日本では、〝お金持ち〟と呼ばれるひとは成功した自営業者か中小企業の経営者で、大企業のサラリーマン社長になってもせいぜい東京の郊外に一戸建ての家が持てる程度です。

なぜこのようなことになるのか——それが私の素朴な疑問でした。そして、自営業者になってはじめて、そこに経済合理的な理由があることに気がついたのです。

この本には、そんな驚きが詰まっています。

それではいよいよ、〝黄金の羽根〟を探す旅に出かけることにしましょう。

PART1
人生を最適設計する
資産運用の知識

1 世界にひとつしかないお金持ちの方程式

ハワイ生まれの日系アメリカ人ロバート・キヨサキの『金持ち父さん貧乏父さん』がベストセラーになって以来、書店には数多くの〝お金持ち本〟が並ぶようになりました。そのすべてを読破することは不可能でしょうが、だからといってなんの問題もありません。目次を見れば、書いてあることはたいてい想像できるからです。

人類の歴史に貨幣が登場して以来、お金持ちになる方法はたった3つしかありません。さらには、その方法はわずか1行の数式で表わすことができます。もったいぶらずにお教えしましょう。これが、お金持ちの方程式です。

資産形成＝（収入－支出）＋（資産×運用利回り）

足算と引算と掛算だけでできた、小学生にでもわかりそうな方程式です。しかし驚くべきことに、世界じゅうのひとびとを虜《とりこ》にしてきた「金持ちになりたい」という夢が、このたった1行に凝縮されているのです。

この方程式から、お金持ちになるには、次の3つの方法しかないことがわかります。

❶収入を増やす
❷支出を減らす
❸運用利回りを上げる

これをファイナンスの用語で説明するならば、資産形成の方程式の第一項（収入−支出）はその年の総収入から総支出を引いたものですから、「損益計算書」上の純利益に相当します。一方、第二項（資産×運用利回り）は保有資産（金融資産・不動産資産など）を何パーセントの利回りで運用できたか、ということですから、こちらは「バランスシート（貸借対照表）」の領域です（図2）。

お金持ちの方程式は、個人でも企業でも同じです。純利益を増やし、本業の収益力を向上させることと、保有している資産を有効活用することです。これ以外の方法は存在しません。

その証拠に、巷にあふれる〝お金持ち本〟は、すべて次のどれかに分類できます。

①「サラリーマン出世術」「商売に成功する方法」など、収入を増やすノウハウ
②「節約生活」「マル得情報」など、生活水準を下げずに支出を減らすノウハウ
③「1億円儲ける」「株で生活する」などの株本に代表される資産運用指南本

ベストセラー『金持ち父さん貧乏父さん』も例外ではありません。まだ読んでいないという方のために、その内容を要約してみましょう。

――金持ち父さんになりたければ、

**図2｜財務諸表で家計を管理する損益計算書と
バランスシート（貸借対照表）**

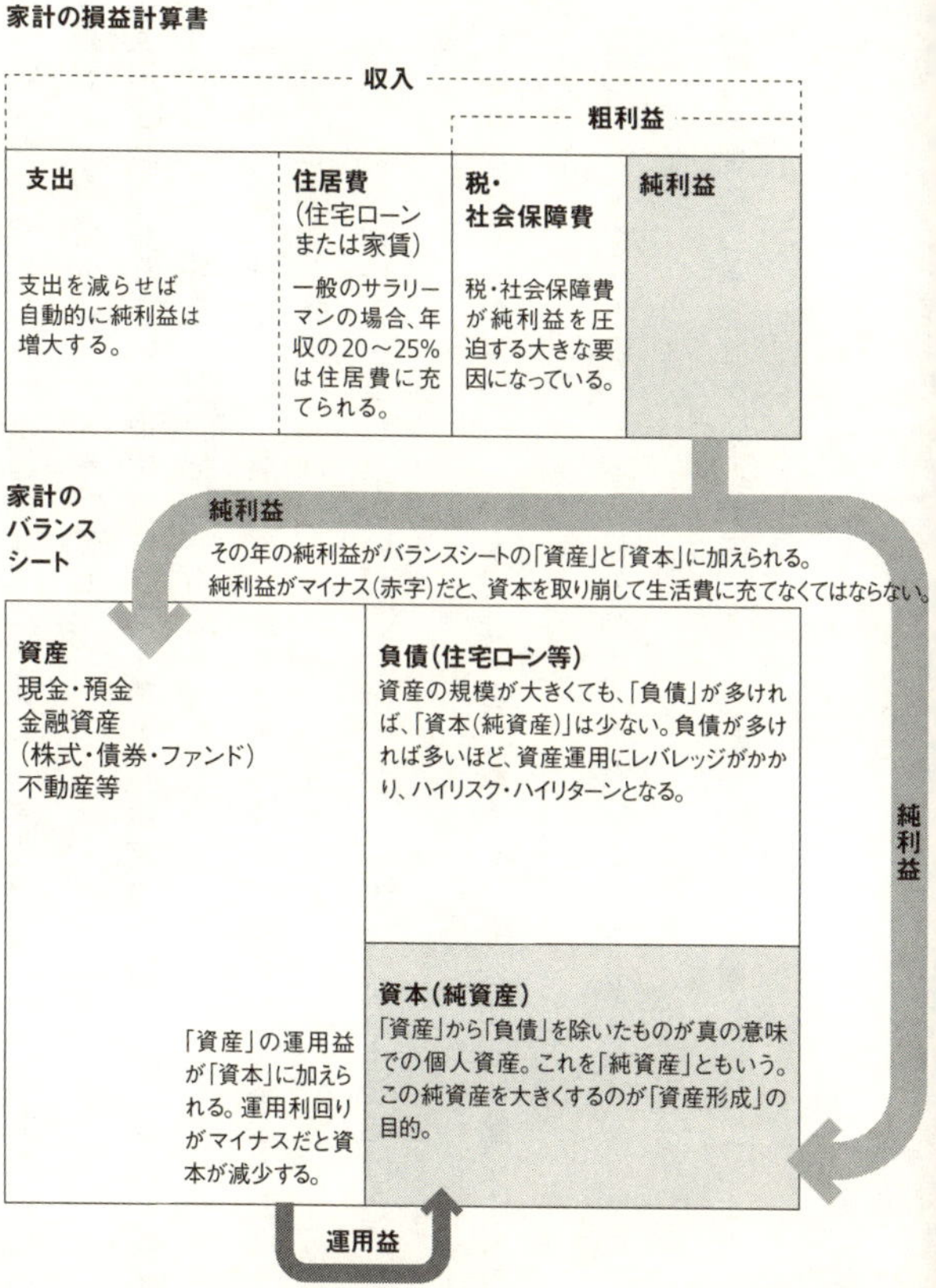
家計の損益計算書
収入
粗利益
支出
支出を減らせば自動的に純利益は増大する。
住居費（住宅ローンまたは家賃）
一般のサラリーマンの場合、年収の20〜25%は住居費に充てられる。
税・社会保障費
税・社会保障費が純利益を圧迫する大きな要因になっている。
純利益
家計のバランスシート
純利益
その年の純利益がバランスシートの「資産」と「資本」に加えられる。
純利益がマイナス（赤字）だと、資本を取り崩して生活費に充てなくてはならない。
資産
現金・預金
金融資産
（株式・債券・ファンド）
不動産等
負債（住宅ローン等）
資産の規模が大きくても、「負債」が多ければ、「資本（純資産）」は少ない。負債が多ければ多いほど、資産運用にレバレッジがかかり、ハイリスク・ハイリターンとなる。
純利益
資本（純資産）
「資産」から「負債」を除いたものが真の意味での個人資産。これを「純資産」ともいう。この純資産を大きくするのが「資産形成」の目的。
「資産」の運用益が「資本」に加えられる。運用利回りがマイナスだと資本が減少する。
運用益

①まずは収入を増やしなさい（著者はゼロックスの営業マンとして仕事をしながら、株式投資や不動産売買で資産を増やした）

②次に支出を減らしなさい（金持ち父さん＝著者の親友の父親は、大きなビジネスを手がけながらも、質素な生活をしていた）

③さらにリスクを取りなさい（著者は不動産不況の際に、銀行から借金をしてまで割安の不動産に投資した）

④サラリーマンを辞めて起業しなさい（著者は、サラリーマンのままでは金持ちになれないと説く）

⑤税金を払うのをやめなさい（この本では、会社をつくって合法的に節税する方法が紹介されている）

⑥家計のバランスシートをつくって自分の資産と負債を管理しなさい

すべての〝お金持ち本〟は、原理的に、こうした一般原則に還元されてしまうのです。

最初にお断りしておくなら、確実に金持ちになる方法など、この世にありません。もしそんなものがあれば、世界じゅうのひとが金持ちになっているはずです。百歩譲って、仮に確実に金持ちになる方法があるとしても、それが本に書いてあるわけはありません。他人に教える前に、著者自身がその方法で金持ちになるはずだからです。

では、金持ちが書いた〝お金持ち本〟なら信頼できるのでしょうか？　残念ながら、そうともいえません。なぜなら、そこに書かれているのは著者個人の体験でしかないからです。金持ちになるヒントを得ることは可能でしょうが、一般化はできません。

〝お金持ち本〟には、読者を錯覚させるあるトリックが隠されています。それは、「成功したひとしか本を書かない」ということです。

たとえばロバート・キヨサキは、市況の回復を確信して、多額の借金をしてハワイの不動産を買い漁りました。しかし不動産の値下がりで苦境に陥り、85年には夫婦でホームレス生活を余儀なくされ、一時は古ぼけたトヨタを「家」にしていたといいます。見かねた友人が自分の家の地下室を貸してくれるまで3週間、ホームレス生活は続きました。その後、キヨサキの予想どおり不動産は大きく値上がりし、資産形成に成功するわけですが、不動産価格の下落がさらに続けば、借金を返済できずに破産していたかもしれません。その場合は、『金持ち父さん貧乏父さん』が書かれることは永久になかったはずです。

ロバート・キヨサキがハワイの不動産を買っていた80年代半ばに日本の不動産に多額の投資をしたひとがいるとすれば、90年代のバブル崩壊で間違いなく破産しています。さらにいえば、ハワイの不動産市況が回復し、キヨサキが投資に成功したのは、バブルの最盛期に大量のマネーが日本からハワイに流れ込んだためです。こうして金持ちになったキヨサキが、バブル崩壊で苦しむ日本人に成功譚を語るというのも、考えてみれば皮肉な話です。

2億5000万人のアメリカ人全員が参加する賭け金1ドルのコイン投げを1日1回行ない、勝った方が相手の持っているコインをすべて受け取るとすると、20日後には勝ち残った238人の手に105万ドル以上が貯まっている計算になります。

そこで、〝世界最高の投資家〟ウォーレン・バフェットはいいます。

「こうなると、『毎朝30秒、20日間で1ドルを100万ドルに増やす方法』などという本を書く奴が出てこないとも限らない」

敗者が消えていき、残った勝者だけで統計をとると平均値が上がってしまうトリックを〝生き残りバイアス〟といいますが、これなどはその典型です。

誤解のないように付け加えるならば、『金持ち父さん貧乏父さん』は、〝お金持ち本〟のなかでも良質な部類に属します。そこで提案されているさまざまな投資の原則も、納得できるものが大半です。この本の唯一の難点は、日本では使えないノウハウが多すぎるということでしょう。「税金を払っていては金持ちになれない」という著者の指摘は正確ですが、アメリカの税制に基づいた節税法は日本ではなんの意味もありません。

確実にダイエットに成功する方法は、1日の消費カロリー以下に食事の量を抑えることです。こうすれば、生理学的に動物は必ず痩せます。それができないのは、人間にとって、食べることが快楽だからです。

芸能人やモデルが痩せているのは、太ると仕事が来なくなるからです。べつに意志が強いからではありません。有名になりたいというモチベーションがはっきりしていれば、ひとは快楽に打ち克つこともできます。ただし、禁欲の先により大きな快楽が待っていなければなりません。

同様に、お金持ちになる合理的な方法も存在します。日本のような人件費の高い国に生まれた幸運を最大限に活かし、三畳一間のボロアパートに住み、贅沢はいっさいせず、1日16時間休みなしで働けば、誰でも5年もあればまとまった資産をつくることができます。ベンチャー企業の創業者にときどきこういうタイプがいますが、そこまでして金持ちになりたいという強烈な意志を持つひとは、そう多くはないでしょう。

私たち凡人は、それなりに生活を楽しみながら、できるだけつらい思いをせずに、経済的に豊かになりたいと考えています。幸福を犠牲にしてお金を貯めてもなんの意味もありませんから、この考えは間違ってはいません。しかし、なんの努力もせずに金持ちになれるほど世の中が甘くないのも事実です。

世の中には、収入以上の贅沢をし、消費者金融で借金をしながら、宝くじが当たるのを待っている人がいっぱいいます。しかしこれでは、いつまで待っても幸運の女神がやってくるはずはありません。
もういちど、お金持ちの方程式を思い出してください。

資産形成＝（収入－支出）＋（資産×運用利回り）

答はすべて、このなかにあります。

ルール1

純利益の確保こそが重要である

お金持ちの方程式の第一項は「収入－支出」で、これが純利益として第二項の「資産」に加えられていきます。こうしたキャッシュ（現金）の流れを見るならば、資産運用よりも純利益の方が重要なのは明らかです。
どんなに素晴らしい資産運用をしていても、会社をリストラされて収入がなくなれば、投資の元本を取り崩して生活せざるを得なくなります。これでは、人生設計のゴールは遠のくばかりです。

安定した純利益が確保できていてこそ、資産形成のスタート台に立つことができるのです。

ルール2

複利の資産運用では、わずかな利回りの違いが大きな差を生む

お金持ちの方程式の第二項は「資産×運用利回り」ですが、その意味するところは深遠です。

ひとつは、運用利回りが高ければ資産はそれだけ大きくなるということです。これは、誰でもわかるでしょう。

1000万円の元金を年利1％で10年間複利で運用しても1100万円にしかなりません。超低金利時代の0・001％で運用すれば、10年間で利息はなんと100円です。それに対して、年利5％なら1600万円、10％なら2600万円になります（表A）。

資産は複利で増えていきますから、最初はほんのわずかな利回りの違いでも、最

終的には大きな差になります。

1000万円の元金を、金利1~5%で20年運用した場合の結果（表B）を見れば、そのことがよくわかります。

このように、運用利回りが上がれば上がるほど、資産の成長率は高くなります。これが複利のパワーで、金利1%と2%では20年間で300万円、金利4%と5%では500万円の差が生じます。

表A | 元金1000万円を10年間複利で運用した場合

利回り	資産
1%	1100万円
3%	1300万円
5%	1600万円
10%	2600万円

表B | 元金1000万円を20年間複利で運用した場合

利回り	資産
1%	1200万円
2%	1500万円
3%	1800万円
4%	2200万円
5%	2700万円

ところで、個人の預金利子には20%の税金が源泉課税されます。現在のような低金利では影響はありませんが、一時期のドル預金のように年利5%であれば、税引き後の実質金利は4%（5%×0・8）になってしまいます。

この単純な、そして重要な事

実に気づいたひとは、投資に対して税金がかからないさまざまな工夫をしているのです。

ルール3 十分な元金がなければ運用しても意味がない

お金持ちの方程式第二項のもうひとつの意味は、十分な資産（運用の元金）がなければ、運用しても大した効果は期待できないということです。

100万円を運用するのも、1億円を運用するのも、手間は大して変わりません。むしろ、1億円を運用する方が投資コストが下がり、有利になります。

資産運用で年に10％の利回りを得たとして、元金100万円の場合は10万円の利益が手に入ります（100万円×10％）。まったく同じコストで元金1億円を運用すれば、利益は1000万円です（1億円×10％）。このように、資産運用ではスケールメリットが重要になります。

では、元金の少ないうちは投資をすべきではないのでしょうか？

そんなことはありません。投資をしてもしなくても資産形成に大した違いはないとしても、それでもやはり、投資をするに値する理由があります。

ひとはいったんリタイアすれば、資産の運用益からキャッシュを手に入れるしかありません。

日本国も企業も、もはや老後の面倒を見てはくれません。好むと好まざるとにかかわらず、誰もが最後は、一人の投資家として生きていくことになります。

そのときに、金融市場についてなんの知識も持っていなければ、いったいどうやって自分の資産を守れるというのでしょう？

ルール4

収入を増やす確実な方法は働き手を増やすこと

サラリーマンなら誰でもいちどくらい、給与明細を眺めながら、「もうすこし給料が多ければ」と溜め息をついたことがあるでしょう。資産形成においても、収入の与える影響は計り知れないものがあります。

もしあなたが結婚しているのなら、家計の収入を増やすもっとも確実な方法は、共働きにすることです。親子やきょうだいでも構いませんが、家族のなかの労働人口を増やせば、人数に比例して家計の収入は増えていきます。

子どものいるサラリーマン家庭では、どんなに頑張っても毎年100万円を積立てるのが精一杯ではないかと思います。この資金を年3％で運用すれば、10年で1150万円になります。

ところが、妻が仕事を始めて年300万円積立てることができれば、資産は10年で3400万円に増えます。

どちらかが出世して年に500万円積立てることができるようになれば、10年で6000万円の資産ができますから、これでほぼ経済的独立を達成することができます（表C）。

表C｜年3％の運用利回りで積立てた場合の10年後の資産

年間積立額	10年後の資産
100万円	1150万円
300万円	3400万円
500万円	6000万円

この簡単な計算からもわかるように、資産形成への最短距離は、収入を増やして純利益を確実に積み上げていくことです。世界一住居費の高い国で一人暮らしをしたり、世界一人件費の高い社会で専業主婦を養うことは、究極の贅沢です。日本のサラリーマンの生涯年収は3億〜4億円とされていますから、専業主婦になるのは3億円をドブに捨てるのと同じことです。もちろん贅沢をするのは個人の自由です

が、それが資産形成と相容れないことは覚えておきましょう。

ルール5 他人への投資と自分への投資を天秤にかけよう

一般に投資というのは、自分の資産を株式や債券など、金融商品の購入に充てることです。なぜこんなことをするかというと、投資した先の会社の経営者や労働者が、あなたにかわって稼いでくれることを期待するからです。これを「お金に働いてもらう」といい、首尾よく利益が出ればこんなウマい話はありませんが、失敗しても文句はいえません。

それに対して、「最大の資産は自分自身の能力だ」という考え方があります。

あなたが仮に、1年間働いて500万円の収入を得るとします。市中金利を1％として、資産運用で500万円の利益を得るには5億円の元本が必要です。あなたの能力を一種の株式と考えれば、その価値は5億円ということになります（500万円÷1％）。

この巨額の〝資産（人的資本）〟からすれば、あなたが持っている数百万円の金融資産など、問題にもなりません。あなたがいますべきことは、5億円の人的資本を、10億円、20億円へと増やしていくことです。これを、経済学の用語で「人的資本への投資」といいます。

アメリカの企業では、従業員の年収はキャリアに連動しています。キャリアはたんに職歴や会社内の地位のことではなく、MBAなどの資格や博士号などの学位も含まれます。キャリアによって労働者の能力は厳密に数値化されており、それのみが給与の基準として認められています。キャリア以外の理由で給与に差をつけると差別と見なされ、すぐに訴えられてしまうからです。

こうしたキャリアシステムの下では、キャリアアップによって、確実に収入は増えていきます。アメリカ人の学生が、借金をしてまでMBAや博士号を取得するのは、それによって、能力の如何《いかん》にかかわらず給与が上がるからです。日本企業でもいずれ、こうしたキャリアシステムによる人事考課が定着してくるでしょう。

資産運用の初期においては、金融資産に投資するよりも、人的資本に投資した方が合理的です。なぜなら、他人はあなたのために働いてくれませんが、あなたはあなた自身のために真剣に働くだろうからです。

サラリーマンが金持ちになる方法は3つある

　サラリーマンが金持ちになるのが難しい最大の理由は、税・社会保険料コストが大きいためです。年収1000万円のサラリーマンだと、実質税負担は250万円にもなります。こんな大金を毎年国に払っていたのでは、金持ちになれるわけがありません。こうした事情はアメリカでも同じで、だからこそ『金持ち父さん貧乏父さん』の著者ロバート・キヨサキは、「サラリーマンは金持ちになれない」といったのです。

　それでも、サラリーマンが資産家になる方法がないわけではありません。

　ひとつは年収を上げることで、これが王道です。

　日本では一部上場企業の社長クラスでも年収3000万～4000万円程度ですから厳しい道のりですが、仮に夢の年収3000万円を達成したとしましょう。この場合の実質税負担率は40%程度なので、約1200万円を国に納めることになりますが、それでも1800万円の可処分所得が残ります。これを10年続けられれば、

1億円の資産をつくることは十分に可能でしょう（そのかわり、国に納める税金の総額も1億円を超えてしまいます）。

もうひとつは、ベンチャー企業に就職して、自社株を購入したり、ストックオプションを取得することです。見事、その会社が上場に成功し、株価が大きく上がれば、億万長者になることも夢ではありません。

ただし、ベンチャー企業が億万長者になる機会を社員に与えるのは、それ以外に社員を惹きつける魅力がないからだということは知っておく必要があります。創業したばかりの会社は、社員に給料を払う前に、設備投資や研究開発費に多額の資金を投入しなくてはなりません。そのためには、数少ない社員に低賃金で長時間労働を強いることになります。そのうえ、事業が成功する保証はありませんから、会社が倒産してしまえばそれで終わりです。

大手企業と比べてはるかに見劣りするこうした条件でも優秀な人材を確保するために考えつかれた魔法の杖がストックオプションで、要は宝くじの一種です。ただし、いまは懐かしいインターネットバブルの頃に若き億万長者を輩出したこの宝くじも、ほとんどが紙屑になってしまいました。

サラリーマンが金持ちになる3つめの方法は、かつては日本でも広く行なわれていました。それは、仕事を発注した業者からキックバックを受け取ることです。

芸能界では、仕事をもらったプロダクションは、テレビ局などの発注担当者に現金で謝礼を払うことが慣習化していました。5000万円の仕事を発注すれば、5%のキックバックで250万円が懐に転がり込んできます。キックバックが慣例となっている業界は、建設業から広告・メディア業界まで多岐にわたります。

大手企業は、社員が取引業者からキックバックを受け取っていることがわかっても、体面を考えて表沙汰にはしませんでした。最悪、依願退職になっても、退職金は満額もらえます。たいていは、社長を含め経営陣にも身に覚えがあり、そのうえ大きな発注権限を持つ社員は仕事もできるので、見て見ぬ振りをするほかなかったのです。このような業界では、違法行為を承知で業者からキックバックをもらうのが経済合理的な行動でした。

しかしその後、日本でもコンプライアンス（法令遵守）が徹底されるようになり、一部のグレイな業界を除けばこうした悪しき慣習はほぼ消滅しました。とはいえ、中国や東南アジア、アフリカ、中南米など世界の多くの国では、汚職や賄賂はいまだにもっとも確実な「金持ちへの近道」です。

ルール7
確実に金持ちになる方法は支出を減らすこと

誰もがキャリアを積んで、年収1000万円を超えるエリートサラリーマンになれるわけではありません。「自分に投資する」とよくいわれますが、その投資の大半は無駄になっているという現実もあります。サラリーマンとして出世したり、ビジネスを立ち上げて成功したり、そういう理想像だけを追い求めても成功の果実を手にできるひとは限られています。

では、人的資本に投資しても思うような成果を挙げられない私たち凡人は、どうすればいいのでしょうか?

実は、ここにもちゃんと解決策があります。それは、支出を減らすことです。

当たり前のことですが、誰もが確実に資産運用に成功する方法があるはずはありません。さらには、必死になって努力したとしても、100人が100人とも出世レースに勝ち残ったり、ビジネスで成功できるわけでもありません。しかし、支出を減らすことは誰にでもできますし、それによって確実に家計の純利益は増大し、資産は大きくなっていきます。

「金持ちはケチだ」とよくいわれますが、これは論理が逆で、「ケチだからこそ金持ちになれた」のです。確実に資産を増やす方法が目の前にあるにもかかわらずそれを実行しない人間が、資産形成に成功できるはずがありません。

宝くじで大金を当てたひとの大半は、浪費癖によってけっきょく貧乏に戻ってしまうのです。

ルール8

家計のリストラは住宅コストと生命保険から

お金持ちの方程式の第一項は家計の純利益を表わしています。これが赤字になっている場合は、なによりもまず、不要な経費を大胆にカットして、十分な利益を生み出すことができるまでリストラに励まなくてはなりません。企業でも家庭でも、やるべきことは同じです。

ただし、月1万円の小遣いを5000円に減額しても、晩酌のビールを小瓶に替えても、純利益への貢献はたかが知れています。リストラは効果的に行なわなくては、家のなかが暗くなるだけです。

日本企業の最大のコストは人件費です。日本は世界でもっとも人件費の高い国なので、社員数を減らせば人件費が圧縮され、利益は一気に拡大します。だからこそ、追い詰められた企業は人減らしに必死になります。

同様に、日本の家計の場合、最大のコストは住居費です。親と同居していたり、安い社宅を利用していたり、ローンを払い終わった家に住んでいる場合は別ですが、たいていの人は、年収の20〜25%を住宅ローンの支払いや家賃に充てています。年収500万円のサラリーマンの平均的な住居費は年100万〜120万円程度でしょうから、これを減額することができればキャッシュフローは劇的に改善します。

〝パラサイト・シングル〟と名づけられた、親と同居する独身の男女が、ブランド物を買い漁り、贅沢に海外旅行を楽しむ姿を見れば、住居費をリストラする効果は明らかです。彼らは父親をパトロンに、母親を家政婦にして、世界でもっとも優雅な身分を満喫しています。

不況で収入が減ってきたら、もっと安い家に引っ越せば問題は解決します。住宅ローンの負担が重くなってきた場合は厄介ですが、妙な見栄やプライドは捨てて、いったん持ち家を売却し、身の丈にあった賃貸に移ることを検討するべきかもしれません。赤字を続けていれば、確実に家計が破綻してしまいます。

将来的に年金が減額された場合も、対処の仕方は同じです。

田舎暮らしを実践すれば、生活水準は下げずに、生活コストを大きくカットすることが可能です。東南アジアの国々で暮らす年金生活者もいますが、これも生活コストが大きく下がるからです（最近はそうでもなくなったことは後述）。

住宅コストと並んでリストラ余地の大きなものに、生命保険があります。ほとんどの人は、生命保険の大半を解約してしまってもなんの問題もありません。資産形成から考えれば、生命保険ほど効率の悪い金融商品はほかにはありませんから、その利用は最低限にとどめるべきです。

ルール9

投資のコストに気づかないひとは金持ちになれない

株式売買にも不動産の購入にも、証券会社や不動産業者など、ブローカーに支払う手数料が必要になります。これは投資のコストですから、安ければ安いに越したことはありません。べつに証券会社に高い手数料を払ったからといって、買った株が上がるわけではありません。同じ銘柄の株なら、コストの安いところで買った方が有利に決まっています。

株式投資は、手数料率の低いネット証券を使うべきです。大手証券の営業マンに発注するのなら、IPO（新規公開）株を優先的に割り当ててくれるなど、何らかのメリットがなければ意味はありません。

金《きん》投資は相変わらず人気ですが、貴金属店で金地金を買うと、商品先物市場で金の先物を買うより10％近く割高になります。メープルリーフ金貨のような加工品を購入すると、20％も割高です。売買手数料も、地金で5％程度、金貨で7％程度と法外です。商品先物会社のインターネット取引を使えば、手数料率は0・1％程度ですから、比較になりません。そのうえ、先物で買った金を期日に現物で受け取ることも可能です。

意味もなく「商品先物は怖い」と信じ込んでいるひともいますが、市場の仕組みを理解すれば、リスクを抑えて利用することは簡単にできます。先物のリスクの大半は10倍前後の高いレバレッジ率にあるのですから、レバレッジをかけず証拠金の額だけ金の先物を買い建てるならば、現金で金地金を買うのとなんの違いもありません。投資を知っている人は、貴金属店に並んだりせず、素人が金の現物を買い漁るのを横目に、さっさと値上がりした金の先物を売り抜けているのです（いまならこの部分は外貨投資を例にした方がわかりやすいでしょう。大手銀行の外貨預金は相変わらず1ドルあたり1円の為替手数料がかかりますが、ネット銀行やFXなら手数料は10分の1以下になります）。

投資のコストに気づかない人は、ブローカーにお金を寄付しているのと同じです。これでは、大きな資産などつくれるわけはありません。

ルール10 最速の資産形成法は税金を払わないことである

最後に、もっとも早く確実に金持ちになる方法をお教えしましょう。誰もあからさまにいわないものの、たいていの人が知っていることですが、それは自営業者（あるいは中小企業の経営者）になって、所得に対して税金を払わないことです。

サラリーマンの場合、仮に1000万円の収入があっても、税・社会保険料を引かれた手取りは700万円程度です。それに対して自営業者の場合、同じ1000万円の収入があれば、国民年金と健康保険に若干の支払いをしたとしても、合法的にほぼ全額を可処分所得にすることが可能です。仮に生活費を400万円とすれば、サラリーマンの貯蓄額は300万円、自営業者は600万円です。

毎年300万円を投資に回し、年3%で運用したとしても、1億円の資産をつくるのに25年かかります。いくら高収入のサラリーマンでも、子どもの教育費などを考えれば、毎年コンスタントに300万円を積立てられる人は限られてくるでしょう。

それに対して、同じ条件で毎年600万円を投資に回せば、14年目で資産は1億円を超えます。税金を払わないことによって、なんの追加的努力もせずに、経済的独立までにかかる時間を10年以上も短縮することができるのです。

このように、税金を払わない効果には圧倒的なものがあります。だからこそ、多少でも目端の利いたひとは、さっさとサラリーマンを辞めて自営業者になるか、自分でビジネスを始めます。うまく事業が軌道に乗ってキャッシュが回り始めれば、税コストのかからない彼らは急速に金持ちになっていくのです。

――ここまでが、『黄金の羽根』の原著で述べた〝お金持ちになるためのルール〟です。表現にやや勇み足の部分はあるものの、その原則はいまでも変わっていません。

原著では生活コストを下げる経済合理的な方法として東南アジアへの移住をあげていますが、ここは10年あまりで事情が大きく変わりました。日本の長引くデフレとアジアの経済成長（＋インフレ）によって、生活コストが逆転してきたのです。もちろん1人あたりのGDPを見れば、日本とアジアの生活水準の差はまだ大きいことは間違いありません。問題は、言葉を話せない外国人が長期滞在するとなると、現地のひとと同じ生活をするわけにはいかないことです。

車を運転できず、公共交通機関を乗りこなすこともできなければ街の中心部に住むしかありません。近くに大型スーパーも欲しいし、万が一のときに頼れる病院も必要でしょう。そう考えると、東京でいえば麻布や青山といった地域で家を探すことになります。

バンコクの高級住宅地スクンビットには日本人の駐在員が多く住んでいますが、2LDKの標準的な部屋で月額家賃は12万〜15万円です。地方都市チェンマイも人気がありますが、外国人向けのコンドミニアム（マンション）だと2LDKで月額5万〜8万円します。

住居費に加え、日本食レストランに通ったり和食を自炊しようとすると、長期滞在の生活費は思いのほか高くつきます（これは断言できますが、日本人が現地の食事を食べ続けるのは不可能です）。

それに対して、人口減と都心回帰で東京郊外は空室が増え、家賃が下落しています。八王子や青梅の駅からバスで10分ほどのところなら、2LDKのこぎれいなアパートで家賃は月5万円程度です。

交通の便は確かに良くありませんが、コンビニやスーパー、ファミリーレストランはあるし、最近ではネット通販でなんでも買えます。医療施設も充実しており、なんといってもすべてが日本語だけで足りるのが魅力です。

90年代の金融危機の頃は「アジアに移住して豊かな年金生活」が流行しましたが、いまではタイより日本の方がずっと生活コストが安くなりました。農業をやりたいのなら別ですが、家計の節約のために田舎暮らしをする必要もありません。限られた年金を有効に使うなら、東京（やほかの大都市）の郊外を目指すべきです。

2 誰も知らない資産運用の常識

ここでは、資産運用に関する原理原則について述べています。原著ではこれを「非常識の常識」と名づけました。なぜなら、これまで常識とされていたことが非常識であり、非常識と考えられていたことが実は正しかったからです。

ここでは最初に原著の説明を再掲し、そのあとでこの12年間の変化を追記することにします。

常識1 投資をしないのが最高の投資である

図3は、1989年にベルリンの壁が崩壊して以降の、日本の地価の動向です。東京など三大都市圏の商業地は、ご覧のように7割も下落してしまいました。バブ

図3 | 日本の地価(1989〜2002年)

＊1971年の地価を1.00とした場合の地価の動向

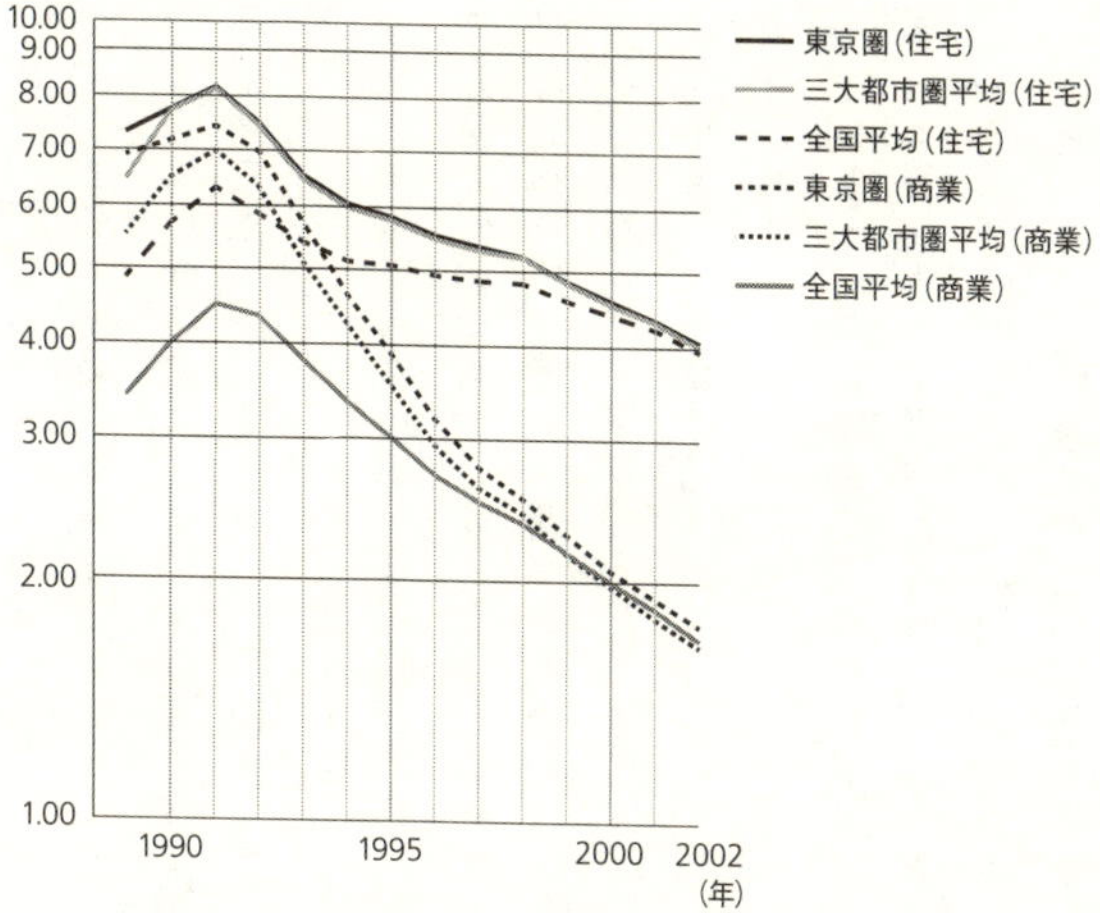

図4 | 東証株価指数TOPIX(1989〜2002年)

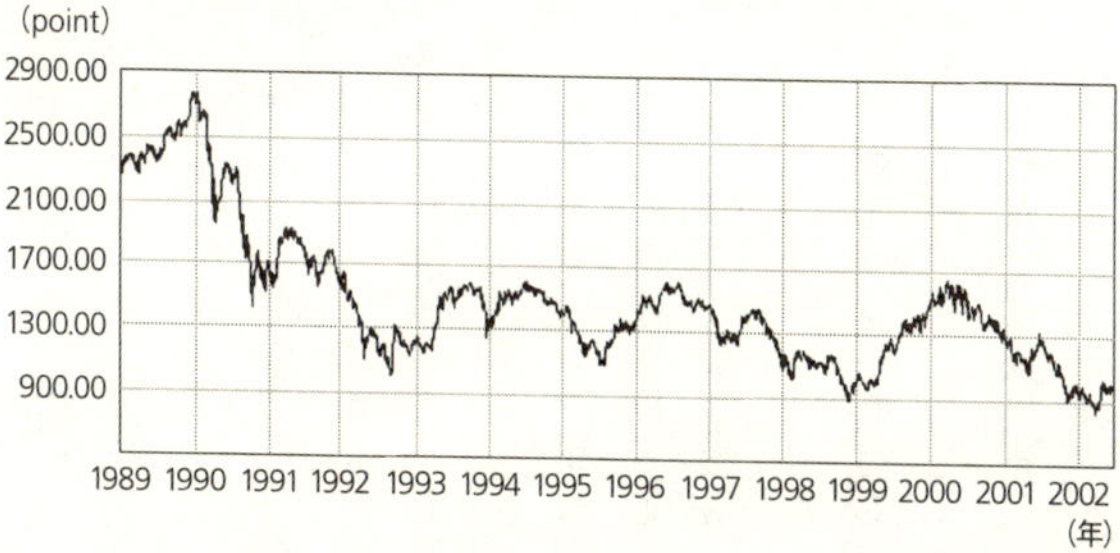

ル当時、10億円で売られていた商業ビルが、現在（2002年）では3億円でも買い手がつきません。商業地の地価は1980年とほぼ同じで、バブル景気を経て、タイムカプセルに乗ったように時が20年前まで戻ってしまったことになります。

三大都市圏では、住宅地もまた、半値まで下落してしまいました。かつては5000万円したマンションが、いまは2000万円台で売られています。これは、バブルが始まる86年当時の水準とほぼ同じです（実際には建物部分が減価していますから、不動産の価値はもっと安くなっています）。

商業地に比べて住宅地の下落率が低いのは、金利の引下げや住宅ローン減税などで、官民あげて不動産投資を煽ったためです。その効果が切れてくれば、住宅地もまた、商業地並みに下落するでしょう。ただじっと待っているだけで、家の価格はまだまだ下がります。

図4は、同じく89年以降の東証株価指数（TOPIX）の動向です。一時は3000ポイント目前まで上昇した株価も、けっきょく3分の1以下に下落してしまいました。92年以降は何回かの上昇局面を迎えることはありましたが、株式投資はこの10年、ほとんどの投資家になんの利益ももたらさなかったことがこのチャートか

らわかります。

これを見れば明らかなように、バブル崩壊後のこの10年でもっとも成功した投資家は、なんの投資もせずに現金を持っていたひとたちでした。

株式や不動産で資産を運用していたひとは多大の損失を被りましたが、預貯金なら元金が減ることはありません。超低金利で資産が増えることはありませんが、大幅な資産価値の下落によって、株でも不動産でもバーゲン価格で購入できるのですから、なんの文句もありません。お金を郵便局や銀行に預けておくだけで、相対的には、資産はどんどん増えていったのです。

この10年で住宅価格が半値になったということは、現金を持っているだけで、年利7％で運用できたのと同じです。商業物件は3分の1になりましたから、こちらはなんと年利13％相当です。そのうえ、衣類や電化製品をはじめとして、日用品の価格もずいぶん下がったので、生活も楽になっています。

それに対して、資産運用に大失敗したのは、株や不動産に投資したプロたちです。

企業も機関投資家も、株や不動産で大損して不良債権の山を築きました。それをすべてバブル崩壊のせいにしていますが、現在問題になっているのは、それ以降の投資の失敗です。

投資指南本の類はこうした〝プロ〟が書くことになっているので、素人が投資に成功し、専門家が失敗したとは口が裂けてもいえません。そこでみんな、素知らぬ顔をしているのです。


（追記）２００７年の不動産ミニバブルで東京都心部を中心に地価が上昇しましたが、世界金融危機で大きく下落し、日本の地価は２００２年から２０１３年の間に12・４％下落しました（国土交通省の地価調査データ、地価公示データの平均値）。その後の安倍バブルでようやく上向いたものの、不動産に投資するくらいなら銀行預金の方がマシだったことは明らかです。

２００２年はＩＴバブルの崩壊の途上で、日経平均は１万１７００円から２００３年３月の８０００円割れまで下落しました。その後、２００７年に１万８０００円まで上昇しますが世界金融危機で暴落、２００８年には７４００円台とバブル後最安値を更新します。２０１２年末からはアベノミクスで１万６０００円超まで大きく上がりますが、その後は息切れして右肩

図5｜日経平均（2002〜2014年）

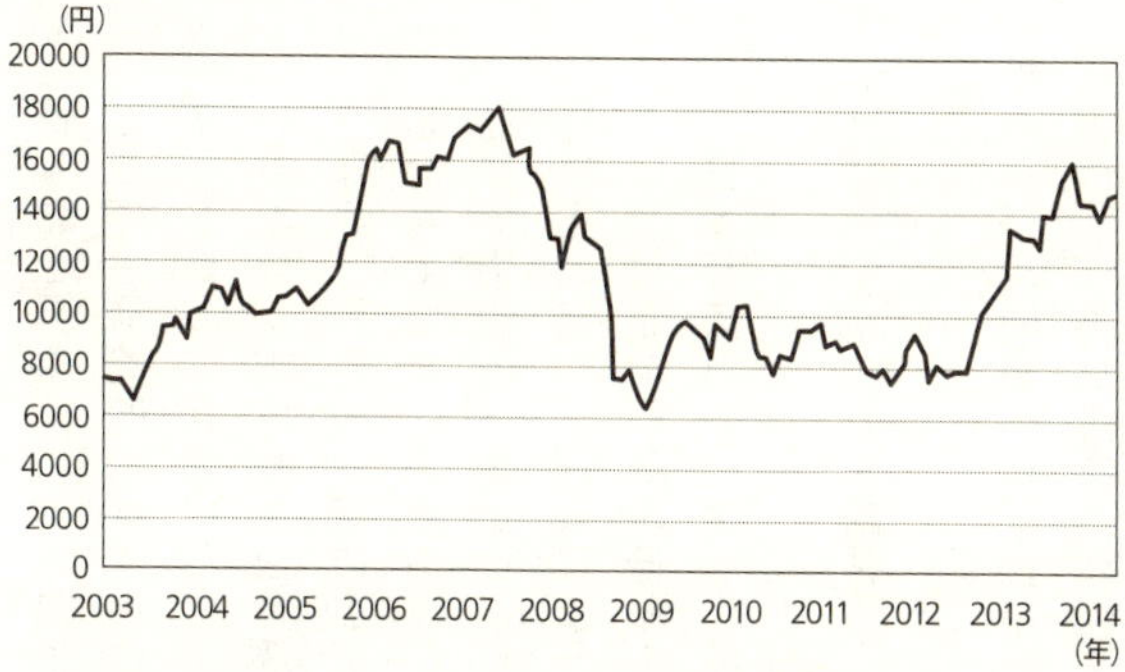

上がりの経済成長は実現できていません（図5）。

これをどのように評価するかですが、原著が出た2002年末から現在（2014年7月）まで毎月定額を日経平均のインデックスファンドに投資したとすると、投資利益は35・2%、年率4・98%になります。これは一見、悪くない数字に思えますが、この間日本の株価は右肩上がりに上昇したのではなく、時期が違えば投資のパフォーマンスも大きく変わります。

たとえば安倍バブル前の2012年12月では、積立投資の成績はマイナス5・28%（年率マイナス1・09%）です。10年積立ててこの結果ではがっかりするだけでしょう。

長期投資を勧めるひとたちは、株価が右肩上がりに上昇することを前提としています。もしそうなら、いつ投資を始めたとしても最終的にはすべてのひとが（それなりの）利益を得ることができます。しかし80年代のバブル崩壊以降、日本の株価は下落と上昇を繰り返しているため、古典的な投資理論が通用しなくなっているのです。

なお、原著の執筆時点ではさらに10年以上もデフレが続くとは予想していませんでした。ようやくいまになって、アベノミクスと日銀の超金融緩和の効果で物価の下落が止まり、人件費が上昇し人手不足が深刻化してきました。それと同時に、円安によって貿易赤字が常態化し、経常収支まで赤字化するという10年前には想像すらできなかったことも起きています。

日本経済も、いよいよ転機に差し掛かったのかもしれません。

常識2

バブル崩壊で日本人は豊かになった

89年のバブル崩壊から、10年以上に及ぶ長い平成大不況が続いています。企業の収益は悪化し、不良債権は積み上がり、財政赤字は拡大の一途を辿っています。しかしその間、個人が豊かになったことは、あまり指摘されていません。

企業の収益が悪化すれば株価が下落しますから投資家は損失を被りますが、従業員には関係ありません。なぜなら、業績が悪化しても賃金はそう簡単に下げられないからです。

資金繰りに窮した企業がリストラをし、ベースアップを抑制し、賃下げを行なうようになれば従業員にも影響は及びますが、そこまでに至るにはバブル崩壊後、10年を要しました。失業率の上昇や個人所得の減少が深刻な問題になってきたのは、最近のことです。

企業収益が悪化し、それでも従業員の賃金が下がらないということは、企業から従業員に大規模な所得移転が行なわれたことを意味します。企業の富が株主のものだとすれば、株主が損した分だけ、従業員が得をしたということです。

同時に、日本国の財政赤字も急速に悪化しました。いまや国と地方を合わせた債務残高は690兆円（2002年現在）に達し、GDP（国内総生産）を大きく上回っています。

財政赤字が拡大したということは、国家が国債の増発などで資金を調達し、その資金を公共事業などのかたちで国民に再分配したということです。その恩恵を被った度合いに差はあるでしょうが、結果としてみれば、この10年で400兆円に及ぶ国の借金が国民の所得に移転しました。こうして、1400兆円の個人金融資産が形成されたのです。

バブル崩壊後の10年を冷静に観察するなら、国家や企業の富が個人に流出したことは明らかです。平成大不況にもかかわらず、相変わらず日本人が豊かに見えるのは、錯覚ではありません。

ところが、この大規模な富の移転は、この数年で逆転を始めました。

企業は、人件費を世界標準まで下げようとしています。同じパソコン1台をつくるのに、競争相手の10倍もの賃金を払っていたのでは勝負にならないのは明らかだからです。

世界標準の賃金というのは、たとえば製造業でいえば、中国人に支払われている賃金ということです。フリーターと呼ばれる層を中心に、今後は日本でも、年収200万円以下の低所得者層が急速に拡大していくことでしょう。

追記

日本企業は人件費の抑制を余儀なくされるようになり、正社員の「追い出し」と派遣社員化が顕著になりました。とりわけ世界金融危機後の不況では、新卒を正社員で雇用し、サービス残業で人件費をバイト代以下に下げ、労働者を使い捨てるブラック企業のビジネスモデルが労働市場を席巻しました。しかしそれも、少子高齢化による労働人口の減少がはっきりしてきたことで、風向きが変わってきたのは前述のとおりです。

なお、2002年の時点で690兆円だった日本国の借金は、2014年現在では1000兆円（IMFの推計では1200兆円）まで増えています。

常識3

日本人は大きなリスクを取ってきた

日本人はリスクを取らないとよくいわれますが、これもまた大きな間違いです。日本人ほど、投資に対してリスクを好む国民もそうはいません。

これはもちろん、パチンコや競馬に人気がある、というようなことをいいたいのではありません。

図6は、1971年を1とした場合の20年間の地価の動向です。この間、日本の地価は一貫して上昇を続け、5倍から8倍に値上がりしています。こうした右肩上がりの土地神話を背景に、戦後一貫して、日本人は不動産にハイリスクな投資を行なってきました。

投資対象として考えるならば、不動産よりも株式の方が収益性が高いという意見もあるでしょう。TOPIXの基準値は1968年の100ポイントですから、89年の最高値2900ポイントと比較すれば、株価は同じ期間に約30倍にまで上昇したことになります。

しかし不動産投資には、株式投資にない大きな魅力がありました。それが、住宅ローンによるレバレッジです。

レバレッジは「梃子《てこ》」の意味で、借金によって資産の運用効率を高めるハイリスク・ハイリターンの投資戦略をいいます。ジョージ・ソロスなどのヘッジファンドがこの戦略を多用したことで一躍有名になりましたが、基本は簡単です。

つい最近まで、一般の個人投資家は、株式の信用取引に参加することができませんでした。大手証券会社では預り金3000万円が最低条件で、そのうえ、営業マ

図6｜日本の地価（1971〜1991年）

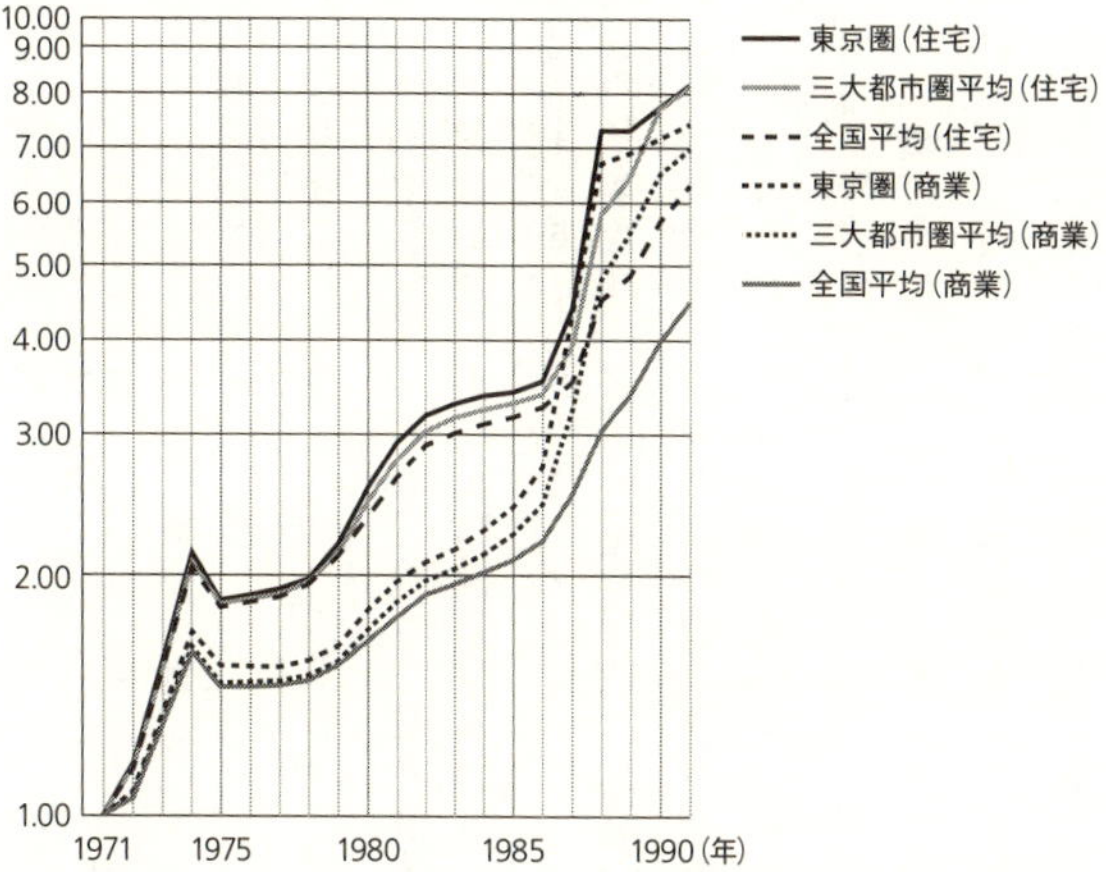

ンと長い付き合いがないと、信用取引口座を開くことは許されなかったからです。

現物取引では、1000万円の現金で1000万円分の株式しか買えず、たとえ株価が2倍になったとしても、資産は2000万円に増えるだけです。

それに対して住宅ローンでは、20％の頭金で不動産を取得することができました。1000万円の頭金で、5000万円の土地が買えたわけです。これで地価が2倍になれば、資産は1億円に膨れ上がります。頭金は1000万円ですから、レバレッジの力で元本が10倍になったわけです。商品先物取引など、特殊なものを別にすれば、このような大きなレバレッジのかけられる投資先は、日本では不動産しかありませんでした。そのうえ、戦後一貫したインフレと給与水準の上昇によって、借金の負担は年々軽くなっていきます。

不動産投資に5倍のレバレッジをかければ、資産価値が8倍に上昇することで、投資元本は40倍にまで膨らみます。このように、戦後の日本人にとっては、大きなレバレッジをかけて不動産に投資するのがもっとも合理的な選択だったのです。このような魅力的な投資先があるときに、わざわざ株式に投資する必要はありません。

戦後の日本人は、意識するしないにかかわらず、大きなリスクを取って不動産に投資したからこそ、世界有数の豊かさを獲得するのに成功したのです。日本人がリスクを取らないという俗説は、明らかに間違っています。

しかし、バブル崩壊後の急速な地価下落で、この「勝利の方程式」が通用しなくなってしまいました。投資に5倍のレバレッジをかけるということは、資産価値が下がれば、5倍のスピードで元本を失ってしまうということでもあるからです。

90年前後に、1000万円の頭金で5000万円の家を買ったとすると、現在の資産価値は2500万円しかありませんから、1500万円の赤字です。「不動産は底打ちした」という業者のいつもの口車に乗って、2000万円の頭金で1億円の家を買えば、資産価値は5000万円まで下落し、赤字額は3000万円です。ふつうのサラリーマンがこんなに大きな損失を抱え込めば、挽回することはほぼ不可能でしょう。一生働いてローンを返し続け、それでも返済が終わらず子どもにまで借金を引き継がせることを考えれば、自己破産してすべてを振り出しに戻した方がずっとマシという厳しい状況です。

最近の住宅ローン破産者の急増もまた、日本人が大きなリスクを取って不動産に投資した必然的な結果なのです。

追記

2002年当時はレバレッジをかけた投資を行なうのはセミプロ級の一部の個人投資家だけでした。その後、FXの普及にともなって高いレバレッジをかけたハイリスクな取引が一般化します。

「マイホームの購入は不動産投資で、住宅ローンを組むのは不動産投資にレバレッジをかけることだ」というのは1+1=2と同じくらい簡単な理屈ですが、原著から12年たっても相変わらずほとんど理解されません。

常識4 不動産を買ったら、資産運用はそこで終わり

資産運用について述べた本には、必ずといっていいほど、「財産三分法」が紹介されています。特定の投資対象に過度なリスクを取らず、資産を預貯金・株式・不動産に三等分して運用しなさいというもっともなご託宣です（図7）。

しかし、もしこの「財産三分法」を実践しようと思ったら、3000万円の家を買うのに、9000万円の資産が必要だということになってしまいます。5000万円の家を買うのに必要な資産は1億5000万円です。

日本には、3000万円の不動産を買ったひとはいっぱいいますが、1億円の資産を持つひとは限られています。したがって、不動産を保有するひとの一般的な資産構成は図8のようになります。3000万円の不動産以外に500万円の金融資産を持ち、株と預貯金に分散投資しているケースです。

一目でわかるように、資産の大半が不動産で運用されており、リスクが大きく偏

日本人のポートフォリオ

図7｜理想的な財産三分法

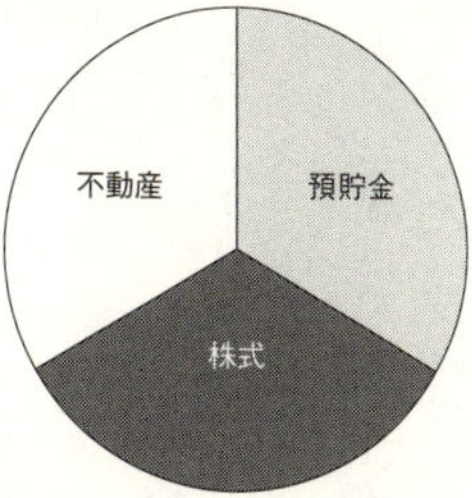

図8｜持ち家のひとの典型的なポートフォリオ

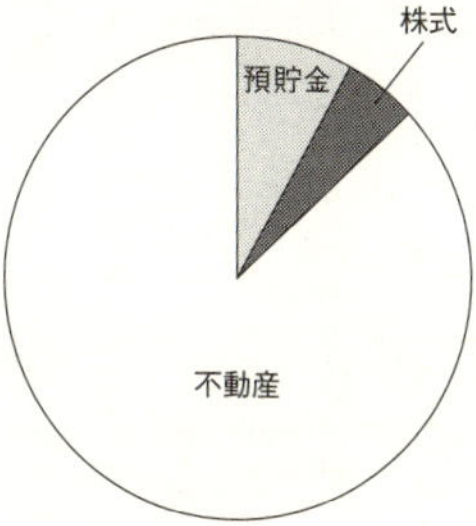

図9｜住宅ローンのあるひとの典型的なポートフォリオ

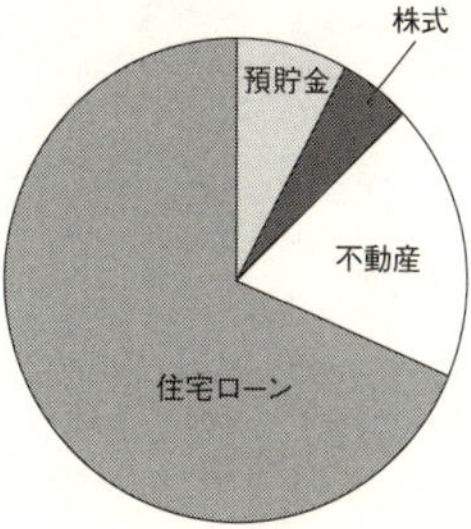

図10｜ローンの繰上げ返済をした場合のポートフォリオ

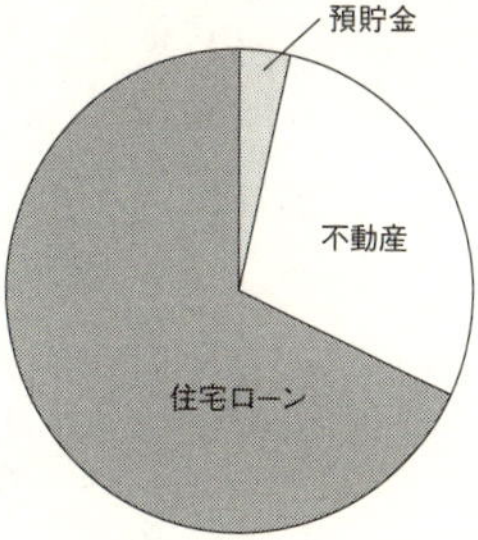

っています。これに、死亡保険金5000万円程度の生命保険に加入し、毎月せっせと高い保険料を払っているというのが、いまだに一般的な日本人の資産ポートフォリオだといえます。

日本人の人生設計を考えるには、株式よりも不動産と生命保険に着目しなくてはなりません。ところが、資産運用を説く本はといえば、ポートフォリオの大半を占める不動産投資や、継続的に大きな支出を続けている生命保険は無視し、わずかな金融資産のなかだけで分散投資を勧めるものが大半です。分散投資が理論的にいくら優れているといっても、これではなんの意味もありません。資産運用の成否は不動産相場に直結しており、わずかな金融資産で何をしようが同じことだからです。

そのうえ、不動産購入代金の大半は、住宅ローンによって賄われています。図9では、資産の3分の2はローンの負債です。元金（資本）は資産全体の3分の1程度しかなく、大きなレバレッジがかかっていますから、投資の成否は完全に不動産価格と運命をともにしています。持ち家のひとの大半は、こうしたポートフォリオになっていると思われます。

大多数のファイナンシャル・プランナーは、こうしたケースで住宅ローンの繰上げ返済を勧めます。ローン金利を3％とすれば、借金の返済によって、3％で資産運用するのと同じ効果が得られるからです。わずかな金融資産を運用したところで大した成果は期待できませんから、生活に必要な資金を残して残りはローンの返済に充てた方が合理的、というわけです。

しかし、そうするとポートフォリオのすべてが不動産資産になってしまいます。リスクはますます偏り、不動産価格の下落に対してなす術はありません（図10）。

住宅ローンで持ち家を購入したひとは、そこですべての資産運用が終わっているのです。

追記　2011年の東日本大震災と福島第一原発事故でもっとも大きな経済的被害を受けたのは、マイホーム（不動産）以外に資産を持たないごくふつうのひとたちでした。「タマゴをひとつのカゴに盛る」ことのリスクをこれほど明瞭に示す出来事はありませんが、「資産運用の専門家」のなかでその事実を指摘するひとはほとんどいません。教訓からなにひとつ学ばないというのも、いつものことです。

常識5
長期投資が成功するとはかぎらない

図11は、1968年から2002年までのTOPIXの動きをチャートにしたものです。68年の100ポイントから2002年10月現在の900ポイントまで、34年間で株価は9倍に上昇しています。68年当時の物価は現在のほぼ半分ですから、インフレ率を考慮に入れても、資産は約5倍になったことになります。

しかしこのチャートを見て、「長期投資は必ず成功する」と、胸を張っていうことができるでしょうか？

「短期の株価は変動しても、長期で見れば、株式市場はインフレ率を上回って上昇するから心配ない」と、ほとんどの資産運用本には書いてあります。しかし、10年で資産が3分の1以下になってしまうようなマーケットに大事な資産を投資しようと考えるひとがいったいどのくらいいるでしょうか？　少なくともマトモなひとは、そんなことはしません。

ところがどの本にも、「長期投資は素晴らしい」と書いてあります。著者たちは、

図11｜東証株価指数TOPIX（1968～2002年）

図12｜ニューヨーク・ダウ（1920～2002年）

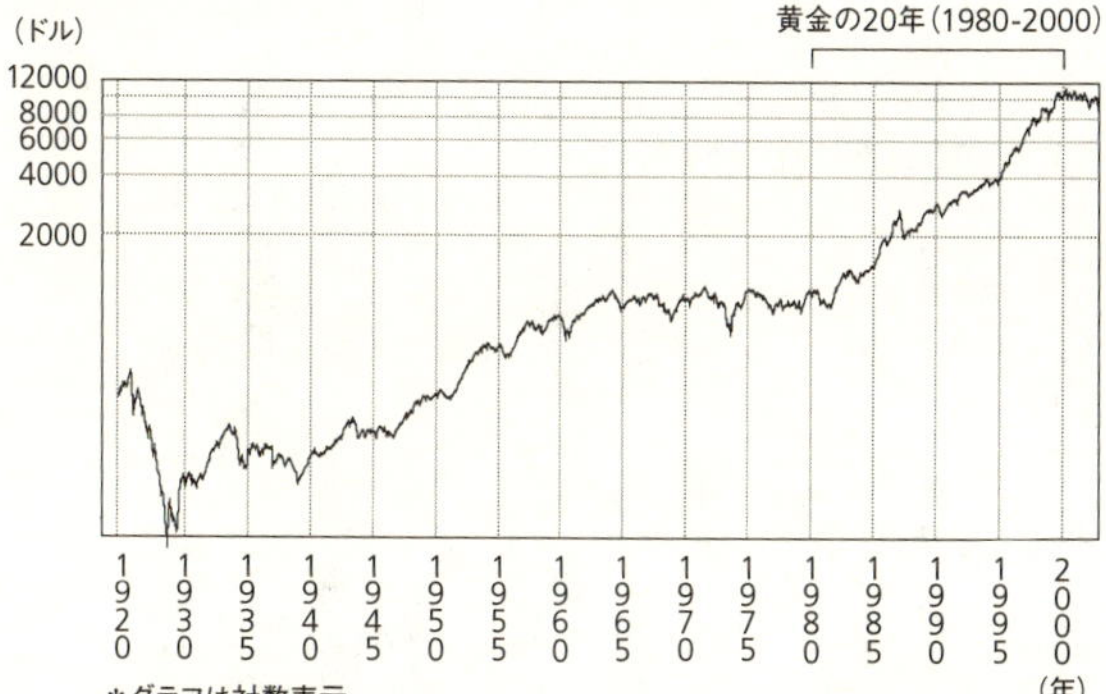

＊グラフは対数表示

この現実を知らないのでしょうか?

そうではありません。

資産運用の理論というのは、アメリカで大きな発展を遂げました。日本の専門家が素晴らしいと絶賛しているのは、実はこの「投資理論」のことなのです。

アメリカ流の投資理論が日本の状況に当てはまらなくても、彼らは見て見ぬ振りをしてしまいます。日本の〝運用指南本〟のほとんどはアメリカの原書を丸写ししているので、そうするほかないからです。

図12を見てください。1920年代からのダウ工業株30種平均、いわゆるニューヨーク・ダウのチャートです。アメリカを代表する30社の株価の平均ですが、1928年の大恐慌を大底に、あとは見事な右肩上がりのチャートを描いていることがわかります。

「長期投資は成功する」という原則は、このニューヨーク・ダウから導き出された一種の経験則に過ぎません。それも、株価が大きく上昇し始めた80年代半ば以降に唱えられたものです。

アメリカでも、ベトナム戦争に突入した60年代から80年代前半まで、20年にわたる株価の低迷を経験しました。「株式の死」と呼ばれたこの時代には、誰も長期投資など説きませんでした。株式投資は、日本と同様に、ギャンブルの一種と考えられていたのです。

しかしその後、アメリカの株式市場には、1987年のブラックマンデーはあったものの、2000年のITバブル崩壊までおよそ20年に及ぶ大きな上昇の波が訪れました。これがいわゆるニューエコノミー相場で、長期投資万能論はこの〝黄金の20年〟に確立したのです。

それに対して日本の株式市場には、ニューヨーク・ダウのような、長期投資の成功を理論的に裏付けるのに適したチャートがありません。そこで資産運用本の著者たちは、日本の現実には目をつぶり、短期的な株価の上昇をとらえて、無理やりアメリカ型のノウハウに当てはめたのです。

もちろん、さらに投資レンジを長くすれば、長期投資が投資家に確実な富をもたらすことは間違いありません。人類が貨幣を発明して以来、何度かの大きな停滞はあったものの、経済規模は一貫して拡大してきたからです。その大きな人類史的流れが、この十数年で逆転したなどという証拠はどこにもありません。

ただし、これは１００年単位の話であり、あなたが生きているあいだに長期投資から富が得られるという保証は、やはりどこにもないのです。

追記

アメリカを代表する経済学者で元財務長官でもあるローレンス・サマーズは2013年11月のIMF（国際通貨基金）の会合で、先進国経済は「長期停滞」に入ったと指摘して経済学者のあいだで論争を巻き起こしました。リーマンショックから6年ちかくが経過しても、アメリカの景気は本格回復にはほど遠い状況にとどまっており、サマーズはこれを一過性のものではなく、経済の成熟化にともなって潜在GDP（もともとの成長力）そのものが低下したからだと論じたのです。

この長期停滞論は、株価によっても裏付けられています。

図13は1980年から現在（2014年）までを加えたニューヨーク・ダウの推移を対数グラフで示したものですが、2000年のITバブル崩壊を機に株価の動向に顕著な変化が現われたことがはっきりわかります。

1980年代から2000年までの〝黄金の20年〟がそのまま続くなら、

図13｜ニューヨーク・ダウ（1980〜2014年）

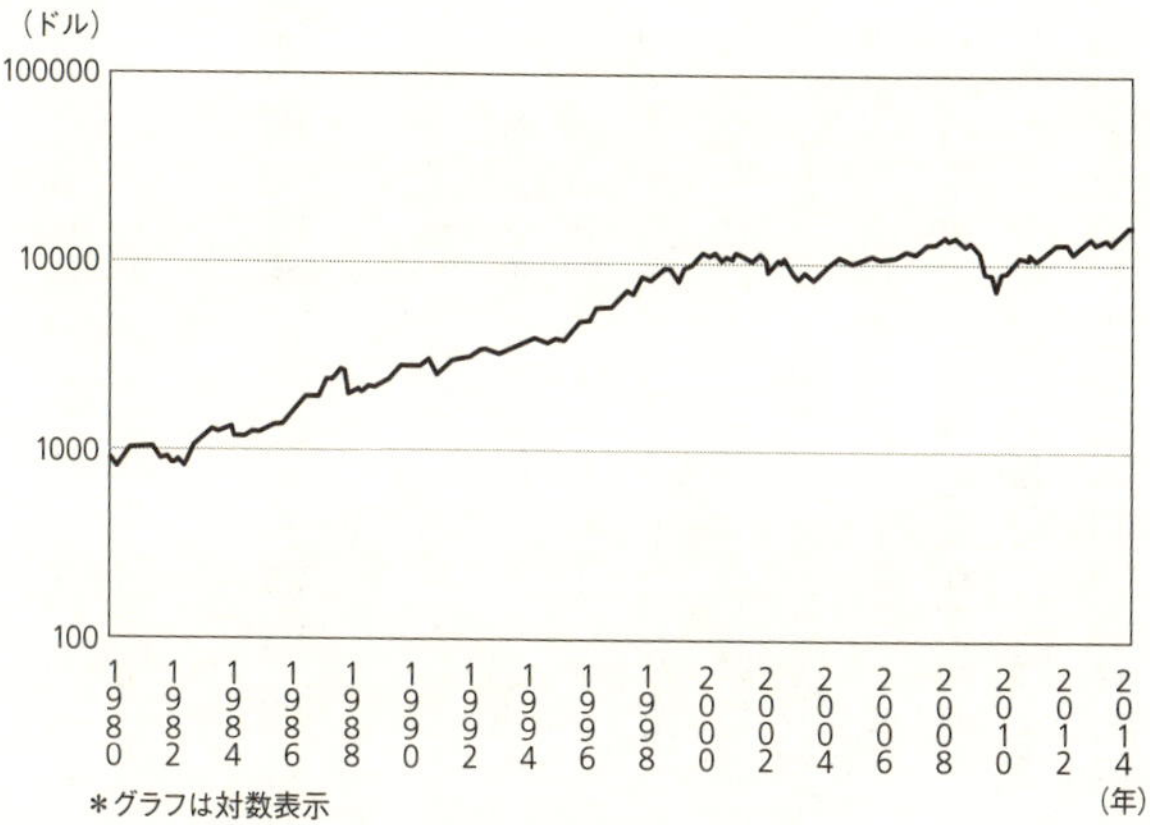

ニューヨーク・ダウは2010年に5万ドル、2020年には10万ドルになるはずです。しかし実際には、株価はほとんど上がっていないのです。

原著では、バブル崩壊後の「失われた10年」の日本では、資産運用における最大の勝者は全財産を普通預金で持っているひとだったと述べました。これはずっと日本が特殊だからだとされていたのですが、実はアメリカの株式市場の10年間もやはり失われていたのです。——トランプ大統領の当選を受けて、大規模な規制緩和が行なわれるとの期待からニューヨーク・ダウは史上最高値の2万ドルを超えましたが、その後は議会との対立などから新大統領の統治能力に懐疑的な見方も増え、2017年5月時点で株価は一進一退をつづけています。

常識6

資産運用の専門家は資産運用理論を無視している

「現代投資理論」というとなにやら難しそうですが、その実態は、高校の数学で習う初歩の統計と確率を金融市場に応用したものに過ぎません。現代ポートフォリオ理論の創始者として1990年にノーベル経済学賞を受賞したハリー・マーコウィッツのアイデアは、「株価も水の分子運動と同じようにランダムに動いている」というものでした。もしそうなら、統計学の手法で株式市場も分析できるはずです。

現代ポートフォリオ理論の本質は、「株価は無意味に変動しており、未来を正確に予測するのは原理的に不可能である」というものです。すべての予測は、「この範囲に何パーセントの確率で存在する」というように、確率論的なものにならざるを得ません。こうした運動を、物理学では〝ランダムウォーク〟といいます。ブラウン運動をはじめとして、自然界にはランダムなものはいくらでもあり、その動きをとらえるために、天才数学者ガウスらが生み出した方法が確率論と統計学でした。

現代ポートフォリオ理論を理解するには、とりあえず統計学の正規分布を知っていれば大丈夫です。これに微積分を加えると、金融工学の最高峰といわれるオプション価格理論〝ブラック＝ショールズ式〟が理解できます。しかし、こうした理屈を知っていても、実際の金儲けにはなんの役にも立ちません。

現代ポートフォリオ理論は、「分散投資」の勧めとして知られています。マーコウィッツは、ひとつの株だけを持つよりも、複数の株を組合わせた方が、同じリスクでより高いリターンが期待できることを数学的に証明しました。この理論は証券会社にとって、さまざまな金融商品を投資家に売りつける恰好の口実に使えるので、広く宣伝されています。「タマゴはひとつのカゴに盛るな」というわけです。

ところが、マーコウィッツがノーベル賞を受賞した理由は、別のところにあります。彼は、同じ統計学の手法を使って、「もっとも効率的なポートフォリオとは市場全体に投資することである」という発見をしたのです。「市場全体に投資する」というとなんだか難しそうですが、要するに、ＴＯＰＩＸやＳ＆Ｐ５００のような市場全体の動きに連動するインデックスファンドに投資しなさい、ということです。

こうした株式市場のインデックス（株価指数）を、〝効率的ポートフォリオ〟といいます（図14）。

この効率的ポートフォリオの発見は、証券会社にとって非常に都合の悪いものでした。もしマーコウィッツが正しいとすれば、個別株投資が否定されるばかりか、ファンドマネージャーは存在価値を失い、大半の投資信託は不要のものになってしまいます。投資家はただ、何も考えずにインデックスファンドを買えばいいだけだからです。そうなれば、証券業界は消滅してしまうかもしれません。

ファンドマネージャーが運用する投資信託をアクティブ運用、それに対して、いっさいの恣意性《しいせい》を排除して効率的ポートフォリオ（インデックス）で運用する投資信託をパッシブ運用と呼びます。この両者のどちらが有利かは金融業界で長年にわたって論争の的になっていますが、学問的にはほぼ決着がついています。アクティブ運用の投資信託の平均的なパフォーマンスを調べると、パッシブ運用に比べて、手数料コストの分だけ負けているということが、各種の統計調査で明らかになっているからです。星の数ほどある投資信託のなかから平均を上回るファンドを選ぶ慧《けい》眼《がん》がなければ、アクティブ運用のファンドへの投資は、ファンド会社に手数料を寄

図14｜現代投資理論と効率的ポートフォリオ

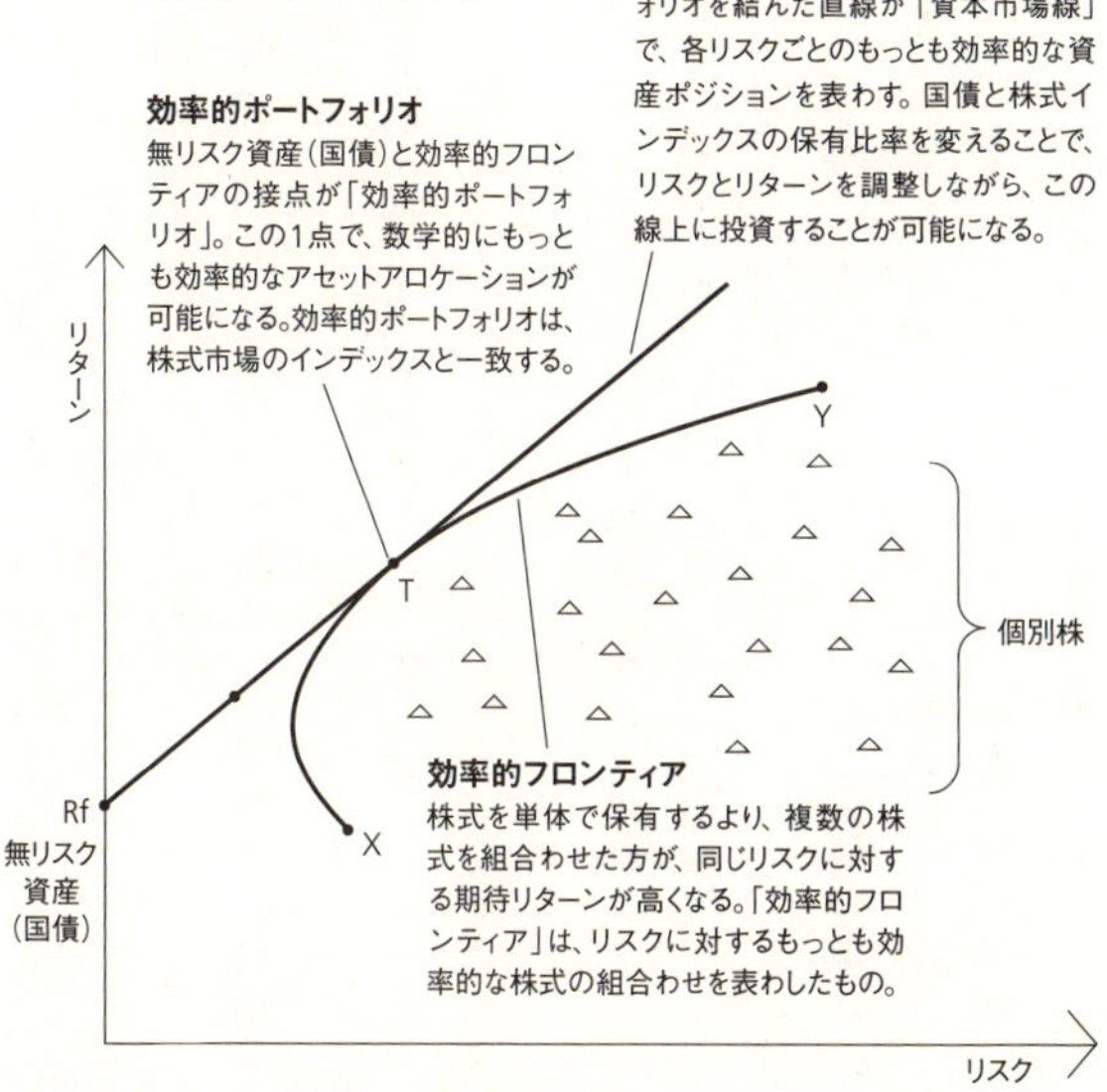
資本市場線(CML)
無リスク資産(国債)と効率的ポートフォリオを結んだ直線が「資本市場線」で、各リスクごとのもっとも効率的な資産ポジションを表わす。国債と株式インデックスの保有比率を変えることで、リスクとリターンを調整しながら、この線上に投資することが可能になる。

付しているのと同じことなのです。

効率的フロンティア
株式を単体で保有するより、複数の株式を組合わせた方が、同じリスクに対する期待リターンが高くなる。「効率的フロンティア」は、リスクに対するもっとも効率的な株式の組合わせを表わしたもの。

その後、同じくノーベル経済学賞を受賞したジェームズ・トービンによって、最適なポートフォリオを維持したまま、投資のリスクを調整する画期的な方法が発見されました。このやり方も非常に簡単で、インデックスファンドと国債を組合わせるだけです(国債は、国家が支払いを保証した無リスクの資産という意味で使われているので、預貯金で代替しても構いません）。リスクを取りたくない投資家は資産のすべてを国債に充て、ハイリスク・ハイリターンを望む投資家は資産のすべてをインデックスファンドで保有すればもっとも効率的な投資ができることを、トービンは、やはり数学的に完璧に証明しました。これも、証券業界では非常に評判の悪い理論です。

インデックスファンドは証券会社や銀行の窓口で売っているし、インターネットでも簡単に購入できますから、金融機関のファイナンシャル・アドバイザーに相談する必要はありません。ノーベル賞学者の研究によれば、彼らもまた、無用の長物ということになります。

困ったことに、株価の動きがランダムウォークであることを前提とすれば、ポートフォリオ理論の正しさは数学的に証明されています。そのため証券業界は、顧客に金融商品を売りつけるのに都合のいいところだけを取り出し、それ以外は無視することに決めました。当然、こうした営業姿勢は経済学者から強く非難されていますが、だからといって〝真実〟を教える気にはならないようです。

経済学者から見れば、すべての投資アドバイスはオカルトの類に過ぎません。しかし証券業界は、そのことを認めれば、自らの存在意義を失ってしまいます。彼らの広告で成り立っている経済メディアは、経済学を否定するわけにもいかず、かといって広告スポンサーを怒らせることもできず、どっちつかずの態度でお茶を濁しています。

ただひとつ明らかなのは、金融機関から給料をもらっている専門家には、経済理論に則った合理的な投資アドバイスは期待できないということです。その結果、世の中には非科学的なオカルト投資情報ばかりが氾濫することになるのです。

追記　ここで述べたことを具体的な例とともに説明したのが『臆病者のための株入門』（文春新書）です。市場を複雑系と見なす最新理論については、『黄金の扉を開ける賢者の海外投資術』（講談社＋α文庫）で解説しています。

常識7
経済学者の予測は当たらない

経済学者は証券業界の投資アドバイスをオカルトの類と見なしていますが、実は当の経済学も、統計学の研究者によってオカルトの一種と批判されています。なぜなら、経済学者（エコノミスト）の将来予測がまったく当たらないからです。

たとえばアメリカにおいて、１９７０～75年の経済が大きく変化した４つの期間（70年の軽度の景気後退と72年の景気回復、73年の石油ショックとインフレ、74年の深刻な景気後退、75年の景気急回復）を対象に、実質国民総生産（ＧＮＰ）成長率とインフレ率について、アメリカを代表する官民６つの経済研究所の予測がどれほど当たっているのかを調査した著名な研究があります。それによると、48件の予測のうち、実に46件が景気の転換点を予測できていませんでした。ほかにも同様な研究が多数ありますが、ほとんどが同じような結果になっています。

予測機関で経済モデルの開発に携わってきたウィリアム・シャーディンは、経済予測の特徴を次のようにまとめています。

①経済予測の精度は、予測対象期間が先になるほど低い
②エコノミストの予測能力を平均すると、当て推量とほぼ同じである
③常に予測成績が上位の予測機関はない
④常に予測成績が上位の経済学派はない

⑤特定の経済指標について、常に高い予測能力を実証している予測機関はない
⑥先進技術を取り入れても、経済予測の精度は上がらない
⑦予測はエコノミスト個人の心理的な性向によって影響される場合がある
⑧コンセンサス予測（複数のエコノミストの予測の平均をとること）をしても精度はあまり上がらない
⑨経済予測の精度が、過去30年間に向上しているという保証はない

要するに、景気の動向を経済専門家に聞いても無駄だということです。

こうした経済予測の不可能性は、最近では、複雑系の科学を使って説明されることが好まれています。〃バタフライ効果〃で有名な気象学者エドワード・ローレンツは、「ブラジルでの蝶のひと羽ばたきがテキサスで竜巻を巻き起こすか？」を論じましたが、これは初期条件のわずかな違いでシステムが大きな影響を受けるという喩《たと》えです。株式市場がこうした複雑系のシステムならば、経済予測は当たるはずがないということになってしまいます。

しかし困ったことに、複雑系の科学は、経済予測が無意味なことは教えてくれま

すが、どうすれば未来を予測できるかについては、さしたる成果をあげていません。

ただし、市場もまた、自然界と同様に複雑系のシステムだとするならば、ひとつだけわかっていることがあります。それは、ポジティブ・フィードバックの力が働いているということです。これは要するに、「今日がよければ明日もたぶんいい日だし、今日が悪ければ明日はたぶんもっと悪い」ということです。複雑な理論を振りかざさなくても、経験的に誰もが知っていることでしょう。

では、バブル崩壊後の急坂を転げ落ちるような日本経済は、これからもますます悪くなる一方なのでしょうか？

安心してください。ちゃんと救いも用意されています。

複雑系のシステムでは、いったん一方向に動き出した流れはポジティブ・フィードバックの力によって増幅されますが、「ジョーカー」の登場によって反転します。ジョーカーというのは、ゲームの流れを変える魔法のカードのことです。

しかし残念なことに、このジョーカーがいつ出るのかは、理論的に予測不可能とされています。

こうして、経済専門家も大して役には立たないということが、科学的に証明されたのです。

追記　2008年のリーマンショックで株式市場は崩壊し、ニューヨーク株価は最高値の半分にまで暴落しましたが、FRB（連邦準備制度理事会）の大規模な金融緩和（資金供給）と資産の買い取りがジョーカーとなって、2009年2月を大底に株価は上昇に転じました。日本の株式市場は世界金融危機後の不況に東日本大震災の政治的混乱が加わって低迷しましたが、安倍政権の登場（アベノミクス）がジョーカーとなって1年で8割近く上昇しました。

いずれの場合も、このような大相場を予想できた経済専門家はほとんどいませんでした。

常識8　適正株価は誰にもわからない

投資信託の運用にアクティブ運用とパッシブ運用の骨肉の争いがあるように、株式投資の世界においては、ファンダメンタルズ分析とテクニカル分析が不倶戴天《ふぐたいてん》の仇敵同士になっています。

ファンダメンタルズ分析というのは、財務諸表などから企業の将来の利益を予測することによって、株式の価値を理論的に計測できるという考え方です。

原理的には、株式会社が事業活動で得た利益はすべて株主のものです。企業は決算で利益を確定させ、それを配当として株主に分配します。株券というのは、利益の配当を受ける権利証書なのです。

このとき、会社が純利益を全額、株主に配当するならば、その金額は1株あたりの純利益（EPS／Earnings Per Share）に等しくなります（配当しない内部留保も含め、すべて株主の利益と考えるわけです）。

こうした前提に立てば、将来の1株利益を知ることによって、株券（配当を得る権利）の価値を正確に計算することが可能になります。ここでは詳細は省きますが、計算の仕方はとても簡単で、1株利益を期待利回りで割るだけです（図15）。

理論株価＝1株利益（EPS）÷期待利回り

図15｜株式の理論価格

理論株価＝1株利益（EPS）÷期待利回り

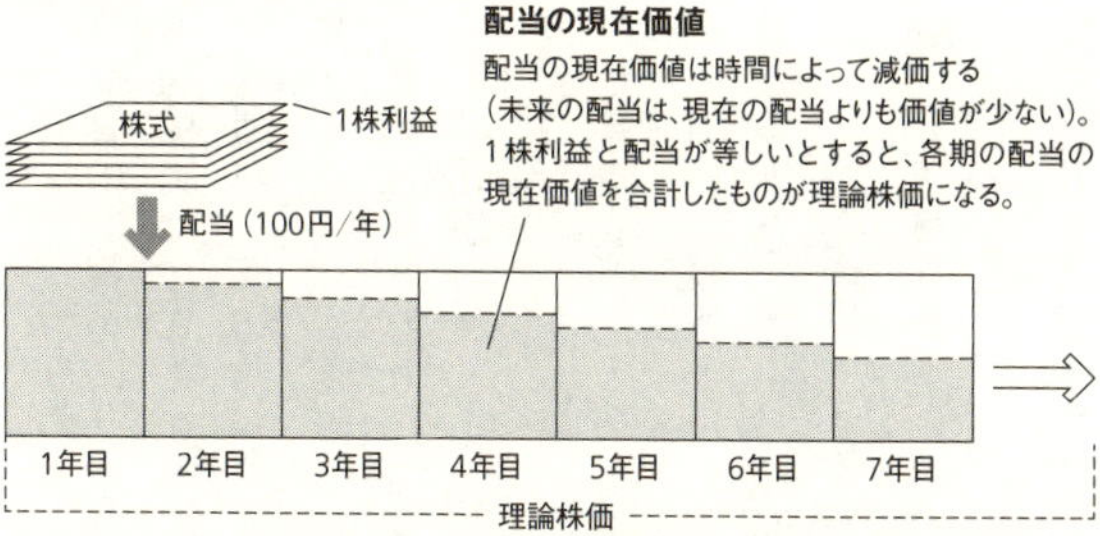

株式を、無期限で配当を得られる債券と考え、1株利益を期待利回りで割引いて理論株価を求める。その結果、理論株価は以下のふたつの要因で変動することがわかる。

（1）業績予想――予想1株利益が増えれば株価は上昇／
予想1株利益が減れば株価は下落

（2）期待利回り――金利（リスクプレミアム）が上がれば株価は下落
金利（リスクプレミアム）が下がれば株価は上昇

たとえば、市場金利（日本では10年もの国債の長期金利）が1％で、株式投資のリスクが4％とすると、期待利回りは5％となります。意味するところは、「国債を買えば無リスクで1％の資産運用ができるのだから、損するかもしれない株式投資は、最低でも5％くらいの儲けがないとやってられない」ということです。この4％分を、「リスクを取ることに対する報酬」の意味で、「リスクプレミアム」といいます。

株式投資の期待利回り＝
無リスク金利＋リスクプレミアム

株式投資の期待利回りが5％でEPS（1株利益）が100円とすると、この株券の理論株価は2000円になります（100円÷5％）。金利が6％まで上昇すると期待利回りは10％（金利6％＋リスクプレミアム4％）で、理論株価は1000円に下がります（100円÷10％）。業績が向上し、EPSが200円に増えれば理論株価は4000円です（200円÷5％）。これは要するに、株券を無期限に配当する債券（永久債）と同じと考えているわけです（詳しいことは専門書をお読みください）。

株式市場で提示されている実際の利回りは、予想1株利益を株価で割って得られます。これが「株式益回り」で、その企業の来期の予想1株利益が100円、株価が2000円とすると、5％になります（100円÷2000円）。国債の利回り（1％）と株式益回り（5％）を比較して、投資家は、リスクを取って投資する価値があるかどうかを判断します。

株式益回り＝予想1株利益÷株価

株価を1株あたりの予想利益で割って得られるのがPER＝Price Earnings Ratio（株価収益率＝株式益回りの逆数）で、この場合はPER20倍です（2000円÷100円）。これはいわば、最初の投資を回収するまでに何年かかるかの指標で、PERが小さいほど株価は割安と見なされます。株価の割高・割安は、ふつう、株式益回りよりもPERを基準に議論されます。

PER＝株価÷予想1株利益

これも詳細は省きますが、債券の価格は、金利が決まれば、配当額と償還日からほぼ自動的に計算できます。株券はいわば、将来の配当額が確定しない無期限の債券ですから、ファンダメンタルズ分析によって配当額（1株利益）を正確に予測できれば、理論的に正しい株価が決定できます。ここまでは非常にまっとうな、非の打ちどころのない論理です。

しかし、ここでひとつの疑問が生じます。

いうまでもなく、経済環境の変化や経営者の力量によって、企業の利益は大きく変化します。ヒット商品が出て大儲けすることもあるでしょうし、雪印食品のように大きな不祥事を起こして消滅してしまう会社もあります。こうした未来の姿を、人間の力で予測することがはたしてできるのでしょうか？

企業の利益を予測する専門家が株式アナリストです。彼らは、財務諸表を分析したり、店舗や工場を訪問したり、経営者にインタビューしたりしてレポートをまとめます。自らがはじいた理論株価に対して市場価格が割安だと、「買い推奨」を出します（逆の場合は「売り推奨」になりますが、こちらはほとんど出ません）。

これまで、日本の株式市場に投資家が寄り付かないのは、アナリストの力量がないのと、企業が財務諸表を粉飾しているために、理論価格が正確に導き出せないからだといわれてきました。それに対して、ピーター・リンチやウォーレン・バフェットなど、ファンダメンタルズ分析を駆使する大投資家がいるアメリカでは、正確な財務諸表と的確な企業分析によって株価の適正水準が常に示されているので、個人投資家でも安心して参加できると解説されてきました。これが、日本の株式市場がこの10年下落を続け、アメリカ市場が繁栄を謳歌した理由だと、したり顔で述べる人もいました。

ところがそのアメリカでも、エンロンやワールドコムなどの〝優良〟企業が軒並み粉飾決算に手を染めており、大手会計事務所もそれに手を貸していたというスキャンダルが噴出して、神話は一夜にして崩壊してしまいました。そのうえ大手証券会社に所属するアナリストも、財務諸表に問題があると気づいていながら、営業上の理由から「買い推奨」を続け、投資家に大きな損害を与えたとして軒並み訴えられる始末です。最大手のメリルリンチ証券では、社内で〝くず〟と呼ばれていたネット銘柄をアナリストレポートで買い推奨し、顧客に売りつけていたことが明らかになりました。このあたりは、バブル期の日本の大手証券とまったく同じです。

株式アナリストによるファンダメンタルズ分析のレポートというのは、ほとんどの場合、自分に都合のいい株を投資家に買わせるためか、分析対象である企業経営者のご機嫌をとるための証券会社の営業行為です。そうでなければ、いったいなぜ株式アナリストに高額の報酬を支払うのでしょう?

未来のことは誰にもわかりませんから、予測の過ちを事前に指摘される恐れはありません。結果として予測が外れたとしても、ほかのアナリストの予測も同じように当たらないのですからべつに構わない、というわけです。

こうして、アメリカ市場を支えてきた企業会計とファンダメンタルズ分析への信頼は地に堕ち、株価もまた奈落の底へと落ちていったのです。

追記 これはファンダメンタルズ分析の標準的な理論の説明で、現在もそのまま使えます。詳しくは『臆病者のための株入門』を参照してください（「常識9」「常識10」も同じです）。

常識9
チャートで未来は予測できない

テクニカル分析は、企業の事業内容や財務状況、経営計画などとはまったく無関係に、ただチャートの動きのみによって将来の株価を予測する投資手法で、熱烈な信者がいる一方で、ファンダメンタルズ分析の専門家からはずっとオカルトか妄想の類と嘲笑され続けてきました。

確かに、テクニカル分析は大きな矛盾を抱えています。

たとえば、もっとも有名なテクニカルの指標に、ゴールデンクロスとデッドクロスがあります。長期移動平均線が株価を下から上に突き破った点がゴールデンクロス（買い指標）で、逆に上から下に突き抜けるとデッドクロス（売り指標）になります。現在でも、この古典的な売買サインを参考にしている投資家はいっぱいいますが、長期移動平均線というのは過去の一定期間（通常は20日間）の株価を平均しただけのものなので、株価データさえあれば、正確なパフォーマンスを検証することは簡単です。

本書では詳述しませんが、最近ではインターネットから簡単に株価データが入手できるようになったので、パソコンの表計算ソフトを使えば、個人でもちょっとしたプログラムでテクニカル分析指標の有効性を調べることができます。投資の本場であるアメリカではこうした研究も盛んで、1920年代から保存されているニューヨーク市場の株価データを使って、ありとあらゆるテクニカル指標がコンピュータで解析されてきました。そして、ほぼすべてのケースにおいて、テクニカル分析に従って売買を繰り返すよりも、たんに株を買って保有するだけの長期投資の方が有利だということが証明されています。テクニカル売買は、手数料分だけ確実に長期投資に負けてしまうのです。

では、ゴールデンクロスで株を買う投資家はたんなる縁起かつぎをしているだけなのでしょうか？　日本の投資家に人気のある一目均衡表や酒田五法は、たんなるオカルトに過ぎないのでしょうか？

残念なことに、コンピュータの解析結果は、株式市場になんらの法則性も存在しないことを証明しています。「チャートには市場のすべての情報が織り込まれている」というのはテクニカル信者の常套句ですが、仮にそうだとしても、チャートが未来を映す鏡だということにはならないのです。

ギャンチャートで知られるW・D・ギャンは、アメリカ最大の〝投機王〟ジェシー・リバモアの弟子で、〝伝説の相場師〟として知られています。その特徴的なチャートは日本でも熱烈な信者がおり、ギャン自身、このテクニカル手法で５０００万ドルもの資産を残したといわれています。ところがあるトレーダーが、ボストンの銀行でアナリストをしているギャンの息子にインタビューしたところ、現実のギャンはトレーディングだけで家族を養うことができず、生計は本の執筆と講演で立てており、１９５０年代に死んだとき、その遺産は自宅を含めて10万ドルをわずかに超える程度だったといいます。テクニカル信者の夢を壊す気はありませんが、伝説は後世の人々の願望が生み出すものであり、現実なんて味気ないものなのです。

常識10 短期投資は最高のギャンブルである

「信用取引は投資ではない」という人がいますが、これは正確ではありません。投資とは、「長期的に見れば、資本主義と市場経済の下で、企業の利益はインフレ率以上に拡大する」との見通しの下に資金を投じることです。信用取引で株式を買うことは、たんに購入代金を借金しているだけですから、投資の定義に反しません。

株価が下落した局面では、信用取引で空売りをすることで利益を得ることができます。

空売りは、通常の株式投資（株価が上がれば儲かり、下がれば損する）とまったく逆の結果をもたらす投資法で、株式の買い（ロング）と空売り（ショート）を組み合わせることによって、さまざまな投資戦略が実現できます。たとえば現物株を保有している人は、同じ銘柄を空売りすることによって、下落リスクをヘッジできます。これは保険のようなものですから、やはり投資の一種と考えていいでしょう。

しかし、信用取引を使った短期売買になると話は別です。投資期間が短くなると、現物／信用、ロング／ショートを問わず、すべての株取引は投資ではなくなります。彼らは、「長期的には株価は上がる」と信じて株式市場に参加するわけではないからです。現実には、信用取引の大半はこうした短期売買、いわゆる株式トレードとして行なわれています。

株式トレードはふつう、「投機」と呼ばれます。もっと簡単にいうとギャンブルです。

先に紹介したランダムウォーク仮説によれば、短期で見れば、株価が上がるか下がるかの確率は1対1で、これはコイン投げや丁半博奕《ちょうはんばくち》と同じです。証券会社は絶対に認めませんが、現在でも、「個人投資家」と呼ばれる株式市場への参加者のほとんどは、この丁半博奕に参加するギャンブラーです。

株式トレードをギャンブルと考えれば、これほど魅力的なゲームはまたとありません。

日本では「公営ギャンブル」という摩訶不思議なものがあって、国や自治体が法外なテラ銭を取って賭博を開帳しています。最悪なのは宝くじで、購入代金の半分は、買った途端に国に持っていかれます。こんな割の悪いギャンブルは、世界的にも例を見ません。サッカーくじのｔｏｔｏも同様で、誰も買わなくなったのはサッカー人気が下火なのではなく、胴元が強欲すぎてゲームに魅力がないからです。このような公営宝くじは、「国家が愚か者に課した税金」と呼ばれています。

競馬・競輪・競艇・オートレースの公営ギャンブルも、胴元の取り分が25%という悪質なゲームです。１００万円を投じた瞬間に、まだ試合も始まっていないのに賭け金が75万円に減ってしまったのでは、最初から勝負は決まっています。八百長でもないかぎり、法外にテラ銭の高いゲームに継続的に賭け続けて勝てる人間などいないということは、数学的に証明されています。「競馬必勝法」はこの世に存在しないのです。

日本で広く行なわれているギャンブルでもっとも胴元の取り分の少ないのはパチンコで、ゲームへの参加コストは３%前後といわれています。公営ギャンブルよりもはるかに良心的で、勝てる可能性はずっと高くなります。競馬で食べていける人はいませんが、パチンコやスロットで生活している人がけっこういるのはそのためです。

ところが、パチンコよりもはるかに勝率の高いギャンブルが存在します。それが、株とバカラです。

ラスベガスのギャンブラーがバカラを好むのは、1回あたりの手数料コストが0・5%と圧倒的に低いためです。一方の株式売買も、手数料自由化によって、ネット証券を使えば往復0・5%程度にまで下がりました。これは、パチンコの手数料率と比べても6分の1。手数料率50%の宝くじや、25%の公営ギャンブルとは比べ物になりません。そのうえ、証拠金の3倍まで投資できる信用取引や、10倍までポジションの持てる先物取引を使って投資にレバレッジをかけることも可能です。

株や先物・オプションは、現在のところ、この世でもっとも勝てる可能性の高いギャンブルです。だからこそ、相場が上がろうが下がろうが、熱烈なギャンブラーが手数料というテラ銭を払ってゲームに参加するのです。

よく、「株式トレードは手数料コストの分だけ不利になる」といわれます。確かにそうですが、これはラスベガスにギャンブルに行く人に向かって、「胴元であるホテルにテラ銭を取られ、数学的には期待値がマイナスになるのだからやめた方がいい」と説教するのと同じです。これを、余計なお世話といいます。

ところで、こうした株式トレードの場合、投資分析の王道であるファンダメンタルズの手法は通用しません。詳細な財務分析によって来期の予想収益を計算しても、5分後の株価を占うことはできないからです。

こうして、オカルト扱いされていたテクニカル投資に、新たな光が当てられるようになりました。株式トレードでは、売買の判断基準はチャートしかないからです。ケインズは、株式投資を「みんなが美人と思う候補に投票する美人投票」に喩えました。これは、株式投資の心理的側面を指摘した卓抜な比喩ですが、株式トレードはまさに心理ゲームそのものです。

株式市場のギャンブラーたちは、チャートに投資家の心理が反映されていると考えます。そこからほかの市場参加者の心理を読み、彼らの行動を先回りすることで儲けようとするのが、90年代にアメリカで大流行したデイトレードの基本戦略です。これはもともと、証券会社のトレーダーたちが行なっていた日計《ひばか》り売買の手法ですが、テクノロジーの急速な進歩によって、個人投資家のあいだに一気に普及しました。

心理ゲームとしてのトレードは、ポーカーやブラックジャックなどのギャンブルと同じです。ラスベガスで名を馳せたギャンブラーたちが、より効率のいいゲームとして、オプションや先物トレーダーに続々と転身していったことがそれを証明しています。なかには、大きな成功を収めたケースもあります。

現代ポートフォリオ理論によれば、市場は効率的で、ほかの投資家よりも有利な投資機会は存在しないとされています。多くの研究によっても、株式市場は〝ほぼ〟効率的であることが証明されています。

しかしギャンブラーにとっては、仮に市場が効率的であっても、そこにわずかな歪みさえあれば勝負ができます。なにしろ市場は巨大なので、ほんのすこしの歪みでも、ひと一人を億万長者にするには十分だからです。

アメリカでは、一攫千金《いっかく》を夢見るトレーダーたちが、大勝負を張りにシカゴやニューヨークへと集まってきます。

相場で大儲けしようとするならば、レバレッジの大きな市場で勝負するしかありません。最近では、日本からもインターネットでシカゴの先物市場にアクセスできるようになりましたが、ここなら最大で30倍のレバレッジがかけられます。元金1000万円があれば、3億円のポジションが持てるという恐ろしい世界です。リスクもリターンも30倍ですから、失敗すれば一瞬で破産してしまいますが、予想が当たれば一攫千金も夢ではありません。

しかし、大金持ちになったトレーダーがいるからといって、誰もが成功できるわけではありません。株価が右肩上がりで上昇していた90年代後半でさえも、デイトレーダーの8割は損をして消えていったといいます。

しかしそれでも、トレーディングが合法的で、かつ最高に魅力的なギャンブルであることに変わりはありません。20歳を過ぎた大人が、自分の判断と責任で参加するのですから、誰にも文句をいわれる筋合いはありません。

ただし、ギャンブルは娯楽ですから、それに基づいて人生を設計することは避けた方が賢明です。

追記　これは2002年に書いたものですが、2005年12月、27歳無職の男性が東証マザーズに新規上場したジェイコム株の誤発注で20億円を超える利益を手にしたことが報じられ、未来を正しく予言していたことが証明されました。現在、金融市場のギャンブラーの舞台は株式からFXに移行しています。

　2002年当時、販売不振が問題になっていたサッカーくじは、購入者がゲームの勝敗を予想する手間を省き（コンピュータがランダムに結果を割り振る）、最高賞金を6億円まで引上げて射倖心を煽ったことで見事復活しました。

3 不動産の呪縛を解き放つ法則

ここと次の章では不動産と生命保険という、人生設計にきわめて大きな影響を与えるものの、これまで経済合理的に語られることのなかった資産・金融商品について語っています。

不動産と生命保険は、損得以前に強い感情的なバイアス（歪み）がかかっていることで共通します。

マイホーム（持ち家）というのは、資産以前に「家族の夢」です。不動産が「夢」に変わるのは、家を買うと賃貸のときにはなかった満足感や安心感が得られるからです。

経済合理的に考えれば、家主から家を借りても（賃貸）、銀行からお金を借りても（住宅ローン）大きな違いはありません。それなのに感情的な面でこれほど大きな差が生じるのは、マイホームが〝なわばり〟と意識されるからです。

哺乳類はもちろん、爬虫類や魚類、昆虫にいたるまで、生き物は進化の過程のなかで「なわばりを守れ」という本能を埋め込まれてきました。古今東西、自分の城を持ち、そこに家族を住まわせることにヒトは深い喜びを感じるのです。

不動産バブルが崩壊すると、90年代の半ばから裁判所の競売が注目されるようになりました。競売を上手に利用すれば、個人でも格安で不動産が購入できる、とされたからです。

それがほんとうなのか確かめるため、私は一時期、裁判所の競売物件閲覧コーナーに通ったことがあります（地方の裁判所にもわざわざ出かけていきました）。

結論からいうと、けっきょく私は、競売で不動産を手に入れることをあきらめました。落札情報を調べてみると、まともな物件はどれもプロの不動産業者が入札に参加しているのです。

業者の入札価格より高くなければ落札はできませんが、限定された相場情報しか持たない個人では、とんでもない高値づかみをする恐れがあります。個人が競売物件を落札する機会は（不動産投資のセミプロでもないかぎり）いちどか二度しかありませんから、百戦錬磨の不動産業者を出し抜くことなどできるはずはないのです（そのためか、一時期書店を賑わせていた「競売物件で儲けよう」という本はいつのまにか消えてしまいました）。

最初のエピソードは、裁判所に競売物件を調べに通っていたときのものです。情報としては古くなったので削ろうかとも思いましたが、当時の雰囲気が伝わるのもいまとなっては貴重だと思い直しました——。

家を買うことは、日本人の人生設計において特権的な地位を占めています。そこに「家族の絆」のような特別な意味を見出すひともいます。

しかし、同じ家を所有しようが賃借しようが、使用価値に変わりはありません。家を所有すればそれだけで幸福度が増すというのは、かなり特殊な思想です。それが個人のアイデンティティにまで達すれば（「家を買えば私は変われる！」）、カルトの一種というほかありません。

家の価値というのは、土地の値段と建物（上物）の値段の合計です。それ以外に、

「精神的な価値」のようなものがあるわけではありません。

土地の値段は、不動産の流通市場で決まります。基準になるのは、不動産業者同士の取引価格です。これが土地の卸値で、業者は、市場で仕入れた不動産にマージンを乗せて個人に販売することで生計を立てています。

建物の値段は、築年数と再建築価格で決まります。

建物の価値は築年数が古いほど低くなり、木造建築の場合、30年でゼロになります。時を経るにつれて家の価値は減価し、築15年の家は買ったときの半額になります。

バブル最盛期に4000万円で建てた家でも、デフレ下の現在では同じスペックのものが2000万円で手に入ります。これを「再建築価格」といい、建物の価値はこちらを基準とします。再建築価格が半値になっていれば、築15年の家の値段は買ったときの4分の1です。

持ち家の価値＝（土地の卸値＋業者のマージン）＋再建築価格×（30－築年数）÷30

というわけです。

一時期、真顔で「土地神話」が語られたことがありました。しかしこの「神話」なるものはたんなる妄想の一種で、熱に浮かされた個人から暴利を貪るために業者が利用したに過ぎません。

持ち家は、個人にとっては一生にいちどの大きな買い物ですから、どうしても、そこに過剰な意味を求めたくなります。年収の何倍もの買い物をする以上、神がかりにでもならなければ決断できません。しかし業者にとっては、不動産取引は日常のビジネスのひとつに過ぎません。そこには、金勘定以上のいかなる要素もありはしないのです。そのことが、不動産の競売市場を見るとよくわかります。


1989(平成元)年10月に、ある建設会社社長夫妻が　東京・吉祥寺駅から徒歩5分のところにある3LDKの新築マンション(4階建て3階部分。専有面積76・58㎡)を購入しました。

吉祥寺は東京でももっとも人気の高い街のひとつで、駅の北側に商店街、南側に井の頭公園が位置するため、駅周辺にはマンションがほとんどありません。敷地が借地（契約期間30年）で、中央線の高架に近いのが難点ですが、稀少物件であることは間違いありません。

マンションの販売価格は1億円でしたが、この社長夫妻は、実際には一銭も払っていません。大手S銀行が夫名義で6900万円、妻名義で2300万円の住宅ローンを設定し、二番抵当として、中堅のクレジット会社から1500万円の融資を受けたからです。ローンの合計は1億7000万円ですから、購入代金はもちろん諸経費まですべて融資で賄えます。大手S銀行が購入代金の約9割を出し、頭金にあたる分を、多少金利を上げて、クレジット会社に手当てさせたのです。バブルの頃はよくある話でした。

それればかりか大手S銀行は、この物件を担保として、社長夫妻の建設会社の事業用に限度額3000万円の融資枠を設定しています。こうして、借地に建てられた3LDKのマンションを担保に、1億3700万円の融資が行なわれました。

ところがこの建設会社はバブル崩壊とともに経営に行き詰まり、住民税未納のため96年には自宅が市に差押えられてしまいます。翌97年からは月額3万円余の管理費も滞納するようになり、もちろん1億円を超える住宅ローンを返済することなどとうてい不可能で、けっきょく2002年のはじめに競売にかけられることになったのです。

裁判所がこの物件につけた最低売却価格は1063万円でした。販売価格の10分の1です。これでは、二番抵当のクレジット会社の融資は丸損で、住宅ローンと事業資金を合わせて1億2000万円以上を貸し込んだ大手S銀行としても、優先債権である税金の滞納分などを考えれば取り分はほとんど残りません。

現在、年間8万件近い競売が行なわれており、これはそのなかのありふれたひとつに過ぎません。このたった1件で、銀行は1億円以上の大損をしています。金融機関の抱える不良債権問題の深刻さは、一般の予想をはるかに超えています。

この〝億ション〟の来歴は、裁判所で閲覧できる競売物件の明細を見れば誰にでもわかります。そこには調査官の撮影した室内の写真や、元所有者（建設会社社長夫妻）への事情聴取の記録もあります。物件写真では、下着が干してあるリビングや洗い物が積み上げられたキッチン、さらには夫妻の寝室までもが撮影され、多くの閲覧者がそれを目にすることになります。

しかし、事業の失敗で自宅を差押えられ、競売にかけられた元所有者の人生に思いを馳せる人間などここにはいません。誰もが、10分の1のディスカウント価格でかつての億ションを手に入れるチャンスを狙っているだけです。

あなたなら、この競売物件にいくらの値段をつけるでしょうか？

競売には、多くの不動産業者も参加します。彼らは落札した物件をリフォームし、転売するか、賃貸に回して利益を得ようとします。物件が第三者に占有されている場合は、彼らに立ち退いてもらわなくてはなりません。そうしたコストを考えると、出せる金額の上限は決まってきます。

業者は、予想する物件の転売価格（小売価格）からリフォーム費用や資金調達金利などの諸コストを引き、そのうえで利益を確保できる価格を慎重に検討し、入札します。これがいわば不動産の卸値であり、妙な思い入れや私情を排した裸の価格です。

この仕組みがわかると、不動産競売ゲームに参加することができるようになります。

当たり前ですが、業者の希望小売価格以上で落札するのでは、なんの意味もありません。業者がリフォームした物件を購入した方が、よほどマシだからです。

その一方で、業者の入札予定価格以下では、物件を落札することができません。宝くじに当たるのを期待するように最低売却価格での入札を繰り返すひとがいますが、これはたんなる時間の無駄です。多数の不動産業者が必死になって収益機会を探しているのですから、そんな幸運が降ってくるわけがありません。仮に最低売却価格で落札できたとしても、それは業者が見向きもしない傷物か、その筋の人間に占有されているなど権利関係が面倒な物件に違いありません。

そう考えれば、競売に参加する際の戦略はひとつしかありません。業者の入札価格（卸値）と転売価格（小売値）の中間を狙うのです。

不動産の収益率から卸値や小売値を予想する方法は後述しますが、賃料を月額20万円（年240万円）〜25万円（年300万円）、業者の期待する収益率を10％とすると、このケースでは業者の入札予定価格は2400万〜3000万円になります。したがって、個人が入札する場合は、これ以上の額を提示しなくてはなりません。

実際には、この物件は3159万円で地元の業者に落札されました。その後の経過はフォローしていませんが、たぶんリフォームのうえで、4000万円台で売り出されたはずです。「バブルのときに1億円したマンションが半値以下で買えます」とセールスすれば、買い手はすぐに見つかるでしょう。

あなたがもし不動産の購入を検討しているのなら、利用する、しないにかかわらず、いちど裁判所の競売物件閲覧コーナーを訪ねてみることをお勧めします。そこには、スーパーに並ぶキャベツや大根のように、不動産が裸の価格で転がっています。

不動産を買うのは、その身も蓋もない現実を目にしてからでも遅くはありません。

法則1

家を買うのは、株式に投資するのと同じである

人生の目標を持ち家、つまり不動産の取得に置いているひとたちは、口を揃えて、「家は借りるより買った方がいいに決まっている」といいます。しかし、なぜそうなのかを満足に説明することはできません。

次のようなシンプルな例を考えてみましょう。

あるひとが3000万円の金融資産を持ち、なおかつ時価3000万円相当のマ

図16 | 金融資産と不動産

資産	資本
金融資産 3000万円	3000万円

3000万円の金融資産を持ち、賃貸で暮らしているひとのバランスシート。

↓

資産	資本
金融資産 3030万円	3030万円

金融資産を年6%で運用すると、家賃の150万円を除いても30万円の利益が生じる。

不動産購入 →

資産	資本
不動産 3000万円	3000万円

3000万円の金融資産で持ち家を購入しても、資産の内容が金融資産から不動産に変わるだけで、バランスシートにはなんの変化もない。あとは、どちらの資産の運用利回りが高いかの問題。

↓

資産	資本
不動産 3000万円	3000万円

持ち家の場合は、家賃を払わないものの、資産からの収益も生じないので、不動産価格が変わらなければバランスシートも変わらない。

1年後

ンションを家賃12万5000円（年150万円）で借りているとします。彼の友人たちは、「1年間に150万円も家賃を払うのはもったいない。そんなお金があるなら家を買いなさい」と口々に忠告するはずです。しかし、これはほんとうでしょうか？

多くのひとが誤解していますが、彼が無駄なことをしているかどうかは、これだけではわかりません。

確かに、彼は即金でマンションを買い取ることができます。これで年150万円の家賃が不要になりますが、そのかわり3000万円の金融資産がなくなります。

仮に、この金融資産を株式に投資すると、年6%の配当を得ることができるとしましょう。年間の配当総額は180万円（3000万円×6%）です。

彼はマンションを購入することで年150万円の家賃を節約できましたが、その一方で、年180万円の配当を得る権利を失いました。差し引きすると、30万円のマイナスです（図16）。

年150万円の家賃を払って時価3000万円相当の不動産を借りているということは、大家に年5%の利息を払っているのと同じです（150万円÷3000万円）。したがって、彼が手持ちの金融資産を5%超の利回りで運用できると考えているならば、どれほど不合理に見えようが高い賃料を払い続けるのが正解なのです。

法則2

家の値段は、家賃から合理的に決まる

マンションの賃料を年150万円とすれば、大家は3000万円の資金をマンションに投資して年5%の運用収益を得ている、ということになります。これを、不

動産の「収益率」と呼びます。賃貸か持ち家かを決める場合には、この収益率をベースに考えなくてはなりません。

不動産の収益率＝年間賃料÷不動産価格

家を借りる側は、できるだけ家賃を安くしようとします。大家は、すこしでも高い家賃を取りたいと考えます。これは市場経済における買い手と売り手の関係ですから、賃料＝収益率は市場価格で決まります。お互いの利害が真っ向から対立する以上、双方がしぶしぶ納得する金額で決着させるしかないからです。

不動産の収益率が5％なら、時価3000万円のマンションの理論上の適正賃料は年150万円（3000万円×5％）＝月額12万5000円、時価5000万円のマンションは年250万円（5000万円×5％）＝月額約21万円になります。このように収益率をベースにすれば、時価の異なる不動産の賃料を簡単に比較することができます。

同様の方法は、不動産を購入する場合にも使えます。購入を検討している不動産の賃料相場がわかれば、そこから適正価格（理論価格）を逆算できるからです。
不動産の収益率を同じ5％とすれば、年間賃料150万円の物件の適正価格は3000万円（150万円÷5％）、250万円の物件の適正価格は5000万円（250万円÷5％）となります（図17）。

不動産の理論価格＝賃料÷期待収益率

これは先に説明した株式の理論価格の求め方と、考え方はまったく同じです。
不動産の収益率は、株式の配当益回りなど、ほかの資産のパフォーマンスと比較することも可能です。このように、銀行預金から株式・債券、不動産まで、すべての資産を同じ基準で評価するのが、資産運用の基本的な考え方です。

法則3

持ち家とは賃料の発生しない不動産投資である

多くのひとが、持ち家の購入は「投資」ではなく、何か別なものだと信じていま

図17｜不動産の理論価格

不動産の理論価格＝賃料÷期待収益率

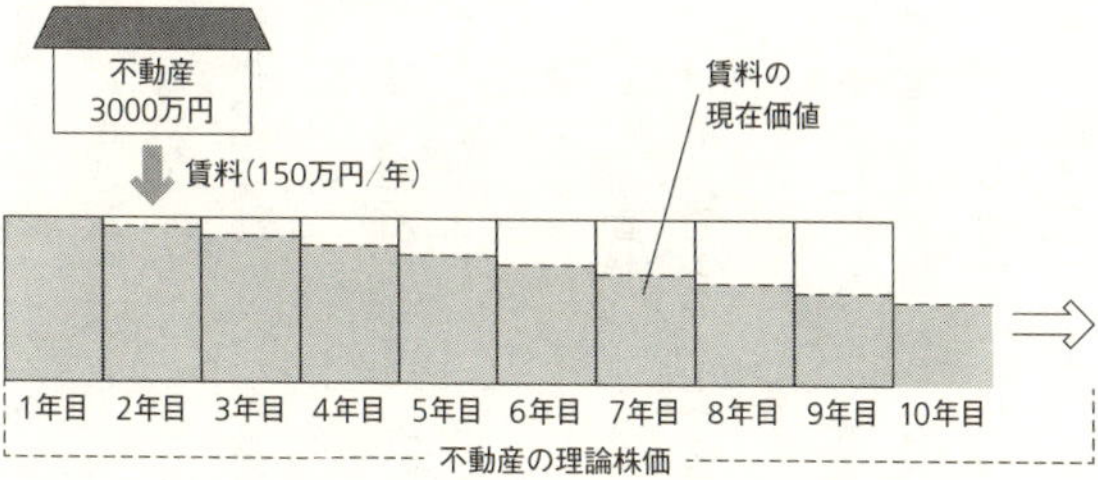

時価3000万円の不動産から毎年150万円の賃料が得られれば、
収益率は5%(150万円÷3000万円)。

逆に、賃料を不動産の期待収益率で割引くと不動産の理論価格が求められる。

これは、先に述べた株式の理論価格の求め方と同じ。

不動産の期待収益率が5%なら、理論価格は3000万円になる(150万円÷5%)。

図18｜帰属家賃
(税金を考慮すると、マイホームが賃貸より有利になるケース)

不動産所有者と賃借人が別の場合、賃借人から所有者に賃料が支払われる。所有者は、不動産所得として、受け取った賃料に課税される。この税金分は、賃料に上乗せされていると考えられる。

マイホームの場合、所有者と賃借人が同一なので、賃借人から所有者への賃料の支払いが顕在化しない。この隠された賃料が「帰属家賃」。帰属家賃は課税対象外なので、所得税を払わない分だけ、マイホームが賃貸より有利になるとされる。

す。投資用ワンルームマンションなどを購入し、それを他人に貸すことが「不動産投資」だとされているからです。こうして、「私はリスクのある投資をしない」と豪語するひとが、何千万円もの物件を住宅ローンを組んで購入しています。

しかし、これは完全な誤解です。

持ち家の購入は、不動産投資そのものです。購入した家に自分で住むか、他人に貸すかは、たんに利用法の違いに過ぎません。不動産投資で大損したひとが、その物件に住んだ（持ち家にした）からといって、魔法のように損失が消えるわけではありません。

購入した不動産を他人に貸せば、賃料が支払われます。自分で住めば、当然、賃料を受け取ることができません。不動産投資と持ち家との違いは、たったこれだけです。

この違いは、なんら決定的なものではありません。持ち家とは、「自分で自分に不動産を貸している」ことだからです。持ち家でも賃貸と同様に賃料が発生していますが、そのお金はあなたの右のポケットから左のポケットに移動するので、目に見えないだけなのです。

この「見えない家賃」のことを、経済学では「帰属家賃」といいます。そして、この帰属家賃を考慮すると、賃貸よりもマイホームの方が有利だとされています。

賃貸の場合、賃借人から大家に支払われた家賃は、不動産所得として課税対象になります。大家は税金を払わなくてはなりませんから、期待した収益を得るために、税金分を家賃に上乗せすることになります。

それに対してマイホームの「帰属家賃」には所得税が課せられません。両者を比較すると、理屈のうえでは、家賃に対して税金を払わないマイホームの方が有利になります(図18)。そのため、「帰属家賃」からも所得税を取るべきだという税理論もあります。

ただし、この「税効果」がどの程度賃料を押し上げているかは、統計的な調査結果があるわけではなく、よくわかりません。

法則4

法則4　不動産はリスク商品である

もういちど、先ほどの例に戻ります。

年額150万円の家賃を払って賃貸生活をしているひとが、3000万円の金融資産を利息のつかない預金口座に預けているとします。この場合は、家を買った方が絶対に有利なのでしょうか？

もうおわかりだと思いますが、この場合も正解はありません。不動産はリスク資産であり、価格が変動するからです。

不動産相場の下落がこれからも続き、物件価格が10年後に3分の1まで下がるのなら、3000万円で買ったマンションは1000万円でしか売れませんから、2000万円の売却損が出ます。一方、年150万円の家賃を10年節約しても1500万円にしかならないので、トータルは赤字です。これなら、利息はつかなくても元金の減らない銀行預金の方がずっと有利です。その気になれば、安くなった不動産を好きなときに購入し、なおかつお釣りまでもらえるからです（図19）。

株価と同様に、将来の不動産価格を予測することは誰にもできません。ある経済学者は、日本経済の低迷と少子化で不動産市況はもはや回復しないと予測しています。その一方で、政府の経済政策の失敗でハイパーインフレになり、不動産価格も急騰するとの過激な主張をする評論家もいます。どちらの事態も、絶対に起こらな

図19｜不動産価格が下落する場合の、金融資産と不動産の比較

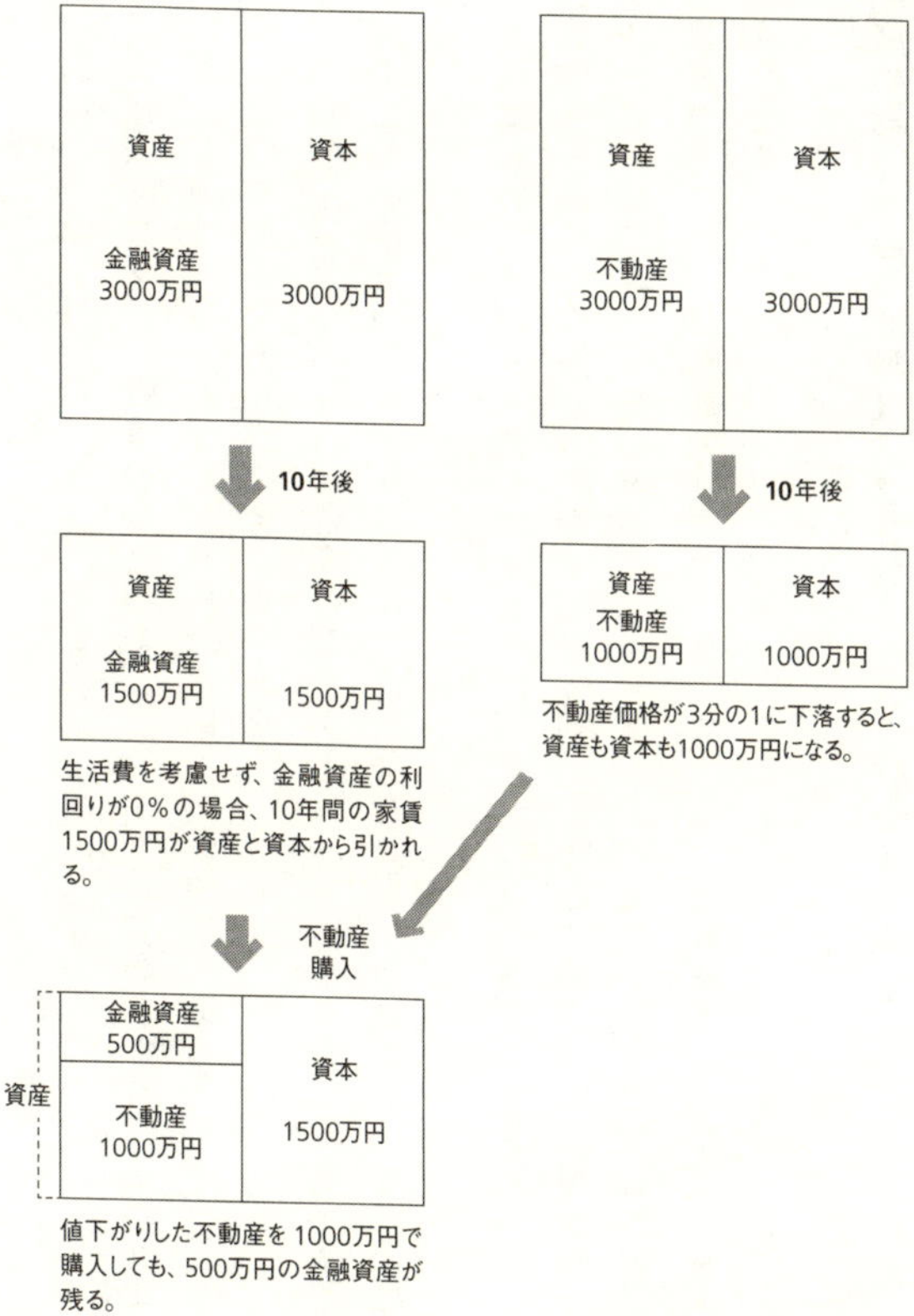

いとはいえません。

将来の損益が予測不可能なことを、「リスク」といいます。

不動産も代表的なリスク資産のひとつで、投資家は地価が上がれば儲かりますし、下がれば損をします。持ち家であろうが投資用マンションであろうが、不動産を所有すれば、このリスクを免れることはできません。

一方、不動産を賃借する側は、なんのリスクも負っていません。地価が暴落して大家が大損したからといって、賃借人がその損失を負担するなどということはありません。

市場経済においては、リスクを負う者には、それなりの報酬（プレミアム）が支払われます。仮に国債（無リスク資産）の金利が1％とすると、収益率5％の不動産のリスクプレミアムは4％（収益率5％－無リスク金利1％）です。不動産を購入するにあたっては、この報酬がリスクに見合っているかどうかを慎重に検討する必要があります。

不動産の期待利回り＝無リスク金利＋リスクプレミアム

もちろんこれも、先に述べた、株式の期待利回りの考え方とまったく同じです。

不動産のリスクリターン率（リスクを勘案したリターン）が、株式や債券、預貯金などのほかの資産運用手段から得られるリターンよりも有利なときにはじめて、不動産を購入する経済合理性が生まれます。

法則5

住宅ローンは株式の信用取引と同じである

次に、住宅ローンを組んで不動産を購入するケースを考えてみましょう。

通常、不動産の購入にあたっては、元本（自己資金）を20%とし、その4倍程度のローンを組みます。元本を基準にすれば5倍のレバレッジで不動産に投資するわけですから、利益も損失も5倍に膨らみます。

図20を見てください。

先ほどのケース（図19）との違いは、即金で不動産を購入できるだけの資産を持っていないことです。そのために、持ち家の購入にあたっては多額の住宅ローンを組み、投資にレバレッジをかけています。一方、賃貸では融資は受けられませんから、いまある金融資産を運用するしかありません。

株式でも先物でも構いませんが、金融資産に5倍のレバレッジをかけて投資できると仮定しましょう。これなら、持ち家と賃貸の条件は対等になります。あとは、不動産の収益率と、株式（先物）の収益率を比較して、どちらか有利な方を選べばいいだけです。

「住宅ローンを組んで家を買った方が有利だ」とよくいわれます。これは、投資の戦略として、「借金をして信用取引で株を買った方が有利だ」というのと同じことです。確かに地価（株価）が上昇すれば、レバレッジの分だけ収益率は高くなります。逆に地価（株価）が下落すれば、損失は膨らみます。

不動産の営業マンが顧客に住宅ローンの利用を勧めるのは、株式の信用取引や先物取引の勧誘と同じです。しかし当の営業マン自身が、そのことにまったく気づいていません。こうして、住宅ローンをめぐる誤解が拡大再生産されていくのです。

図20｜住宅ローンのある場合の持ち家と賃貸

持ち家

住宅ローンを組んで
不動産を購入した場合

600万円の頭金に対し、2400万円のローンを組んで、5倍のレバレッジで不動産に投資している。

賃貸

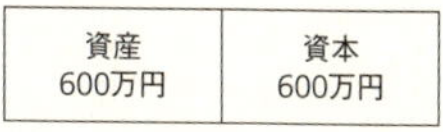

600万円の元本を
金融資産で運用

金融資産に
レバレッジをかけて運用

先物などで5倍のレバレッジをかければ住宅ローンで不動産を購入するのと同じことになる。

法則6

住宅ローンの返済は「貯金」ではない

住宅ローンを借りているひとの多くは、自分がハイリスクな投資をしているとは考えていません。極端な場合は、何千万円ものローンを組んでいながら、「自分は借金はしていない」と真顔でいうことすらあります。なぜならこのひとたちは、ローンの返済を積立貯金の一種と考えているからです。

なぜ、「借金（ローン）」を「貯金」と誤解するのでしょうか？

それは、ローン返済が終われば不動産が自分のものになるからです。それに対して、30年間賃料を払い続けても、手元にはなにも残りません。

両者を比較すれば、圧倒的に持ち家の方が有利に見えます。

しかし、賃貸と持ち家にはそれほど大きな違いがあるのでしょうか？

先に述べたように、賃貸は、大家に対して利息（リース料）を払っているのと同じです。ただしこのリース契約は、物件を返却することで、いつでも好きなときに解約できます。

住宅ローンで不動産を購入したひとは、銀行に利息と元金を返済しています。この契約は、ローンの残額を払い終わるまで解消することはできません。

賃貸は利息しか払わないので、当然、負担は軽くなります。しかし、元金の返済を永久に繰り延べているわけですから、いつまでたっても不動産は自分のものになりません。

一方、住宅ローンは利息とともに元金を返済する分だけ、負担は重くなります。そのかわり、ローンの返済が終われば（元金をすべて支払えば）不動産は自分のものになります。

これは要するに、リースの方法が違うだけですから、理屈のうえでは損得は発生しません。

このことを簡単にいうと、次のような話になります。

問：5年のリースで車を借りようとしたときに、販売店から以下のふたつの選択肢を提示されました。あなたはどちらを選びますか？

①毎月のリース料が安いかわりに、5年後には車を販売店に返却しなくてはなら

ない

②毎月のリース料が高いかわりに、5年後に車を引き取ることができる

答：どちらも同じ。なぜなら、リース料の差額は、5年後の中古車の売却価格に等しいはずだから。

具体的に検証してみましょう。

最近では、若い夫婦や一人暮らしの女性が争うように都心のマンションを購入しています。不況下のマンション購入ブームは、地価の下落によってマンション価格が下がったことと、年利3％を下回る過去最低水準の住宅ローン金利の影響です。

そこで、600万円の金融資産を頭金にして時価3000万円のマンションを住宅ローンで購入した場合と、同じクラスのマンションを借り続けた場合とを比較してみます（図21のケース1）。

賃料は年150万円ですから、10年間の支払総額は1500万円です。単純に、この賃料と同じ額をそのままローン返済に充てたとすると、ローン残高は900万円になります（2400万円－1500万円）。時価3000万円の不動産の持ち

分は2100万円（頭金600万円＋返済分1500万円）となり、頭金600万円をそのまま現金で持っているよりもはるかに有利です。これが、多くのひとが「住宅ローンの返済は貯金だ」と考える理由です。

しかし、この計算にはちょっとした誤解があります。

ひとつは住宅ローンの金利分を考慮に入れていないことで、一般的な元利均等返済の場合、当初10年間の1500万円の返済額のうち、元金部分に充当されるのは500万円程度です。したがって、ローン残高は1900万円（2400万円－500万円）となります。

もうひとつは、建物部分の減価を考慮していないことです。

日本のマンションの場合、買ったとたんに「中古」として値段が1割下がります。3000万円のマンションが、契約書に判を捺した瞬間に2700万円になってしまうのです。そこから10年間の建物部分の減価を考えると、仮に地価が変わらなくても、このマンションの値段は2500万円程度まで下がります。

時価2500万円のマンションでローン残高が1900万円であれば、実際の持ち分は600万円。頭金をそのまま現金で持っているのと変わりはありません。

10年後

ケース2　地価上昇

資産 600万円 ｜ 資本 600万円

資産 不動産 3500万円 ｜ 負債 1900万円 ／ 資本 1600万円

建物部分が減価しても地価が上昇すれば、資本は増える。この状態で不動産を売却すれば1000万円の利益が出る。
1600万円の資本を頭金にさらにローンを組んでより広い家を買うのが、地価上昇時代の「買い替え」戦略。

10年後

ケース3　地価下落

資産 600万円 ｜ 資本 600万円

資産 不動産 2000万円 ｜ 負債 1900万円 ／ 資本 100万円

30年後

建物部分の減価とともに地価も下落すれば資本は減少する。住宅ローンの返済はマイナスの貯金と同じ。

資産 600万円 ｜ 資本 600万円

資産 不動産 1000万円 ｜ 資本 1000万円

30年かけてローンを返済すると、時価1000万円の土地と廃屋が残る。これが、「自由」の代償。

図21｜「貯蓄」としての住宅ローン

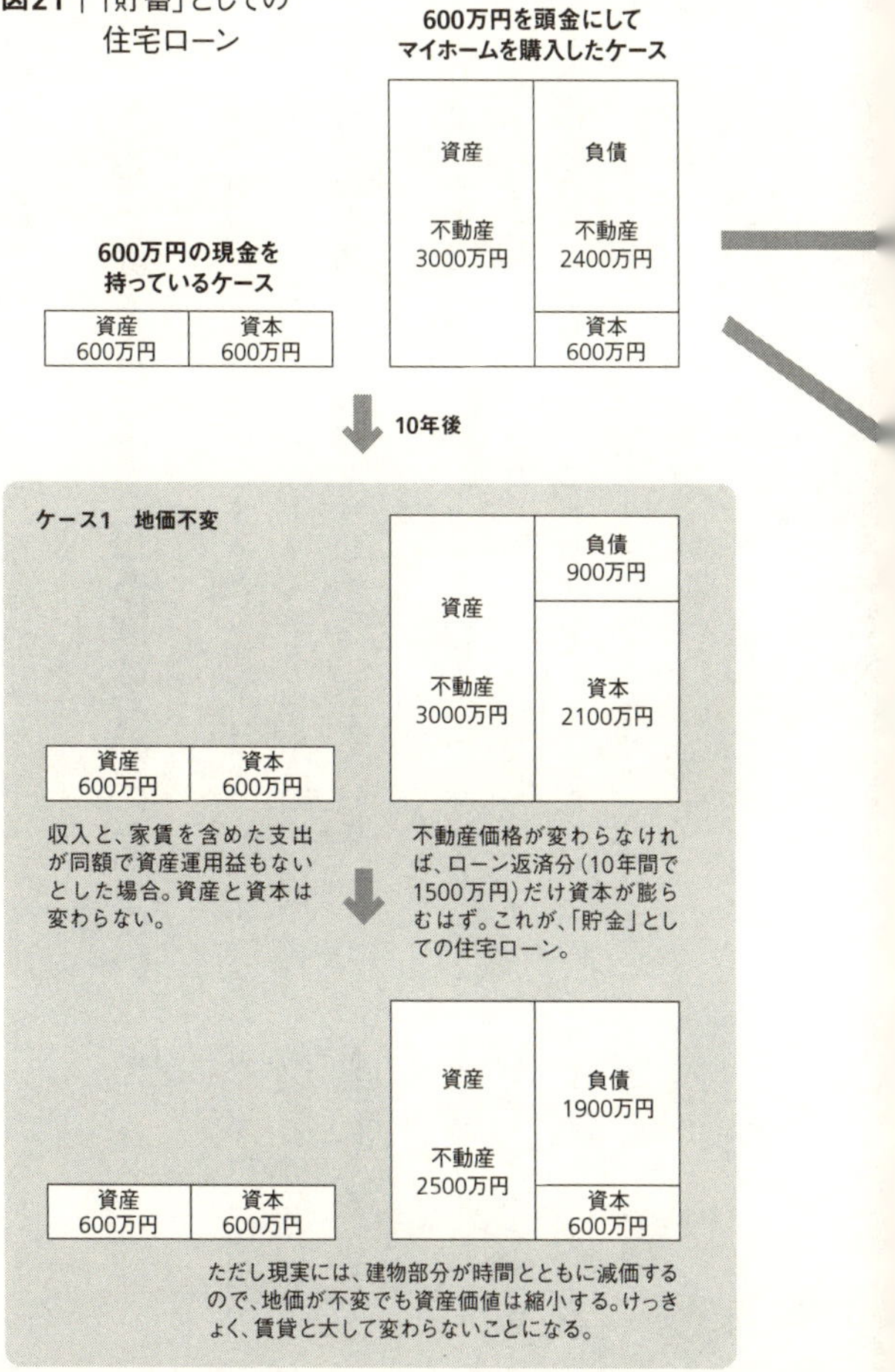
600万円を頭金にして
マイホームを購入したケース
資産
不動産
3000万円
負債
不動産
2400万円
資本
600万円
600万円の現金を
持っているケース
資産
600万円
資本
600万円
10年後
ケース1　地価不変
資産
600万円
資本
600万円
収入と、家賃を含めた支出が同額で資産運用益もないとした場合。資産と資本は変わらない。
資産
不動産
3000万円
負債
900万円
資本
2100万円
不動産価格が変わらなければ、ローン返済分（10年間で1500万円）だけ資本が膨らむはず。これが、「貯金」としての住宅ローン。
資産
600万円
資本
600万円
資産
不動産
2500万円
負債
1900万円
資本
600万円
ただし現実には、建物部分が時間とともに減価するので、地価が不変でも資産価値は縮小する。けっきょく、賃貸と大して変わらないことになる。

市場経済というのは、私たちが考えるよりも、ずっとうまくできているのです。

法則7

永住を前提に家を買っても、持ち家は有利にならない

持ち家と賃貸に優劣がないとすると、住宅ローンを組んで家を買うのは、地価が右肩上がりのときにのみ有効な戦略であることは明らかです。不動産価格がローンの返済総額を上回って上昇してはじめて、借金（ローン）が「貯金」になるからです。

3000万円で買ったマンションが10年後に3500万円まで値上がりすれば、マンションを売却して1900万円のローン残金を完済すると、頭金を含めて1600万円の現金が残ります。これを頭金としてさらに多額のローンを組み、より広い家を購入するのが、戦後の日本人の資産運用の基本でした（図21のケース2）。

しかし、もはやこうした手法は通用しません。

そこで、「地価が下落しても、永住を前提に家を買えばいい」と主張するひとが現われました。しかし、これはなんの意味もありません。地価が下がれば、永住し

ようが売却しようが損します。ただたんに、塩漬けにするか、含み損を実現するかの違いに過ぎません。そのうえ、地価のさらなる下落を予想するのなら、賃貸のまま底値を待った方が有利に決まっています。これでは、株価が下がると予想しているにもかかわらず、借金をして株を買うのと同じだからです。

法則8

「家賃よりも安く家が買える」ことはない

ローンの返済期間を短くすると、月々の返済金額が増えてしまいます。

たとえば3000万円のマンションを全額、10年返済の住宅ローン(年利3%)で購入すると、毎月の返済額は30万円を超えてしまいます。同程度のマンションの賃料が月額12万円程度ですから、ローン返済額が家賃の倍以上で、これでは話になりません。

頭金を1500万円払い、残りの1500万円でローンを組めば、毎月の支払いは15万円以下に収まります。こうした試算で「家賃分の支出で家が買える」とセールスする業者もいますが、これはまったく意味がありません。すでに説明したように、不動産の購入で1500万円の金融資産を失い、将来そこから得られるであろう運用益を放棄しているからです。

頭金を1500万円も払って毎月の支払額が家賃より多いのでは買い手を説得できませんから、不動産業者としては、住宅ローンの返済期間を長くすることで毎月の返済額を少なく見せるしかありません。返済期間を30年に延ばすと、毎年の返済額は150万円前後で、月々の支払いも家賃と変わらなくなります。これで、「家賃よりも安く家が買える」という定番のセールストークが成立します。

こうした涙ぐましい努力を積み重ねて、「ちょっと無理しても家を買った方が得」という〝神話〟を維持しているのです。

法則9

30年後に手に入った「我が家」に価値はない

時価3000万円相当の不動産を賃借し、年間150万円の家賃を30年間払い続けると、支払総額は4500万円になります。

一方で3000万円の物件を、金利3%、返済期間30年の住宅ローンで購入しても、ローンの支払総額は約4500万円です。これなら、ローンを組んで家を買った方がやはり得ではないでしょうか?

しかし、この計算にもやはり嘘があります。建物部分の老朽化を考慮していないからです。

築30年の木造住宅は廃屋ですから、わざわざ家賃を払って借りようとする物好きはめったにいません。不動産の理論価格は賃料と収益率で決まりますから、賃料の取れない不動産の価値はゼロです。ふたたび価値を生むためには、リフォームするか、建て直すかしなければなりません。いずれにせよ、ここで大きな追加コストが発生します。

一方、賃貸の側は、建物が古くなって気に入らなくなれば、いつでも新しいところに転居することが可能です。不動産の価格と収益率が変わらなければ賃料も同じで、敷金・礼金・引越し費用を別にすれば追加のコストは発生しません。

無理をして家を買っても、ローンを返済するだけで何もしなければ、30年後は廃屋に暮らすことになります。賃貸であれば、30年後でも、真新しい家で生活できます。この違いを考慮すると、返済期間を延長しても、やはり損得は発生しないのです。

法則10　市場経済では賃貸と持ち家に優劣はない

事業用不動産の取得にあたっては、リース（借地）と買取りのどちらに経営上の合理性があるかが詳細に検討されます。こうした市場取引が頻繁に行なわれることによって、結果的に、どちらを選んでも優劣が発生しないところでリース料と買取り価格が決定します。

この事情は、個人向け不動産市場でも同じです。仮に賃貸よりも持ち家の方が圧倒的に有利なら、不動産業者は銀行から低利の融資を受けて物件を買い漁り、それを賃貸に回して大きな利益を得ようとするでしょう。

市場経済においては、確実に手に入れることのできる利益（超過リターン）は、目端の利いた市場参加者によってすぐに発見され、消費されてしまいます。これを裁定取引（アービトラージ）といい、その結果、すべての価格は誰も確実には得をしないところに落ち着きます。これが、抗うことのできない市場の基本原理です。

そう考えれば、そもそも持ち家と賃貸の優劣を考えること自体が無駄ともいえます。

それでもなおかつ、ローンを組んだ方がはるかに有利だというなら、それはただたんに現在の賃料が高いからに過ぎません。大家に値下げを交渉するか、適正な賃料の住宅に転居しましょう。

＊元金を返済しない賃貸を単利、利息と元金をともに返済していく住宅ローンを複利と考えることもできます。単利と複利は変換可能で、5％の単利は複利で2・8％になります。したがって、5％の単利で賃貸しても、3％の複利で住宅ローンを組んでも、両者に違いはないわけです。

不動産神話を信じて重いローンを組み、家を買うひとはいまも後を絶ちません。みんな、「自分だけは特別だ」と思っています。バブル崩壊後の10年間、「不動産相場はいずれ反転する」と信じて家を買ったすべてのひとが大損しているにもかかわらず、その列に加わろうとするひとが続々と現われるのですから、不思議な世の中です。

持ち家を勧める、「専門家」と称するひともいっぱいいます。そのタイプは大きく3種類に分けられます。

ひとつは、不動産業界と利害を共にしている人たちです。彼らの多くが、不動産会社から報酬をもらって、持ち家願望を煽る仕事に従事しています。

もうひとつは、「専門家」を名乗りながらも、ここで述べたような基本的な計算（それも中学レベル）が理解できない人たちです。彼らは素人と同様に、「持ち家は最後は不動産が残るから有利だ」と素朴に信じています。

最後は、バブル期に持ち家を購入し、重い負担に苦しんでいる人たちです。彼らは自分の失敗を認めることができず、ひたすらその正当化に精を出しています。

地価が下落すれば賃料は下がりますが、ローンの負担は変わりません。

変動金利でローンを借りていると、金利の上昇で返済額が増えていきます。

地価が大きく下がっていれば、家を売ってもなお借金が残り、身動きがとれなくなります。

会社をリストラされて返済が滞ると、金融機関が不動産を処分してしまいます。こうなると、あとは自己破産するしかありません。

ローン完済後に手にする不動産は、こうした多くのリスクに対して支払われる報酬（プレミアム）です。しかし、30年も先の不動産にはたしてそれだけの価値があるのか、いったい誰にわかるでしょうか？　マンションの場合、所有者の利害が対立して建替えができなければ、無価値の廃墟になっている可能性すらあります。

そのうえ、含み損が生じていては家を買い替えることができません。これでは、家の広さに合わせて家族形態を決めるという本末転倒なことになってしまいます。もともと住宅ローンでの持ち家の購入は、買い替えを前提とした資産運用法なので、現在のようなデフレ経済では無理が生じるのは当然なのです。

不動産は、保有しているだけでコスト（固定資産税）がかかる特殊な資産です。売買時には、不動産業者に支払う手数料（3％）のほか、不動産取得税や登録免許税、登記費用などもかかります。地価の大幅な上昇を前提にしなければ、不動産投資は、もともと割に合わないものだったのです。

将来のインフレと地価の上昇を予想するなら、持ち家も合理的な選択のひとつでしょう。しかしそれでも、不動産の購入を検討するのは、実際に地価が反転するのを待ってからでも遅くはありません。

ここ数年で大量供給されたマンションはいずれ中古物件として市場に放出され、不動産価格や賃料を押し下げるのは間違いないでしょう。なにも、わざわざ好んで損をする道を選ぶことはありません。

一方、賃貸はこうしたリスクから完全に解放されています。生活水準や家族構成に合わせて、住む家を替えていけばいいからです。田舎に住むことも、海外に居住してみることも自由です。

30年後に、賃貸と持ち家のどちらが得かは、現時点では誰にもわかりません。したがって、家を買うか買わないかは経済的な選択ではなく、「自由」に対する考え方の違いといってもいいでしょう。

持ち家を購入することで仮に何らかの報酬が得られるとしても、それは自由を放棄した代償かもしれないのです（図21のケース３〈Ｐ２０４〉）。

――いま読み返してみても、不動産投資についての12年前の説明にとくに付け加えるところはありません。とはいえこの理屈は、私が資産運用について書いたなかでももっとも理解してもらえないもののひとつです。

再度繰り返しますが、私はマイホームを否定しているわけではありません。マイホーム（不動産）に資産としての特権的な優位性があるわけではない、という当たり前のことを述べているだけです。

不動産については『臆病者のための億万長者入門』（文春新書）のなかで別の角度から論じているので、興味のある方は参考にしてください。

4 生命保険は損をすることに意味がある

生命保険も、不動産（マイホーム）と並んできわめて強い感情的なバイアスがかかっている金融商品です。

生命保険は、原著で述べているように、その本質は「不幸な出来事が起きたときに当せん金が支払われる宝くじ」ですが、保険会社は〝家族への愛情の証〟と宣伝しています。これは、〝不幸の宝くじ〟としての特徴が、「自分が死んだときに家族を守る」という純愛の物語に適しているからです。

その結果、保険はたんなる金融商品であるにもかかわらず、巧みなマーケティングによって特別の地位を確保するのに成功しました。こうして多くの日本人が、必要以上の保険に加入してお金を無駄にしているのです——。

図22｜生命保険の仕組み

	保険料	
死亡保険（定期保険）**医療保険**	**保険金**（宝くじの賞金部分）	**経費**（保険会社に支払う手数料）

○死亡保険・医療保険はシンプルな仕組みなので、各社の商品を一覧すると、経費率の高い割高な保険がどれかすぐにわかる。そのため、ほかの保障を加えたりして、できるだけ複雑にして、他社と比較できないようにしている。

	保険料		
終身保険 個人年金	**保険金**	**経費**	**積立金**（予定利率で運用されるのはこの部分のみ）

○支払った保険料の一部が運用されるだけなので、ほかの金融商品に比べて、運用面では不利になる。

○変額保険では、この積立部分が運用成績によって増減する。一般の終身保険・個人年金は、元本保証の定率運用。

○生命保険会社が公表する「予定利率」は、積立金（運用部分）にのみ適用される。支払った保険料全額が、予定利率で運用されるわけではない。したがって、保険の予定利率とほかの金融商品の利回りを比較しても意味がない。保険料全体に対する実質運用利回りは、保険会社に問合せれば教えてくれる（たぶん）。

住居費と並ぶ人生の大きなコストに、生命保険があります。仮に20歳から60歳までの40年間、月額3万円の保険料を払い続ければ総額約1500万円の支出になり、ワンルームマンション1軒買うのと同じです。しかし多くの人が、この無駄な出費に気づいていません。

保険というのは、宝くじの一種と考えることができます（図22）。

一般の宝くじは、誰が賞金をもらうかを抽せんで決めますが、保険の場合、あらかじめ加入時に決めておいた偶然の出来事が発生したときに、保険金という名の賞金が支払われます。この偶然は、たいていは死や病気、事故などの不幸な出来事ですから、自らすすんで賞金をもらいたがるひとはめったにいません。

生命保険をどう考えるか

もっともシンプルな保険は死亡保険で、加入者が事故や病気で死亡すると、受取人（遺族）に保険金が支払われます。

ひとは必ず死にますから、一定の制限を設けなければ、すべての加入者に賞金を払うことになります。誰もが当せんするのでは賭けが成立しませんから、死亡保険は必然的に、有効期限を決めた定期保険となります（終身保険というのがありますが、これは死亡時に、積立部分が本人に支払われるだけです）。医療保険もこれと同じで、基本的には病気になったときに、入院日数に応じて保険金が支払われます。

死亡保障3000万円の保険に加入し、1カ月分の保険料5000円を払ったところで死亡しても、3000万円の保険金が満額支払われます。保険はこうした大きなメリットを持っている反面、一般の宝くじと同様に、大半の人は外れくじを引きます。そうなると、支払った保険料はすべて無駄になってしまいます。くじが外れれば不幸なことが起きなかった（死ななかった）わけですから、保険とは、損をすることに意味のある商品なのです。

では、ひとはなぜ、損を覚悟で保険に加入するのでしょうか？

それは、自分が死亡した場合、宝くじの賞金以外では、残された家族の生活を支えることができない時期があるからです。たとえば子どものいる若い夫婦で、資産形成がまだ十分でなければ、一家の稼ぎ手である夫の死亡による経済的なリスクが大きく、保険以外に家族の生活を守る手段はありません。

一方、独身や子どものいない夫婦はもちろん、子どもが成人していたり、大きな資産があったり、両親やほかの親族が残された家族の面倒を見てくれる場合などは、死亡保険に加入する必要は生じません。

住宅ローンを組んだひとも、その際に強制的に死亡保険に加入させられるので、それ以上の保障は不要です。本人が死亡するとローンの残債が保険金で相殺されるので、遺族の生活費は持ち家の売却で賄うことができるからです。

保険は損をする可能性が高い商品ですから、最低限の保障さえ確保できれば、それ以上は無駄です。日本人のほとんどは何らかの保険に加入していますが、大半は意味のない保険料を払っているだけです。

有り体にいってしまうならば、生命保険とは、扶養家族の多い低所得者向けの金融商品なのです。

医療保険をどう考えるか

最近は死ぬリスクよりも長生きするリスクが重視されるようになってきたため、死亡保障を減額して、医療保障を厚くする人が増えてきました。

医療保険は、1回につき180日から360日程度の入院日数に対し、日額5000円を基本に保険金が支払われるタイプがほとんどです。当然、給付日数や1日あたりの給付金額で保険料は変わります。年をとるほど病気にかかりやすくなりますから、保険料は保障内容のほか、加入年齢と保険期間によって決まります。生涯保障を売りものにした終身医療保険が人気を集めていますが、保険料はかなり割高になります。

日額5000円として、最大360日の給付を受けても、保険金の総額は180

万円です。日額1万円でも、総額は360万円に過ぎません。医療保険は、死亡保険に比べて保険金は1桁少ないのです。

その理由はもちろん、死亡するよりも病気で入院する確率の方がはるかに高いからです。当せん者が増えれば、1人あたりの当せん金は少なくなります。

医療保険に対する考え方も、基本は死亡保険と同じです。自分も含め、家族の誰かが病気で入院したら経済的に苦しくなる場合にのみ、加入するメリットが生まれます。家計に余裕のある人は、高い保険に加入してもあまり意味はありません。病気になったときの経済的な損失よりも、保険で損をするリスクの方が大きいからです。

世の中には生命保険を資産運用の一種と信じ込んでいる人がいますが、これは完全な誤解です。終身保険にしろ、個人年金にしろ、資産運用系の保険商品は、宝くじ（保険）部分のコストがかかっているだけ、ほかの資産運用手段よりパフォーマンスが落ちるからです。日本の保険会社はバブル期に実現不可能な高利回りを約束して保険の勧誘をしていましたが、その多くが経営破綻して年金支給額は大幅に減額されてしまいました。

最近は、死亡保障や医療保障に個人年金を加えた総合型の保険が大々的に宣伝されていますが、この手の商品を販売する大手生保は経費率が高く、格安生保と比べて商品に競争力がありません。それをごまかすためにわざと商品を複雑にしているので、検討するだけ時間の無駄です。

生命保険のリフォーム

こうした生命保険の特徴を考えれば、そのリフォームの仕方はとてもシンプルです。

ポイントは、ニーズに合わせて安い保険を上手に組合わせていくことです。それだけで、同じ保険料でより多くの保障を手に入れることができます。テレビなどで派手な宣伝をしている保険商品は、広告宣伝費が保険料に上乗せされているので割高になります。

将来、自分と家族に何が起こるのかは予測不可能ですから、すべてのリスクに備えることは誰にもできません。「なんとかなるさ」と楽天的に考えて、保険料は最低限に抑え、余った分を貯金や投資に回した方がずっと合理的です。

現在、もっとも保険料が安いのは、全労済（こくみん共済）、日本生協連（CO・OP共済）、全国生協連（生命共済）などの共済系の生命保険でしょう。これらは毎月1000～5000円程度の定額掛金制で、加入年齢が上がっても掛金（保険料）が変わりません。

それに対して一般の保険商品は、加入年齢に応じて保険料が上昇します。保険会社の主力商品は、終身保険を主契約として、特約で死亡保険や医療保険がついている「定期付終身保険」ですが、この場合、特約は10～15年の定期保険なので、同じ保障を継続して得ようとすれば、更新のたびに保険料が上がってしまいます。こうしたケースでは、予定利率の高い主契約の終身保険は残し、特約部分を解約して共済系の保険に乗り換えることで、保険料を大きく節約できます。

これから新たに保険に加入する場合でも、共済系3社でほとんどのニーズに対応可能です。これらはもともと保険料が安いうえに、決算後の利益を割戻金として保険加入者に還元しているので、割高なうえに契約者配当もない国内大手生保の商品と比較するとコストは半分程度まで下がります。ある経済週刊誌が保険特集をしたときに、大手生保の役員が匿名で共済系の保険に入っていることを告白していましたが、自社の商品に詳しいほど加入する気にならないのも当然です。

経済紙誌は生命保険会社が広告の有力クライアントなので、圧倒的な価格競争力を持つ共済系保険についてはほとんど触れません。そのため認知度がいまひとつ上がらないようなので、ここで紹介しておきます（最近では掛金の安いネット生保も増えてきたので、共済と比較してみてもいいでしょう）。

――保険は「不幸の宝くじ」だという12年前の記述についても、とくに修正すべきところはありません。ここでは、超高齢社会にともなって死亡保険よりもニーズの高くなった医療保険について若干の追加を述べておきます。

ひとつは、日本では正しい意味での医療保険はひとつしかなく、それは日本国の運営する国民健康保険（会社員の場合は健康保険組合が運営を代行）だということです。

病気になって医者にかかると、治療費や薬代に応じて、通常は7割、高齢者は9割の保険金が国保から病院に支払われます。民間保険会社が提供する保険のなかで、このように医療にかかる費用を直接保障するものは（一部の例外を除いて）ありません。

日本の健康保険制度はきわめて手厚く、長期入院や高額医療で治療費がかさんでも、患者の自己負担は一定額に抑えられるようになっています。医療費が１００万円の場合、患者の自己負担は３割の30万円ですが、高額療養費制度によって１カ月あたり約９万円（70歳以上は毎月４万４０００円）が自己負担の上限です。アメリカでは医療費による自己破産が社会問題になっていますが、日本では保険対象外の先進医療でもないかぎり病院への支払いを心配する必要はないのです。

このように考えると、日本の医療保険の本質は「所得補償保険」だということがわかります。

病気やケガで長期入院を余儀なくされれば、自営業者はたちまち仕事を失ってしまいますし、サラリーマンも会社がその間の給与を補償してくれなければ収入が途絶えて家族が路頭に迷ってしまいます。医療保険とは、所得の減少というリスクに備える保険なのです。

このことから、次のふたつの原則が導かれます。

❶年金受給者になったら医療保険は必要ない

働いているひとは病気やケガで収入を失うリスクを抱えていますが、年金は健康状態にかかわらず毎月定額が支払われるのですから、年金で所得が補償されている以上、医療保険でさらに所得補償するのは無駄です。

❷保険金はできるだけ受け取りにくくする

1カ月の生活費が30万円とすれば、100万円の貯金があれば3カ月は無収入でも生きていくことができます。

このようなひとにとっても、もっとも経済合理的な医療保険とは、入院後3カ月たってから無制限に保険金が支払われる商品です。これなら長期入院で貯金が底をついても収入が途絶えることはありません。

3カ月以上の長期入院をする確率はきわめて低いので、ほとんどの場合保険料は払い損になるでしょうが、その分保険料は安くすみます。これで〝万が一〟のときの心配がなくなるのだから、これこそが保険に期待される役割でしょう。

ところが日本の医療保険は入院直後（場合によっては初日）から保険金の支給が始まり、90日程度で支給が終わってしまうものもあります。本来必要とされる商品とはまったく逆なのです。

しかしこれを、保険会社の怠慢と責めるのは筋違いです。

このような不合理なことが起こるのは、保険加入者が〝掛け捨て〟を損だと嫌うからです。保険会社は「売れる商品」がなければつぶれてしまいますから、保険料を高くするかわりに無意味に支給を早めたりして、なんとか「お得感」を出そうとします。

このようにして、医療保険はどんどん理想から離れていくのです。

5 見えない「貧困化」が拡がっている

『黄金の羽根』を書いた理由のひとつは、日本がこれから「格差社会」になっていくだろうと考えたからです。その後、派遣社員やニートが話題となりますが、問題の核心はごくふつうのサラリーマン、すなわち〝中流〟の没落にあります。

このままでは、〝サラリーマン〟は社会の底辺に落ちていくのではないだろうか。描写は2002年当時のままで若干古くなりますが、そんな問題意識で、日本のなかの「見えない貧困」について書いた部分を再掲します――。

昼時のオフィス街を歩くと、マクドナルドや吉野家、立ち食いそば屋にサラリーマンの行列ができているのに気がつきます。その列は、最近になってますます長くなりました。消費者の低価格志向は根強く、マクドナルドは値上げに失敗して、売上の回復を59円バーガーに託さざるを得なくなりました。

1日の生活費が1ドル（100円）以下のひとびとを「貧困」と呼びますが、1回の食事を100円以下ですますのも十分に「貧困層」でしょう。日本には、持ち家に住み、スーツを着て働き、子どもを私立学校に通わせる「見えない貧困層」が誕生しています。しかしほとんどのひとが、この大きな社会の変化を見落としています。

ごくふつうのサラリーマンが貧困化するのは、家計のキャッシュフローが破綻の危機に瀕しているためです。

年収600万円のサラリーマンの場合、税・社会保険料を除いた可処分所得は450万円程度です。そこから住宅ローン（約150万円）、生命保険（約30万円）、子どもの学費・教育費（約150万円）を引けば、残りはわずか120万円。親子3人で暮らすには、最低限の水準です。

中学から大学まで子どもを私立に通わせると、1人1500万円程度の費用がかかります。子どもを下宿させると、さらに年間100万円程度の仕送りが必要になりますから、この場合の総コストは2000万円に達します。子ども2人なら計4

000万円です。

教育産業は人件費のかたまりであり、世界一人件費の高い日本では、当然、教育コストが高騰します。地方ではまだ公教育に任せることもできるでしょうが、東京・大阪などの大都市圏では公教育は崩壊し、自分の子どもをいじめや校内暴力、麻薬や売春から遠ざけるには、私立に通わせるしかないと悩む親がたくさんいます。

子どものいる家庭は、私立中学から大学卒業に至る10年間で、1人あたりマンション1戸分の教育費がかかります。しかしほとんどのひとはこのことに気づかず、急激な家計の逼迫《ひっぱく》に苦しむことになります。これが、サラリーマンが「貧困化」する最大の理由です。

日本人の9割が中流を自任していた幸福な時代は終わり、現在では、18歳以下の子どものいる家庭の60%が、家計が苦しいと感じています。

一般には、人生の大きな買い物は不動産であり、次は保険だといわれています。しかし、それに匹敵する子育てのコストの存在は、当事者以外にはあまり関心を集めることがありません。

子育てを「コスト」と見なす考え方に抵抗を覚えるひともいるでしょう。しかし現実に、子どものいる家庭といない家庭とでは、生活水準に大きな格差が生じています。「子どもをつくらない方が得だ」とあからさまにいうことができないので、誰もがその現実を見て見ぬ振りをしているだけです。

子育てコストの増大は必然的に少子化を招き、先進諸国ではどこも大きな問題になっています。子どもに十分な教育を受けさせようとすれば、養育可能な子どもの数は最大2人で、これでは合計特殊出生率が2を下回るのを防ぐことができないからです。そのためにさまざまな政策努力が行なわれていますが、ほとんど効果をあげていません。

限られた収入のなかで、人はすべての望みをかなえることはできません。子どもを育て、十分な教育を受けさせたければ、ほかのものをあきらめるしかありません。

この単純な理由から、世間一般の通念に反して、「子どものいる家庭はマイホームをあきらめるべきだ」という結論が導かれます。住宅ローンを組む際に、それまで蓄えたキャッシュを頭金として吐き出さなくてはなりません。現金がない状態で子どもに多額の教育費がかかるようになると、資金繰りがつかず、家計は簡単に破綻してしまうからです。

図23｜サラリーマンの生涯年収

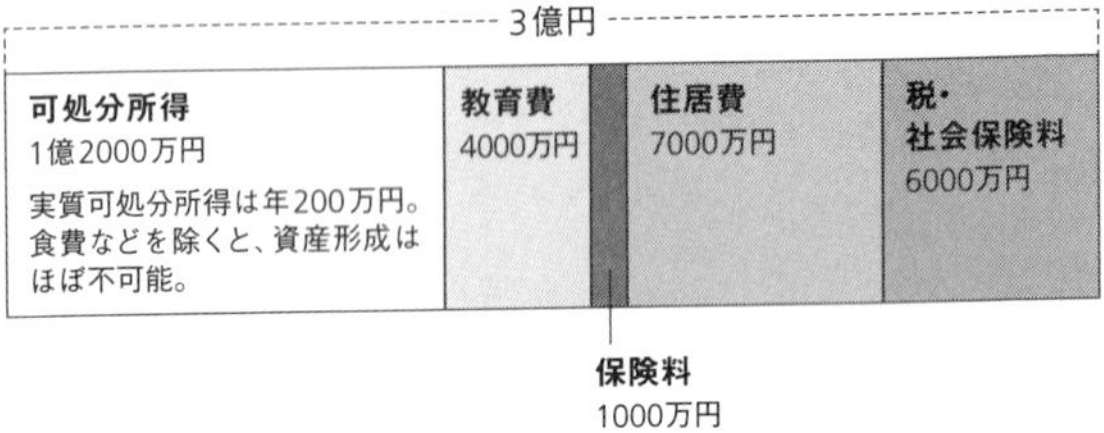

一般に、サラリーマンの生涯年収は3億〜4億円といわれています。生涯年収を3億円として、このうちの2割＝6000万円は税金と年金・健康保険などの社会保険料で天引きされ、手取りは2億4000万円。ここから住宅関連支出（7000万円）と各種保険料（1000万円）を引くと1億6000万円。そのうえ子ども2人を育てると4000万円の教育費がかかり、残りは1億2000万円です（図23）。老後の資金として3000万円程度の貯蓄が必要だとすると、実質可処分所得は、残金の9000万円をサラリーマン人生40年で割った年200万円程度にしかなりません。子どもが増えれば、盆暮れに家族で帰省しただけで家計の余裕はなくなり、赤提灯で一杯やる小遣いにも窮するようになります。こうして、見えない「貧困化」が徐々に進行していきます。

家を買い、保険に入り、子どもを育て、税金を払っていては、いつまでたっても資産などつくれるはずはありません。私たちは、「人生のなかの大きな買い物」の意味を真剣に考えなくてはならないのです。

しかし、いたずらに悲観する必要はありません。「経済的独立」というゴールを目指すために、まだまだ工夫の余地はいくらでもあるからです。

――原著で予想したように、その後、中流の崩壊と格差の拡大は大きな問題になりますが、これが日本だけでなく世界的な潮流であることは、2016年に、EUからの離脱を決めたイギリスの国民投票と、稀代のポピュリストであるドナルド・トランプを選出したアメリカの大統領選によって明らかになりました。中流層が崩壊する理由は、グローバル化によって新興国の労働者と仕事を奪い合うようになったことと、テクノロジーの急速な進歩によって単純労働が機械（ロボットやAI）に置き換えられているからです。この流れは今後、ますます激しくなることはあれ、弱まることはないでしょう。

ここで述べた教育費のコストについては、民主党政権で始められた高校授業料無償化によって若干の変化がありました。東京など都市部の親が無理をして子どもを私立中学・高校に入れようとしたのは、大学受験のためというよりも、公立中学・高校の学級崩壊が大きな社会問題になったからです。ところがその後、公立学校が中高一貫教育を導入するなど改革を進めたことと、高校授業料無償化によって、これまで私立に流れていた優秀な子どもたちが公立に戻ってきました。おそらくはこれが理由となって、最近では「学級崩壊」が話題になることはなくなりました。

高校の教育コストが軽減されたことで現在は、幼児教育・保育の無償化と、大学など高等教育への税の投入が議論されています。

PART2
人生を最適設計する
マイクロ法人の知識

6 国家に惜しみなく奪われるひとびと

原著では「惜しみなく奪われるひとびと」として、サラリーマンが国家からの収奪の対象となっている現実を指摘しました。日本の年金や健康保険が制度として持続不可能なことを詳しく説明したのですが、いまではこのことは国民の常識になっています（財政や社会保障の専門家による解説書もたくさん出ています）。

そこでここでは煩瑣な社会保険制度の解説は割愛し、サラリーマンがなぜ「惜しみなく奪われる」のか、その骨子を述べるにとどめます――。

国家が国民から平等に税を徴収し、それを公平に再分配するならば、どこにも問題はありません。仮に年金や健康保険制度が破綻の危機に瀕することがあったとしても、国民の合意のもとに受益と負担の割合を再調整すればいいからです。

これが理想的な国家の姿ですが、実際にはそのようなユートピアはどこにも存在しません。なぜなら、福祉制度には国民一人ひとりの利害と欲望が複雑に絡み合っているからです。それをなんとか調整し、できるだけ文句が少なくなるように運営しようと四苦八苦するのが民主国家の宿命です。

かつては手厚い年金や医療保障を約束された大企業のサラリーマンが、自営業者に比べて圧倒的に有利だとされていました。いまでも一部の優良企業は、豪華な社宅や高水準の福利厚生サービスを維持しています。しかし両者の関係は、バブル崩壊後の10年を経て、ほぼ完全に逆転してしまいました。

戦後日本の社会福祉は、国が負うべき責任の一部を企業に委託してきました。企業は公的年金や健康保険制度の一翼を担うことで税制上の優遇措置を手に入れ、自由に運用できる資金を使って全国に福利厚生施設をつくり、従業員に利益を還元しました。同時に厚生官僚は多数の天下りポストを確保できますから、両者の利害は一致し、手に手を取り合ってこの日本的福祉システムをつくりあげていったのです。

経済が順調に成長し、少子高齢化の問題が顕在化しないかぎり、この仕組みは有効に働き、国も、企業も、従業員も、さらには厚生官僚も、誰もが利益を享受できました。日本のサラリーマンが会社への帰属意識が強いのも、国と企業が一体となって豊かな老後を約束してくれていたからです。

しかし、世界に類を見ないこの社会福祉システムはいまや完全に崩壊し、際限のない後始末を企業とその従業員に負わせています。

国民年金と厚生年金

日本の社会保障制度が構造的に破綻せざるを得ないとしたら、そのなかでサラリーマンの運命はどのようになるのでしょうか。ここでは、自営業者など会社に属さないひとたちの国民年金と、サラリーマンの加入する厚生年金を取り上げて、国家による「差別」の実態を見ていきましょう。

国民年金の加入者は、所得にかかわらず60歳まで定額を積立て、65歳から定額の年金を受け取ることになります。こうしたシンプルな仕組みのため、国民年金は電卓を叩くだけで損得を計算できます。

国民年金の保険料は2018年4月に月額1万6900円まで引き上げられ、それ以降は固定されることになっています。年額約20万円ですから、それを20歳から

40年間掛け続けると総支払額は約８００万円です。

それに対して満額支給額は77万８５００円（２０１4年度）で、日本人の平均寿命から総受給額を計算すると男性で約１１４２万円（14年8カ月分）、女性は１６６７万円（21年5カ月分）になります。現在の制度がこのまま継続するならば、男性は払った掛金の１・４倍、女性は２・１倍が戻ってくる計算です。

これを利回りに換算すると、国民年金は男性で年利１・４８％、女性で年利２・４４％に相当します。それに加えて保険料が全額所得から控除でき、年金の受取りにも各種の控除があり、障害年金や遺族年金も付加されているのですから、現在の低金利を基準にすればかなり有利な金融商品であることは間違いありません。

国民年金が有利なのは、自営業者の政治力が強いからだと思うかもしれません。確かにそういう面もあるでしょうが、それだけならまだ救いがあります。多数派であるサラリーマンが政治的権利を行使し、自営業者に正当な負担を課せばいいからです。

しかし、現実にはそのようなことはできません。彼らに重い負担を課したとたん、制度は根底から崩壊してしまうのです。

民主党政権時代に公的年金の支給開始年齢を70歳まで引き上げることが検討課題にあげられましたが、そうなると国民年金の総受給額は男性で約735万円になって、掛金の総額（約800万円）より少なくなってしまいます。これではタンス預金した方がずっとマシで、国民年金の正当性を説明するのは困難でしょう。

公的年金への加入は国民の義務ですが、国民年金の場合、加入手続きも保険料の納付も個人の自主性に任されています。罰則はないも同然ですから、制度に魅力がなくなれば、未加入者や未納者が激増するのは目に見えています。現在でも国民年金加入資格者約1900万人のうち、4割にあたる約800万人が保険料を全額免除されているか、自らの意思で保険料を納めていません。その数がさらに増えるようなことになれば、制度は音を立てて崩れ落ちてしまうでしょう。崩壊を防ごうとするなら、サラリーマンと自営業者のあいだの大きな格差を承知していても、国民年金加入者に負担増を求めることはできないのです。

ここに、公的年金をめぐる大きな皮肉があります。

公的年金制度でもっとも得をしているのは、崩壊しかけた国民年金に加入し、毎月きちんと保険料を納めている人たちです。

膨大な数の保険料未納者が存在するおかげで、彼らの受給率（掛金の運用利回り）は、厚生年金に加入するサラリーマンよりはるかに高くなっているのです。

ところで、国民年金が加入者に得な仕組みになっているとしたら、年金財政の赤字は誰が補塡しているのでしょうか。

日本の保険制度はふたつしかないのだから、国民年金のツケは厚生年金に回すしかないことは誰でもわかります。

厚生年金はサラリーマンに対する強制加入で保険料は給料から天引きされますから、ぼったくるのにこれほど都合のいい仕組みはありません。とはいえ、いくら温厚なサラリーマンでも払った掛金が返ってこないとわかれば怒り出すでしょう。

ところが厚労省は、「将来世代でも厚生年金は2・1倍もらえる」と主張しています。それを信じれば、厚生年金も得になって「年金問題」は消失してしまいます。

トリックは、厚生年金の保険料の半額が会社負担になっていることにあります。厚労省はそれを利用して、サラリーマン個人が負担する半額の保険料を基準にすることで、厚生年金の利回りを2倍にかさあげしているのです。

厚労省のこの詐術は、当の政府によって暴露されています。内閣府が会社負担分を加えた総保険料で厚生年金の利回りを試算していますが、それによれば（2014年時点で）54歳以下のサラリーマンでマイナスになっています。厚生年金は、男性に限れば現役世代のほぼ全員が払い損なのです。

日本では消費税を3％上げるのにも大騒ぎしていますが、厚労省にとって都合のいいことに、年金保険料の料率改定に国会の議決は必要ありません。これは払った保険料がいずれ本人に返ってくるとされているからですが、現実には、サラリーマンが納めた保険料の半分は国民年金の赤字の穴埋めに流用され、消えていくのです。

国民健康保険と組合健康保険

こうした理不尽な構図は、健康保険制度でも同じです。

動物であるヒトは、高齢になれば病気にかかりやすくなり、長生きすればするほど医療費がかさみます。社会の高齢化と医療技術の進歩によって、医療費の総額は急速に膨らんでいます。

国の医療費負担はこの30年あまり、毎年1兆円ずつ増えており、現在（2014年）は40兆円に迫ろうとしています。この巨額の医療費支出を支えているのは現役世代ですが、その負担は年々重くなるばかりです。

国営医療保険は大きく、自営業者が加入する国民健康保険（国保）、大手企業や業界団体が設立した組合健康保険（組合健保）、健保組合を独自で持てない中小企業のための全国健康保険協会（協会けんぽ）の3つに分かれます。

国保は自営業者などが加入するもので、申告所得に応じて保険料を支払い、医療費の7割が公費負担（本人3割負担）です。組合健保（＋協会けんぽ）は保険料の半額が会社負担で、給与（標準報酬月額）に対して決められた料率の保険料を支払います。

97年6月以前は、サラリーマンの加入する組合健保は、自営業者の国保より保険料が高いものの、保険金の給付も恵まれていました。国保の加入者が3割負担なのに対して、組合健保は本人が1割、家族が2割負担で、そのうえ世帯主の保険料で扶養家族全員の保険がカバーできたからです。

ところが97年の健康保険法改正で組合健保の医療費負担が本人2割、家族3割になり、さらに2003年4月の改正で本人・家族ともに一律3割負担になるに及んで、国保と組合健保の給付面での違いはなくなってしまいました（扶養家族の保険料免除は維持）。

なぜこのように、サラリーマンの加入する組合健保だけが一方的に改悪されていくのでしょうか。これも、年金制度と構図は同じです。

組合健保の保険料率は、法定上限以下であれば各組合が自由に決めていいことになっており、企業の負担割合を50％以上にすることも可能です。こうして高度成長期に大手企業が競って健保組合を設立し、利益を従業員に還元してきました。

企業や業界団体にとって、健保組合設立の最大のメリットは組合員から集めた保険料を自ら運用できることでした。かつては保険金を支払っても毎年かなりの額の資金が余ったので、それを原資に保養所をつくったり、スポーツ施設の会員権を取得したり、社員旅行を企画したりできたのです。無論、全国の健保組合には旧厚生省のOBが指定席のように天下りました。

しかし、幸福な時代は長くは続きません。

企業が運営するとはいえ組合健保も公的保険の一部ですから、組合員の医療費を負担するほかに、公的医療保険の一部、とりわけ高齢者の医療費を分担する義務を負っています。日本の医療費は高齢化によって急速に膨らんでいますが、自営業者の加入する国保の保険料を大幅に引き上げることは政治的に困難です。そこで厚労省が目をつけたのが潤沢な資金のある大企業の健保組合で、次々と法律を改正して後期高齢者支援金、前期高齢者納付金として収奪できるようにしたのです。

その結果、健保組合のなかには支援金・納付金が組合員の医療費を超えるところが出てきました。国民医療費のうち約3割（13兆円）が高齢者の医療費で、そのうちの7割（9兆円）は健保組合からの拠出で賄われています。これでは、いったい誰のために組合を運営しているのかわかりません。

健保組合の負担があまりに重くなったことで、厚労省は老人医療費に対する公費をこれまでの3割から5割に引き上げました。しかしこれからも高齢者は増え続けるのですからこの程度の改革は焼け石に水で、制度が危機に陥るたびにサラリーマンにツケが回る構図は今後も変わらないでしょう（もちろん、こうした仕組みは介護保険も同じです）。

これが、私たちが暮らす日本という社会の現実なのです。

サラリーマンの実質税負担

原著のなかで反響が大きかったもののひとつが、サラリーマンの実質税負担の計算です。

日本では、自分が払っている税金の額を知っているサラリーマンはごく少数です。給与明細に記録されているにもかかわらず、厚生年金や健康保険など、社会保険料を含めた納付額を把握しているひととなると、ほとんどいないのが現状でしょう。それに対して自営業者は、自分が納める税額や保険料を正確に記憶しています。なぜでしょうか？

その理由は簡単です。

日本の場合、会社が税務署の出先機関になっているため、サラリーマンは、給与からの源泉徴収と年末調整によって、問答無用で税金や社会保険料を取られてしまいます。自分が払った税額や社会保険料を知ったとしてもなす術はなく、不愉快な思いをするだけですから、そんなものには興味を持たないのが合理的な選択です。

大多数のサラリーマンは、手取りの給与で一喜一憂するのです。

それに対して自営業者は、収入や支出を自分で決めることによって、自らの意思で納税額や社会保険料納付額を決めることができます。国民年金は定額ですが、国民健康保険料は所得に比例しますから、できるだけ税金を減らそうと知恵を絞るわけです。こうしたことに興味を持たない自営業者がいたとしたら、そのひとはたぶん事業には向いていません。

日本の徴税機関はひとも予算も限られているので、所得税の安定的な確保のためには、徴税の容易なサラリーマンに頼らざるを得ません。その結果、サラリーマンの負担は過酷になっていきます。

最近よく、「日本の所得税は国際的に見ても高くない」とか、「年収380万円以下のサラリーマンは所得税を納めていない」などといわれますが、これらはすべて税負担の重さを隠すための詐術の類です。

政府は税金と社会保険料を別のものとして扱っています。サラリーマンの負担する社会保険には厚生年金、組合健康保険（あるいは協会けんぽ）、介護保険がありますが、これまで述べてきたように企業が徴収した保険料は国民年金や老人医療費の赤字の穴埋めに流用されているのですから、管轄が厚生労働省になっているというだけで、その実態は税金となんの変わりもありません。

年金や健康保険は現役世代が引退世代を支える仕組みですから、公共事業などと同じく所得の再分配に過ぎません。そのため社会保険料ではなく、「社会保険税」という言い方をする専門家もいます。税金と社会保険料が同じものだとすれば、税コストは合算して考えなくてはなりません。

それでは、所得税・住民税・社会保険料に、会社負担分の社会保険料を加えたサラリーマンの実質税負担はどのくらいになるでしょうか？　年収６００万円（月収約35万円、ボーナス５カ月）、介護保険料の負担が必要な40歳以上で、専業主婦に子ども２人の家庭で試算してみましょう。

表Ｄのように、給与所得控除や各種の控除、社会保険料などを差し引くと年収約６００万円の課税所得は１９０万円弱になり、所得税は税率５％で９万４０００円、住民税の税率は一律10％で18万８０００円、納税額は計28万２０００円で、６００万円の年収に対する実質税率は４・７％です。これを見ると、確かに「日本の税金は高くない」といえそうです。

原著（2002年）と現在（2014年）を比較しても、所得税の最高税率が37%（課税所得1800万円超）から45%（同4000万円超）に引き上げられたものの、ふつうのサラリーマンにとっては税率や所得控除などに大きな変化はありません。それだけ「税金」が政治的に微妙な問題だということでしょう。

表D｜年収600万円のサラリーマンの実質税負担

年収	**¥6,000,000**
給与所得控除	¥1,740,000
その他の所得控除	¥1,520,000
社会保険料	¥864,300
課税所得	¥1,880,800
納税額計	¥282,000
所得税	¥94,000
個人住民税	¥188,000
実質税負担	¥1,146,300
実質年収	¥4,853,700
実質税負担率	19.1%

表E｜会社負担の社会保険料を加えたサラリーマンの実質税負担

年収	**¥6,864,300**
実質社会保険料	¥1,728,600
課税所得	¥1,880,800
納税額計	¥282,000
実質税負担	¥2,010,600
実質税負担率	29.29%

ところが、社会保険料を含めた実質税負担を見ると景色は大きく変わります。2014年には厚生年金の保険料率は2004年時点で13・934％だったのが、2014年には17・12％へと23％も増えています。この保険料率は今後も上がり続け、2017年9月から18・3％となり、2004年と比べて負担は3割以上も重くなりました。

健康保険料を協会けんぽの保険料率（東京都）で試算すると、健康保険のみで9・97％、介護保険料込みで11・69％です（介護保険料1・72％）。2002年には健康保険8・2％、介護保険0・8％でしたから、健康保険料が2割増、介護保険料にいたっては倍以上に引き上げられたことになります。

ここから試算すると、年収約600万円のサラリーマンが支払う社会保険料はぜんぶで172万8600円になります。保険料の本人負担はこの2分の1ですから、厚生年金51万3600円、健康保険29万9100円、介護保険5万1600円を合わせて、総額86万4300円が給与から天引きされることになります。

この社会保険料を所得税・住民税に加えると実質税負担は約115万円、600万円の年収に対する実質税負担率は約2割（19・1％）になります。

このように、大半のサラリーマンにとって家計を圧迫するのは税金ではなく社会保険料です。年収600万円のこのケースでも、所得税・住民税に対して、社会保険料の負担は3倍にもなるのです。

給与の手取り額が少なくなっていると思うようになったら、その原因はここにあります。

しかし、話はこれだけでは終わりません。

先に述べたように、社会保険料の会社負担は人件費の一部なので、本来であればこれもサラリーマン個人の負担に算入しなければなりません。

あなたが毎月10万円の社会保険料を納めなくてはならないとすると、労使折半の原則に従って、半額の5万円は会社が支払ってくれます。これだけを取り上げて「社員になれば保険料の半分は会社持ちだから得だ」と考える人がいますが、これは大きな勘違いです。会社が支払う5万円は人件費の一部で、社会保険料の支払いがなければあなたがもらえるはずのお金だからです（社長がポケットマネーから出してくれるのではありません）。

そこで次に、社会保険料を満額の172万8600円、実質年収を（会社負担分の社会保険料を加えた）686万4300円として税負担率を試算してみましょう。

これが表E（P249）ですが、こちらは実質税負担が約201万円、実質税負担率は29・29％と大幅に上がっています。

このように、サラリーマンは実質収入の3割を税と社会保険料で支払っています。社会保険料の半額を会社負担にするというのは、この〝不都合な真実〟を知らせないためのトリックなのです。

社会保険制度の破綻を避けようとすれば、日本国は問答無用で給与から天引きできるサラリーマンから保険料を徴収するしかないのですから、公的年金や健康保険の財政が悪化すればするほど、構造的にサラリーマンは搾取されていきます。

これを制度的に解決する方法がないわけではありません。

ひとつは、公的年金も健康保険制度もやめてしまうことです。老後の保障はすべて国民一人ひとりの自己責任に任せ、国は税制上の優遇策だけを用意し、誰もが努力した分だけを受け取るようにすればすべての不平等は解消します。

この方法があまりに過激なら、平均寿命を超えた人にだけ年金を支給することも考えられます。寿命は本人の自由にならず、長生きするリスクは誰もが平等に抱えているわけですから、そのために税金が使われるなら文句はないはずです。平均寿命はあらかじめわかっているわけですから、そこまでは自己責任で貯蓄することを求め、年金の支給年齢を男性80歳以上、女性85歳以上にします。これなら国の負担は大きく減額され、高齢化が進んでも公的年金制度が破綻する心配はありません。

しかし、こうしたラディカルな解決策は政治的に不可能でしょう。それによって既得権を奪われる人たちがあまりに多いからです。

年金や健康保険を税とは別に徴収するのをやめて、すべてを消費税（福祉目的税）で賄うのならまだ現実的です。消費税には低所得者層ほど負担が大きくなる「逆進性」があると批判されますが、それでも現在の、サラリーマンと自営業者とのあいだの極端な格差（というよりも職業差別）を放置しておくよりずっとマシです。

しかし、社会保険制度の抜本改革は厚労省の官僚とその利権に群がる政治家たちの頑強な反対でことごとくつぶされてきました。莫大な保険料が財務省の管理下に置かれることを絶対に認めないからです。

こうして、制度の歪みは年金や健康保険が破綻するまで続くことになるのです。

サラリーマンはほとんど自覚していませんが、実質税負担率3割というのは衝撃的な数字です。

このように考えてみてください。

一般のサラリーマンが生涯で得る収入の総額は3億〜4億円といわれています。このうち3割が税・社会保険料ならば、あなたが生涯で納める実質税負担はおよそ1億円です。

これが、日本人の人生設計を考えるうえでの問題の核心です。

この重すぎる負担から逃れるためには、どうすればいいのでしょうか。

7 「個人」と「法人」、ふたつの人格を使いこなす

歪んだ制度の下で生きることを余儀なくされている私たちにとって、国家の負の側（ダークサイド）を歩まず、合理的に人生を設計する方法はふたつあります。

❶合法的な範囲で、できるだけ税金を払わない
❷合法的な範囲で、できるだけ多く再分配を受ける

もちろん、こうした考え方に対して不道徳だと憤るひともいるでしょう。その場合は、真に平等な社会を実現するための改革運動に身を投じるという別の選択肢があります。どちらを選ぶかは、個人の自由です。

国家は国民に対して公共サービスを提供します。道路などの交通網、電気・ガス・水道などのライフライン、警察・消防・軍隊などの安全保障といった社会インフラは、国民すべてが受益者になりますから、広く負担を募って、サービスの提供を国家に委託（アウトソーシング）した方が効率的だからです。

国民は、税金のかたちで資金を拠出します。これを公共サービスとして再分配するには人手もお金もかかるので、国家は多額の手数料を徴収しています。国家の規模が大きくなるにつれて行政機構は肥大化し、公務員の数は増えていきます。

現業部門を除き、公務員はただ、この再分配システムを維持・拡大させるのが仕事ですから、彼ら自身はなんの価値も創造しません。それればかりか、自分たちの目的は国民の「幸福」を増大させることで、その目的を達成するためならいくらお金を注ぎ込んでもいいと心の底から信じています。こうして、国家に寄生する公務員が増えると、その分だけ国民の富は減少します。

民主政国家では、富の再分配は、国民から負託された政治家によって決められます。政治家は地元の有権者の投票によって選ばれますから、彼らの喜ぶ行動をとらなければ選挙には勝てません。世界情勢や国家の行く末よりも、ほとんどの人は自分の生活が大事ですから、金（仕事）を持ってきてくれる政治家に投票します。こうして政治は、再分配の争奪戦になります。

政治学では、これを「デモクラシーのコスト」と呼びます。民主政は恐ろしく非効率的なシステムですが、それでも〝効率的〟な独裁国家よりはマシだと考えるのです。

私たちが真面目に税金を払っても、その大半は無駄に使われていくだけです。なぜなら、民主政国家はそうした無駄を前提に機能しているからです。それを効率化しようと思うなら、独裁者に国を任せるしかありません。

「政治の危機」とは、国民の多くが、デモクラシーの持つこの本質的な矛盾に気づき、政治への関心を失っていくことをいいます。欧米はとくに深刻で、先進国のなかでは国政選挙における日本の投票率はまだ高い方です。

国家にはその構造上、予算を節約するという機能が内蔵されていません。国民から徴収した税金は、１円残らず、彼らが信じるところの「幸福」の増大のために使わなければならないからです。それで足りなければ、借金してまで自らの「義務」を遂行しようとします。

それを政治の力で止めようとするのは、そもそも無理があります。デモクラシーは多数者の利益の実現を目指す政治制度で、国民の多数が国家に、より多くの分配を求めているからです。その国民の欲望を追い風に、公共システムは肥大化していきます。

国家の税収が減れば、この〝幸福の増大システム〟は維持不可能になります。官僚は予算の範囲内でしか権限を持てませんから、必然的にシステムは「改革」を迫られます。税収減は、制度の効率化をもたらすのです。

ここに、私たちが「税」について真剣に考えるべき理由があります。

税金は所得課税・消費課税・資産課税に大別されます。

税法上の「所得」というのは、収入から、その収入を得るために必要な支出（必要経費）を引いたものです。収入は正確に計算できますが、必要経費の定義は曖昧です。

誰もがより多くの収入を得たいと望みますが、より多く税金を払いたいという人はまずいないので、放っておくと必要経費が過大になります。そのためサラリーマンに対しては、給与所得控除として、収入（給与総額）に対する必要経費の額が一律に決められています。

収入（給与）と必要経費（給与所得控除）が確定すれば自動的に税額が計算できますから、税務当局は自らの手を煩わせることなく、会社に徴税実務を無報酬で担わせることができます。これが年末調整で、世界にはほとんど見られない日本独特の仕組みです。

ところが自営業者の場合、こうした便利な仕組みは存在しませんから、収入と必要経費を自分で計算し、税務署に申告納税することになります（図24）。収入を実際よりも過少に、必要経費を実際よりも過大に申告することで、納税額を減らそうとするひとが（ものすごくたくさん）出てくるのは当然なのです。これが「節税」ないしは「脱税」と呼ばれるものですが、税務署はそれをチェックするために膨大な申告書を一枚一枚調べなくてはならず、ここに大きな徴税コストが発生します。

こうした申告納税では、裁量の余地が大きいため、同じ収入のひとでも納税額にかなりの差がつきます。上手に立ち回るひとはほとんど税金を払いませんし、馬鹿正直な人はサラリーマンより多額の税金を納めることになります。

この構造的な税の歪みを解決するためには、国民総背番号制を導入して、すべての所得をガラス張りにする必要があるとされています。しかしこれは、国民のプライバシーを国家に明け渡すことにつながりますから、あまり健全な方法とはいえません。それなら、税収の大半を消費税で賄うことにした方がずっとシンプルでしょう（国民総背番号制はマイナンバーとして2016年から実施されることになりました。これについては後述します）。

しかし、その消費税にも問題がないわけではありません。

ひとは、所得がなければ消費できません。同様に、所得がなければ資産を持つこともできません。ということは、（個人に対する）消費課税や資産課税は、所得に課税されたあとの二次課税になります。相続税は、所得税を支払い、消費や資産運用をしたあとの、死亡時に残った財産への課税ですから三次課税です（図25）。累進税率による所得課税自体が不平等なのに、同じお金に二度も三度も課税するのでは税の公平性はさらに歪んでしまいます。

消費税率が高ければ、ひとは正規の買い物より裏取引を好むようになるでしょう。

図24｜サラリーマンと自営業者の納税方法

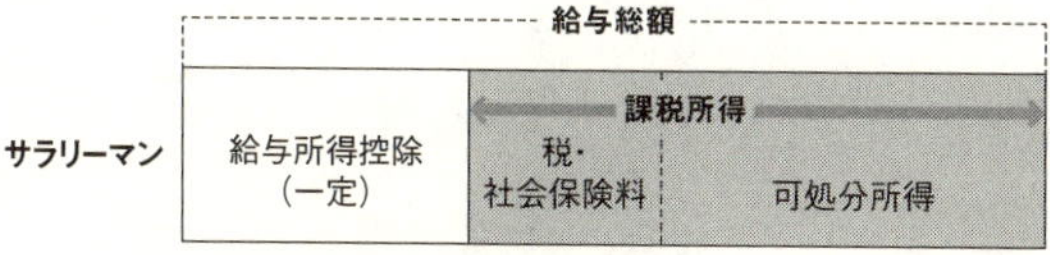

給与から一定の給与所得控除がなされ、
自動的に税・社会保険料の額が決定する。

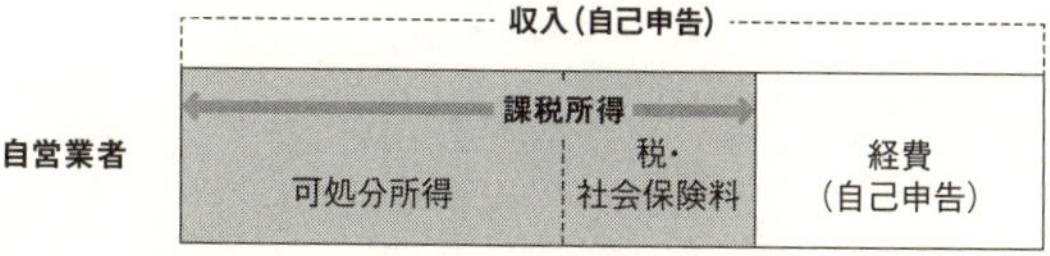

自営業者は収入と経費を自己申告し、
それに基づいて税・社会保険料の額が決まる。

図25｜課税方式

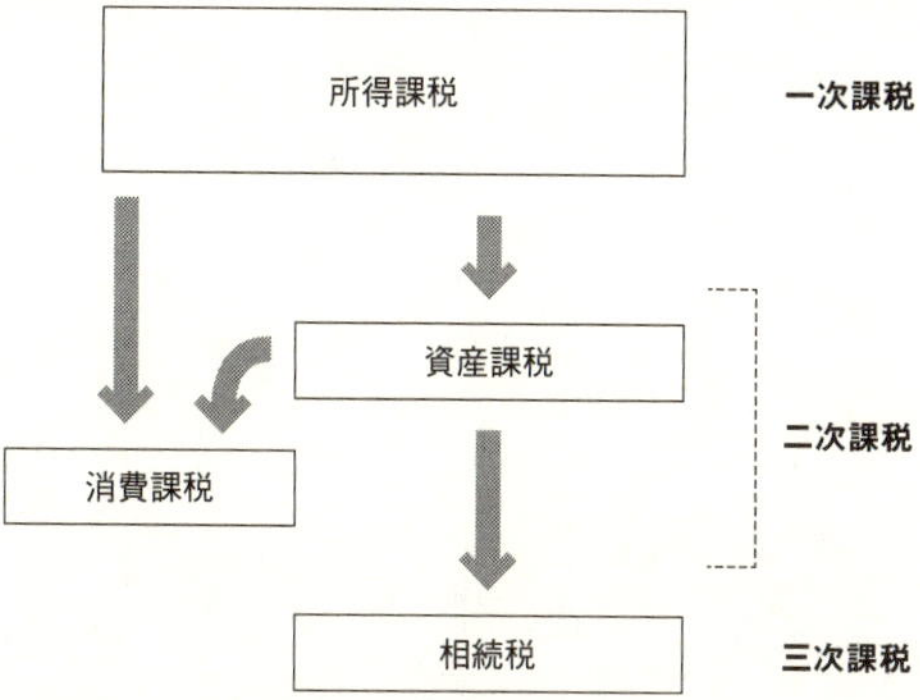

資産保有に高い税金をかければ、税金のかからない海外の金融機関にお金を移そうとするかもしれません。相続税率が高いからと、海外に移住したり日本国籍を捨てる富裕層まで現われました。このように、過酷な税金はひとびとの行動を歪めてしまうのです。

税制の歪みは、「法人」の存在によってさらに増幅されます。

法人とは、多数のひとが集まって会社や組合のような組織をつくる際に、その組織に法的実体を与え、便宜上「ひと」として扱うことにしたものです。ところが、国家が個人ばかりでなく、架空の存在に過ぎない法人の所得にも課税しようとしたことから数々の厄介な問題が引き起こされました。

個人の消費は、所得税を払ったあとの税引き後利益が原資になります。それに対して法人の消費は税引き前の収入で行なわれ、そのあとに残った利益に対して法人税が課せられます。

仮に、個人と法人の所得税率を同じ30%とし、100万円の所得に対して50万円を消費したケースを考えてみましょう（図26）。

図26｜個人と法人の消費

同じ100万円の所得があり、50万円の消費をした場合でも、
個人と法人では残額が異なる。

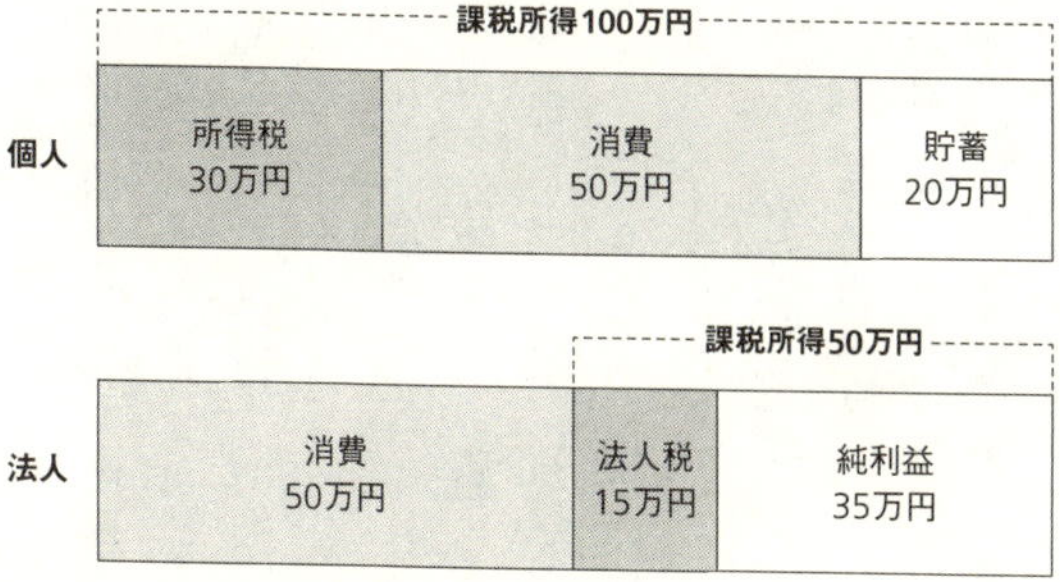

個人は、１００万円の所得にまず30％の所得税が課せられますから、税引き後利益は70万円。そこから50万円の消費を行なって、残額は20万円です（１００万円×０・７－50万円）。

法人は、１００万円の売上から50万円の消費を行ない、残額の50万円に対して税率30％（15万円）の所得税を支払いますから、残ったお金は35万円です（〈１００万円－50万円〉×０・７）。

このように、同じ経済活動を行なう場合でも、個人と法人では結果として納税額が異なるという矛盾が生じます。

法人の所得にも個人の所得にも税金がか

かりますが、両者の税率は異なります。法人税率（国税）は23・4％（中小法人の軽減税率は所得金額年800万円以下で15％）で、それに法人事業税や法人住民税がかかりますから、それを加えた法人の実効税率は約30％（中小法人は東京都の場合、所得金額年400万円以下で約21％）になります。それに対して個人の所得税は5～45％の累進課税で、地方税を含めた最低税率は15％、最高税率は55％です。

したがって、中小企業のオーナー社長や法人成りした自営業者のように、法人と個人に自由に所得を分配できる立場にあれば、同じ所得であるにもかかわらず、この税率の差異を利用して合法的に税額を減らすことが可能になります。

また、売上高1000万円以下の免税事業者は、国に消費税を納める必要がありません。これがよくいわれる「益税」で、商品の販売に際して受け取った消費税（売上×8％）と、仕入れの際に発生した消費税（売上原価×8％）の差額が合法的に事業者の利益となります。

こうした税制上のメリットは、赤字法人を活用することでさらに拡大します。

個人の場合、株式投資の売却益や銀行預金の利子など、所得の多寡《たか》にかかわらず分離して課税される項目があります。それに対して法人は原則総合課税なので、株式投資の譲渡益も、銀行預金の利子所得も、赤字法人はすべて非課税になります。

このように、法人の置かれた特殊な地位を利用すると、合法的に、所得課税ばかりか、消費課税や資産課税のコストを大きく減らすことが可能になります。こうして、成功した自営業者はあっという間に金回りがよくなるのです。

考えてみれば、法人税は不思議な税金です。法人は法的実体ですが、この世に実在しているわけではないので、所得があってもそれを使うことができません。お金を使うことができるのは、あくまでも個人なのです。法人の所得は最終的には個人(株主)に分配され、そこではじめて消費や投資が行なわれます。

このように考えれば、法人の所得に課税する根拠は、実はどこにも存在しないということになります。所得が個人に分配された段階で、所得税として徴税すればいいからです。実際、アメリカのLLC(Limited Liability Company=有限責任会社)は法人所得に課税せず、出資者に配当された段階で個人所得として総合課税されます(合同会社〈日本版LLC〉は法人所得に課税されますが、有限責任事業組合〈日本版LLP〉は構成員課税が認められたことで、投資ビークルとして活用さ

図27｜配当所得の二重課税問題

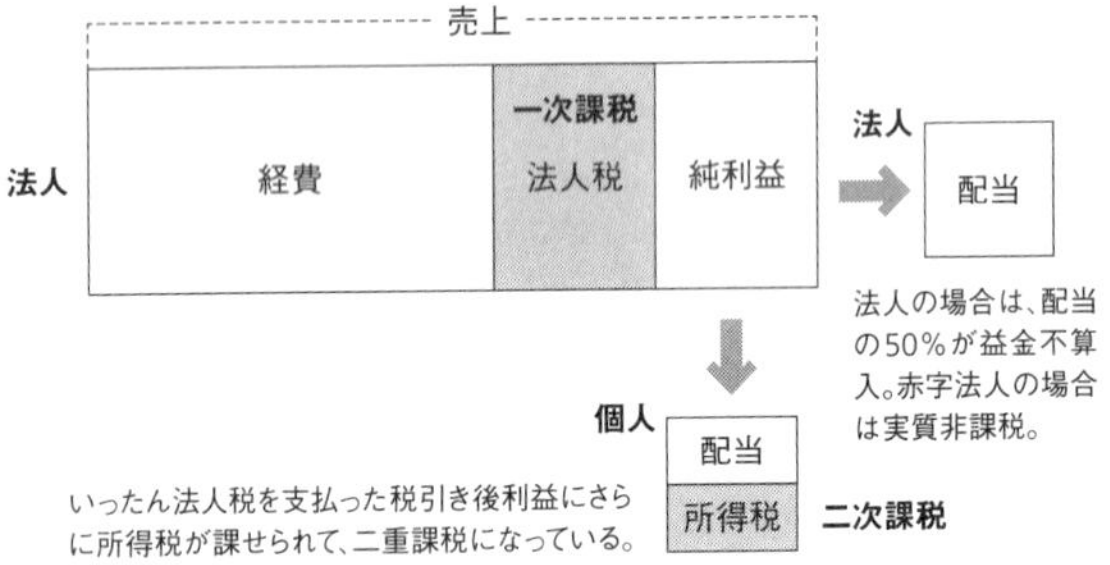

れるようになりました）。

本来なら非課税であるべき法人所得に無理やり課税しているため、いろいろと理不尽なことが発生します。その象徴が、配当所得に対する課税です。

株主への配当は、法人税を支払ったあとの税引き後利益（純利益）から行なわれます。株式会社の利益は株主のものであり、その利益に対して株主はすでに税金（法人税）を納めているわけですから、配当は非課税でなければ辻褄《つじつま》が合いません。

しかし現実には、日本の配当課税は混乱を極めています。

個人に対する配当課税は、若干の配当控除はあるものの、原則として総合課税です。したがって最高税率が適用される場合、法人税を支払ったうえに配当所得の50％以上が所得税（＋住民税）で持っていかれることになります（図27）。これは、個人株主への懲罰以外のなにものでもありません。

その一方で法人に対する配当課税は、原則50％が益金不算入とされています。税務上は実際に受け取った配当の半分を利益として計上すればよく、実質税率は15％（法人実効税率30％×50％）に下がります（中小法人の場合は最少の実効税率が21％なので、配当に対する実質税率は約10％）。もちろん、法人自体が赤字であれば配当への課税もありません。

配当益を目的に株式投資をする場合でも、法人と個人投資家では、税法上の大きな格差が存在するのです。

8 マイクロ法人で人生が変わる

自営業者が法人化することを、「法人成り」と呼びます。税法上は、資本の50％以上を本人または本人の関係者（法人を含む）が保有するものを「同族会社」といい、日本の法人の95％がこれに該当します。同族会社つまりオーナー企業は、経営者が支配権を持たない非同族会社に比べて、税法上、いくつかの制限を受けることになります。本書に登場するのも、この同族会社にあたります。――『貧乏はお金持ち』（講談社＋α文庫）ではこれを「マイクロ法人」と名づけました。

ではこれから、マイクロ法人を設立するとどのようなことが可能になるのか、具体的に見ていきましょう（原著は自ら法人を設立した直後に書いており、以下はその体験に基づいています。できるだけ当時の雰囲気を再現するために、修正はデータなど最小限にとどめます)。

株式会社を設立するにはかつては資本金1000万円が必要でしたが、いまでは1円から会社をつくることができるようになりました。もっとも資本金の額は登記簿の公開情報ですから、1円株式会社ではまともに相手にしてもらえません。かつての有限会社の資本金である300万円以上が、事業を行なうまっとうな会社の目安になるでしょう。

司法書士に頼めば法人設立を代行してくれますが、こんなところに無駄なお金を使っているようでは前途は明るくありません。書店に行けば「会社のつくり方」の本が並んでいますし、登記書類の雛形をまとめたテンプレートもネット上にいくらでもあります。わからないことがあれば、法務局に電話して聞けば教えてくれます。

かつては、司法書士を通さずに自分で法人登記しようとすると法務局で嫌がらせをされる、などということもあったようですが、いまではとても考えられません。ここ数年で公務員の態度はすっかり様変わりしました。横柄な扱いをすると、罵詈《ばり》雑言《ぞうごん》を浴びせかけられたり、上司に抗議の文書を送り付けられたり、インターネットの掲示板やSNSで悪評を拡散されたりするからです。

こうして自分で登記をする人が増えた結果、司法書士はすっかり食えない資格になってしまいました。法務局のまわりには司法書士事務所が軒を並べていますが、その半数近くが廃業しているのが現実です（これは2002年現在の話。いまは司法書士が簡易裁判所の民事手続きを手がけられるようになり、仕事の幅も広がっているようです）。

法人設立のために、わざわざ事務所を借りる必要もありません。登記場所は自宅で十分ですし、自宅を事務所兼用にすれば法人から家賃を受け取ることもできます。賃貸住宅の場合、契約で法人登記が禁じられていることがありますが、住所から登記の有無を検索することはできないので、ほとんどのひとは勝手に登記しています。居住用マンションなどでは表札に法人名を出すことができないこともありますが、日本の郵便局は優秀なので、配達局にひと言断っておけば表札がなくてもちゃんと届けてくれます。郵便物が多い場合は、民間私書箱を借りてもいいでしょう。

かつては法人登記にあたって、銀行に資本金相当額を預け、出資金払込証明書を発行してもらう必要がありました。ところが実際に銀行に依頼すると、取引がないことを理由に証明書の発行を断られることが多く、これがマイクロ法人設立の障害になってきました（オウム真理教のダミー会社の口座が某都銀に集中し、問題になったからだといいます）。

しかし会社法の改正によってこの手続きは簡略化され、現在は定款に記載された資本金が代表者の口座に振り込まれたことを通帳のコピーで証明できるようになり、払込証明書は代表者が自分で作成すればよいことになりました。なお法人設立後は、大手銀行でも会社謄本さえあれば簡単に法人口座を開設してくれます。

自分で会社を登記する場合の費用は、登録免許税（15万円）、定款認証料（5万円）に印鑑一式（2万～3万円）などの諸費用を加えて25万円程度です。

このうち定款認証料は、公証役場で定款に間違いがないことを認証してもらう費用です。こんなことは登記を受け付ける法務局でやればいいのですが、公証人は裁判官・検事や法務事務官の再就職先なので、強制的に彼らにお金を払うようにできているのです。ハンコひとつで5万円ですから、ボロい商売です（なお、以前は定款の認証に4万円の印紙が必要とされていましたが、これは電子公証を使えば不要です）。

登記が終わると、税務署と都道府県税事務所に税金関係の書類を提出しなくてはなりませんが、これもわざわざお金を払って税理士に相談する必要はありません。書き方がわからなければ、税務署で聞けば親切に教えてくれます。

法人を設立すると、労働基準監督署（労災）や公共職業安定所（雇用保険）、社会保険事務所（年金・健康保険）にも登録することになっています。厚生労働省は未加入の事業者に対し、租税情報などを活用して厚生年金・協会けんぽへの加入を促すとしていますが、現実には、マイクロ法人を含む小規模企業の大半は国民年金・国民健康保険を利用しています。――これについては後述します。

マイクロ法人は資本金1億円以下の中小法人に該当しますから、所得が年800万円相当額以下の場合、法人税率は15％です（所得800万円超は税率23・4％）。それに法人事業税（所得の3・4〜6・7％）、法人住民税（法人税額の12・9％＋均等割7万円）が加わりますが（いずれも東京都の場合）、法人の約7割、180万社が赤字法人で、法人住民税均等割の最低額である年間7万円しか納めていません（資本金1000万円以下で従業員50人以下の場合）。この年額7万円が、法人の最低保有コストになります。

法人の経理には税理士が必要だと思っているひとがいます。もちろんすべての専門知識を個人がマスターすることはできませんが、会計や税務の基本的なことはちょっと勉強すればすぐわかります。パソコンの会計ソフトを使えば、記帳はもちろん決算書までつくってくれます。自分1人の会社に顧問税理士をつけるのは無駄ですから、できるかぎり自分でやるべきです。

何も知らずに税理士に丸投げすると月5万円程度の費用を請求されますが、記帳（帳簿類の作成）を自分でやれば月額2万～3万円まで下がります。決算書類の作成のみを依頼するなら年10万円程度ですませることもできます。

個人が法人を利用して合法的に税コストを下げるには、4つの基本的なルールがあります。

❶所得税の発生しない範囲で給与を決定する

❷所得税の発生しない範囲で家族を雇用する

❸生活費を法人の経費に振替える
❹個人資産を法人名義で運用する

ただし残念ながら、このうちサラリーマンが活用できるのは、法人名義で資産運用する方法だけです。ほかはすべて、税引き前の収入を法人で受けなければ意味がありません。

ルール1

所得税の発生しない範囲で給与を決定する

たった1人の会社とはいえ立派な社長ですから、自分自身への給与を自由に決めることができます。ただし注意が必要なのは、法人の役員の場合、月給（報酬）は損金となりますが、ボーナス（賞与）は課税対象になることです。したがって、年収を600万円に設定するのなら、ボーナスなしで、毎月50万円の給与を自分に支払うようにしなければなりません。

報酬を所得控除の範囲に抑えることで、税コストを最適化することが可能になります。

東京都に住む自営業者（専業主婦＋子ども2人）の家庭を例にとれば、所得税のかからない最適年収は約500万円です（具体的な試算はP291参照）。法人から個人への所得移転がそれ以下なら、個人の所得はマイナスになりますから、1年間に支払う税金は住民税の均等割（東京都の場合5000円）のみとなります（社会保険料に関しては制度が変わったので後述します）。

個人事業主は、経済産業省管轄の中小企業基盤整備機構が運営する退職金共済「小規模企業共済」に加入することができます。

小規模企業共済は、月額最大7万円（年84万円）の掛金を全額非課税で積立て、事業主が死亡したり事業を廃止した場合に満額の共済金が支払われるほか、配偶者や子どもに事業を継承した際にも準共済金として、（運用益のつかない）掛金残高全額が払い戻されます（2017年現在、超低金利を反映して、30年間積立てたケースで準共済金は満額の共済金の約88％）。さらに老齢給付として、65歳以上で180カ月（15年）以上掛金を払い込んだ場合もほぼ満額の給付金が受け取れるようになり、より使い勝手がよくなりました。

運用利回りは、2002年時点は実質年3％強だったのですが、低金利による運用悪化を受けて現在の実質利回りは年0・6％になっています。それでも掛金の全額が所得控除され、共済金を一括で受け取る場合は退職金扱い、分割なら公的年金等の雑所得扱いになるので、たんなる積立貯蓄に比べて大きなメリットがあります。

自営業者やマイクロ法人の事業主は国民年金に加入しますから、国民年金基金と個人型確定拠出年金を利用できます（併用も可）。こちらは掛金の上限が月額6万8000円なので、最大で年間160万円超を非課税で積立てることが可能です（給付金は老齢年金と同じ扱いになります）。

国民年金基金と個人型確定拠出年金を比較するとコスト的には国民年金基金が有利ですが、低金利による運用難で積立不足に陥っているという問題があります（これについてはP298で追記します）。

ルール2

所得税の発生しない範囲で家族を雇用する

妻が専業主婦の場合、自分の会社に雇用することもできます。

たとえば、所得税の発生する上限の103万円（基礎控除38万円＋給与控除の最低額65万円）以内に妻の年収を設定すれば、夫の給与500万円と合わせて、計603万円を無税で法人所得から個人に移転できます（2018年から配偶者控除の上限が150万円に引上げられるので、夫と合わせて年650万円が無税で所得移転できます）。

妻の所得が年130万円を超えると扶養家族から外れ、国民年金と国民健康保険への加入義務が発生します。これが、専業主婦の「130万円の壁」です（2016年10月から、従業員501人以上の会社は「特定適用事業所」として年収106万円以上が社会保険の加入対象になりました）。

従業員を雇用すると、「中小企業退職金共済」に加入できます。これは勤労者退職金共済機構が運営する中小企業の従業員向け年金プランで、掛金は月額5000～3万円の範囲で会社が支払い、全額損金として計上できます。さらに加入後4カ月目から1年間、掛金の半額（従業員ごと上限5000円）を助成してくれるというオマケまで付いています。

積立金は年利1・0％で運用され、退職時に従業員に支払われます。一括払いが

図28｜自営業者やマイクロ法人の経営者が豊かになる理由

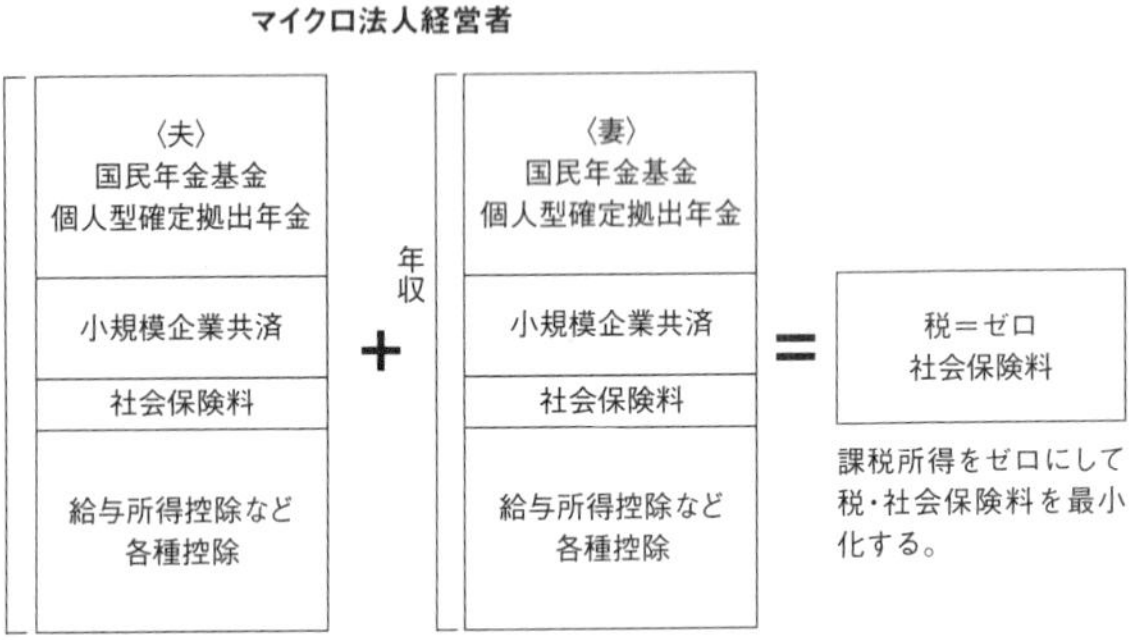

退職金扱い、分割なら公的年金等の雑所得扱いになるのも小規模企業共済などと同じです。

妻や家族を役員にして給与を支払うと、国民年金基金（個人型確定拠出年金）のほかに小規模企業共済の加入資格も得られます。これによって、非課税で積立貯蓄できる枠は2倍に広がります。

このように本人と家族を合わせて所得を最適分配することで、成功した自営業者は急速に富を蓄えていきます（図28）。ただし零細企業の場合、税務調査で雇用の実態が問題になることがあります。同族会社では、役員でない妻や親族に賞与を支払った場合でも、みなし役員として法人の損金に算入できません。

ルール3

生活費を法人の経費に振替える

マイクロ法人からの収入が年500万円で納税額がゼロになるとして、そのうち200万円強は国民年金・国民健康保険・国民年金基金・小規模企業共済などの支払いに充てられるので、実際に使えるキャッシュは年間300万円弱、月額約25万円になります。妻を従業員として雇用した場合は可処分所得が100万円ほど増えるので、年間400万円（月額約33万円）を自由に使えます。これでも親子4人の生活に困ることはないでしょうが、生活費を法人の経費に振替えることでさらに経済的余裕を拡大できます。

まず、自宅の一部を事務所として使用します。事務所部分の割合は実態で決まりますが、慣例として2分の1までは認められるので、電気・ガス・水道料金の半額が法人の経費になります。

電話代、インターネット接続料、新聞代、業務に関連する書籍・雑誌購入費なども大半が経費算入可能です。飲食費や国内・海外の旅行も、業務に関係のあるものなら経費にできます。車やパソコンはもちろん、応接間の絵や置物、オーディオセット、パーティ用のフォーマルウェアも、それが仕事に必要なものだと説明できれば経費になります（図29）。

こうして生活費の一部を法人の経費に移転できれば、家計が楽になると同時に、法人の税コストが下がります。これもケース・バイ・ケースですが、適法な範囲でも、年200万円程度は生活費を法人経費に移転できるでしょう。

多少金回りがよくなって豪華な家に住みたい場合は、法人名義で家を借り、それを社宅として自分に貸し出す方法があります。税務上の社宅のガイドラインは固定資産税の課税標準額をベースに算定されるので実際の家賃よりもかなり割安になり、その差額を法人の経費にできます。

豪華な車に乗りたければ、カーリースで好きな車を借りる方法もあります。法人名義で車を購入すると資産計上しなければなりませんが、リースなら無条件に経費にできます。リース料もかなり下がってきており、いまではローンで車を買うよりも割安なこともあります。

法人の損金を増やす方法に、中小企業基盤整備機構が運営する経営セーフティ共

図29｜生活経費の一部を法人経費に移転する

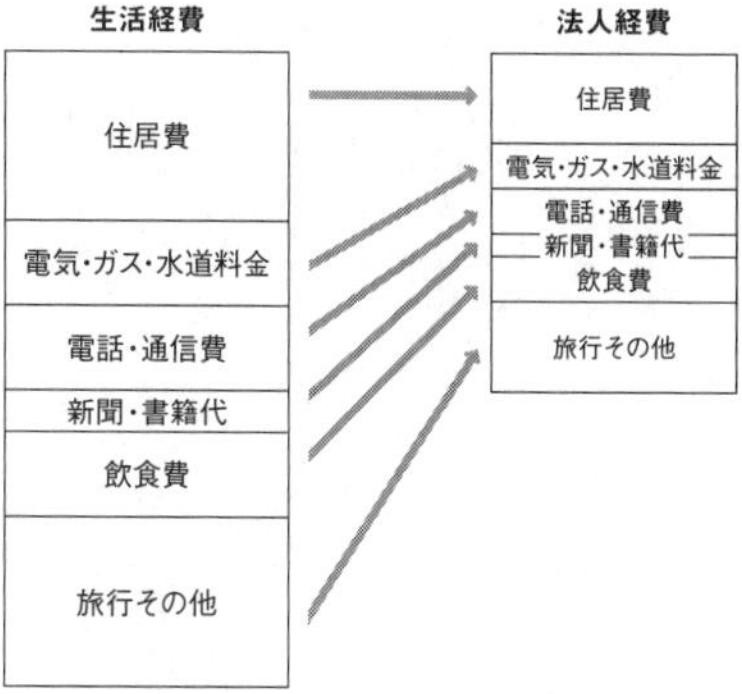

済があります。これは取引先が倒産した際の保険のようなものですが、掛金の全額が損金になるうえに、40カ月以上の納付月数があれば、任意解約で積立てた掛金が全額戻ってきます。

掛金は、かつては月額上限が8万円、総額320万円まででしたが、現在は月額上限20万円、総額800万円へと大幅に拡張されました。

経営セーフティ共済を使うと、法人の利益から年間最大240万円、通算で800万円を損金にできます。任意解約した場合は、その解約金が利益に算入されます。黒字のときに掛金を積み増し、赤字のときに解約すれば、法人の損益を調整できます。

ルール4

個人資産を法人名義で運用する

法人を設立し、夫に500万円、妻に100万円の給与を支払い、さらに年間200万円の生活費を法人の経費に振替えると、家計の実質収入は800万円になります。親子4人の生活費を年間500万円とすると、160万円強の無税の積立て(国民年金基金+小規模企業共済)のほかに、1年に140万円弱を貯蓄に回すことができます。

生活費を法人に移転した分だけ家計に余裕ができたわけですが、では、このお金はどうすればいいのでしょうか?

正解は、「自分の法人に貸付ける」です。

法人を持っていると、個人資産を自分の法人に貸す、ということができます。これは立派な融資ですから、ちゃんと金利を取ることができます。仮に100万円を年利10%で貸すと、1年後には10万円の利子がもらえます。さらにはサラ金や商工ローン並みに、出資法の上限である年利20%で貸せば、20万円の利息が支払われます。この利息は自分の法人の稼ぎから支払われますから一見、馬鹿馬鹿しいことのように思えますが、そんなことはありません。法人があなたに支払った利息は、そのまま損金に計上できるからです。

ただし、ふつうは自分の会社へは無利子で貸付けます。なぜかというと、法人から利息を受け取ると、それが個人の所得に合算されて課税されてしまうからです。これでは、せっかく苦労して最適年収を計算したのが無駄になってしまいます。

無利子で法人にお金を貸しても、その法人が赤字である場合は、資産運用に大きなメリットがあります。

赤字法人は、利子や配当、有価証券の売却益に税金を払う必要がありません。仮に銀行預金の金利が年1％で、あなたに1000万円の貯金があったとしましょう。1年間の利息は10万円ですが、20％が源泉徴収されて、実際に受け取るのは8万円です。

ところが、この1000万円をそのまま法人に貸付け、同じ銀行に預金したとします。やはり利子の20％が法人所得から源泉徴収されますが、法人税は総合課税なので、決算が赤字だとこの利息が戻ってきます（図30）。同様の方法で、赤字法人なら株式の配当も無税で全額受け取れます。そのうえ戻ってくる税金には、還付の確定から実際に還付されるまでのあいだ、還付加算金（２０１７年現在は年１・７％）が加えられます。国にお金を預けておくと、頼んでもいないのに銀行預金よりはるかに高い利率で運用してくれるのです。

株式会社というのは個人（株主）が会社に出資をして事業を行なうことですから、個人（役員）が会社に貸付けることにはなんの問題もありません。ところが逆に、法人が個人（役員）に貸付を行なうと税務調査でしばしば問題になります。

法人が個人に報酬や賞与を支払えば、それは個人の所得として課税対象になります。しかし法人からの貸付であれば、利益ではないのですから、税金を払う必要はありません。そのため、個人と法人の財布が一体化している中小企業ではこうした貸付が頻繁に行なわれています。これが税務署から見ると、「貸付に偽装して所得税を逃れている」となるのです。

企業は株主のもので、取締役会の決裁があるかぎり、経済合理性を欠く行為でも

図30｜赤字法人で資産運用する

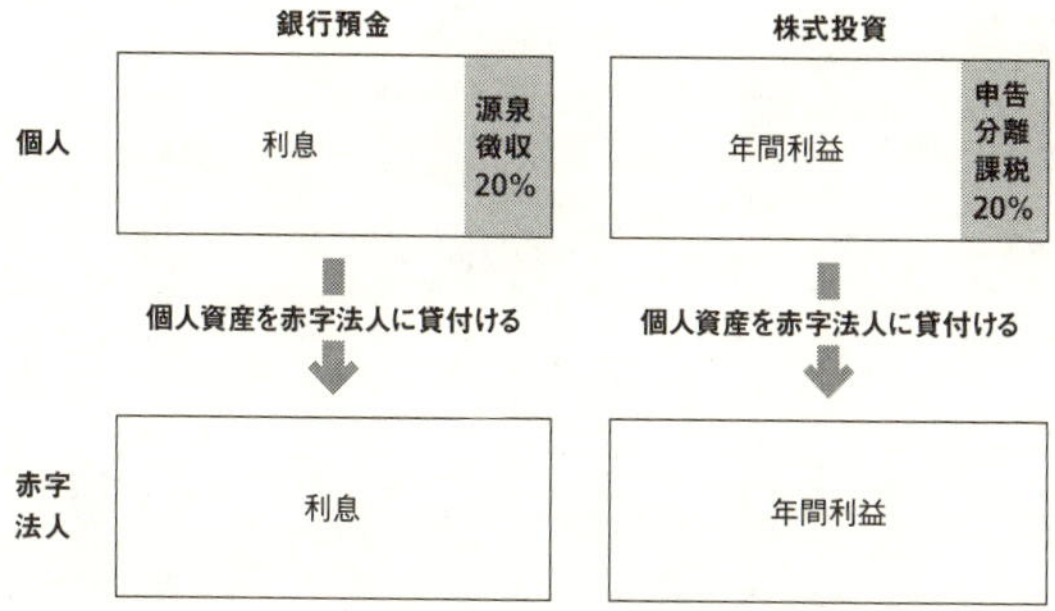

経営者の責任を問うことはできません。上場企業ではさすがに問題が起きますが、自分1人の会社では何をやろうが自由、ということです。

会社の資産は株主のものという原則に立ち返れば、本来なら、オーナー企業の資産は個人資産と合算して課税すべきものでしょう。しかし税法上は個人と法人を別のものとして扱っているため、両者を自在に使い分けて租税回避を行なうことが簡単にできてしまうのです。

ただし、税法には「同族会社の計算行為の否認」という特例が定められており、オーナー企業（同族会社）の税逃れを目的とした経済合理性に欠ける行為は、税務署の裁量で否認できることになっています。税務当局と同族会社が裁判で争うのは大半がこのケースで、脱税目的の極端な行為が認められないのは当然ですが、税務当局の側も、法的根拠のない裁量の乱発は敗訴するケースが増えてきました。

——このように、個人と法人というふたつの人格を使い分けるとさまざまな不思議なことが起こります。制度の歪みにより、個人と法人で税制が異なるため、自分(法人)で自分(個人)に給与を払うことで両方のメリットを最大限に活かし、家計のファイナンスを最適化できるからです。

その象徴が、法人で経費を計上しながら、自分に対する報酬にも給与所得控除が認められるという、経費の二重取りです。

給与所得控除は、会社に徴税業務を委託するために、サラリーマンが経費を個別に申告するのではなく、給与から一律に計算できるよう簡素化したものです。そのため、一方的に経費の額を決められるサラリーマンから苦情が出ないよう、実際にかかる経費よりもずっと寛大に決められています(年収600万円の場合、給与所得控除は174万円になりますが、交通費や出張費からオフィスの備品まで仕事に

表F｜給与所得控除

給与の収入金額	給与所得控除額
180万円以下	収入金額×40%(最低65万円)
180万円超360万円以下	収入金額×30%+18万円
360万円超660万円以下	収入金額×20%+54万円
660万円超1000万円以下	収入金額×10%+120万円
1000万円超1500万円以下	収入金額×5%+170万円

必要なものはほとんど会社から支給されるのですから、月額15万円ちかい〝経費〟が必要なサラリーマンはほとんどいないでしょう)。マイクロ法人でも仕事の経費はすべて法人が支払うのですから、役員の報酬にも給与所得控除が認められるのは確かにおかしな話です(表F)。

そのため2006年度税制改正で、国税庁は「同族会社の役員給与損金不算入」の規定を新たに導入しました。「同族関係者が90%以上の株式を所有」し、「常勤役員の過半数が同族」の場合は、役員報酬の給与所得控除が認められなくなったのです。

国税庁がこの大胆な方針変更に踏み切ったのは、新会社法によって株式会社の資本金規制がなくなり、これまでよりもずっと簡単に法人の設立ができるようになったからでしょう。社員が法人化して会社と業務委託契約を結ぶことを「サラリーマン法人」といいますが、新会社法を機に全国に膨大な数のサラリーマン法人が誕生し「合法的節税」を始めたならば、日本の税制度に甚大な影響を及ぼします。こうした事態を防ぐために、機先を制してあらかじめ経費の二重控除を封じておこうとしたのです。

ところがこの改正は、自民党の支持基盤である中小企業（それらの大半は同族会社）の既得権を直撃することになりました。その反発は想像以上の激しさで、彼らが政治家に陳情攻勢を行なった結果、早くも翌年には「改革」は骨抜きにされてしまいます。

当初の改正では、零細法人を保護するため、「役員報酬と法人所得の合計額の過去3年間の平均」が800万円以下であれば適用を除外するとの救済策が盛り込まれていました。この金額が、政治圧力によって倍の1600万円になってしまったのです。中小企業の大半は赤字経営ですから、これだけで規制を逃れるには十分でしょうが、驚くべきことに3年後の2010年には制度そのものが廃止されてしまいます。

同族会社の給与所得控除をめぐる一連の騒動は、税制の歪みから〝黄金の羽根〟

が恒久的に落ちてくることを教えてくれます。与党にとっても野党にとっても中小企業や自営業者は大事な票田ですから、政権が誰の手に渡ろうとも彼らの米びつに手を突っ込むようなことはできるはずがないのです。

最適年収を計算する

原著で大きな反響があったもののひとつに「最適年収」という考え方があります。マイクロ法人では自分で自分に給料を払うのですから、家計を最適化できるように年収を決めればいいのです。

最適年収は、次のふたつの条件を満たす必要があります。

❶ 課税所得をゼロにする

❷ 社会保険料を最小化する

原著ではこのふたつの目標が合致していましたが（課税所得をゼロにすれば社会保険料も最小化できる）、その後、大きな制度変更がありました。ここではそれについても説明します。

1　課税所得をゼロにする

課税所得をゼロにするためには、すべての所得控除を合計し、その範囲内で報酬を支払えばいい、ということになります。

税法で定められた所得控除には以下のようなものがあります。

❶基礎控除　38万円（すべての納税者に適用される控除）

❷配偶者控除　38万円（年間所得38万円以下の配偶者）

❸扶養控除　16歳以上の子どもは38万円。19歳以上23歳未満の特定扶養親族は63万円。70歳以上の扶養親族は48万円、同居の70歳以上の親は58万円。——子ども手当の創設にともなって15歳以下の扶養控除は廃止されました。

これらに、社会保険料控除（国民年金、国民健康保険、介護保険の合計）や生命保険料・損害保険料控除などを加えた合計が非課税の範囲となります。その金額はひとによって大きく異なりますが、専業主婦と（16歳以上の）子ども2人で200万円としましょう。

次に、掛金が全額所得控除される国民年金基金（個人型確定拠出年金）と小規模企業共済を加えます。

国民年金基金と個人型確定拠出年金は選択制（併用可）で、毎月の掛金は最大6万8000円（年間81万6000円）。一方の小規模企業共済は掛金は月額最大7万円（年84万円）ですから、どちらも満額加入すると、年間の所得控除額は165万6000円になります。これに控除額の合計200万円を加えると365万6000円になります。

最後に、給与所得控除を加えて最適年収を計算します（給与所得控除の規定は表F〈P287〉）。

Excelなどの表計算ソフトを使えば簡単に計算できますが、年収500万円（月額約42万円）の場合、給与所得控除は154万円、それを除いた実質給与は346万円で控除額の合計（365万6000円）を下回りますから、課税所得はゼロになります。これによって、所得税はゼロ、住民税は均等割（東京都の場合、5000

図31｜所得税がかからない最適年収の構造

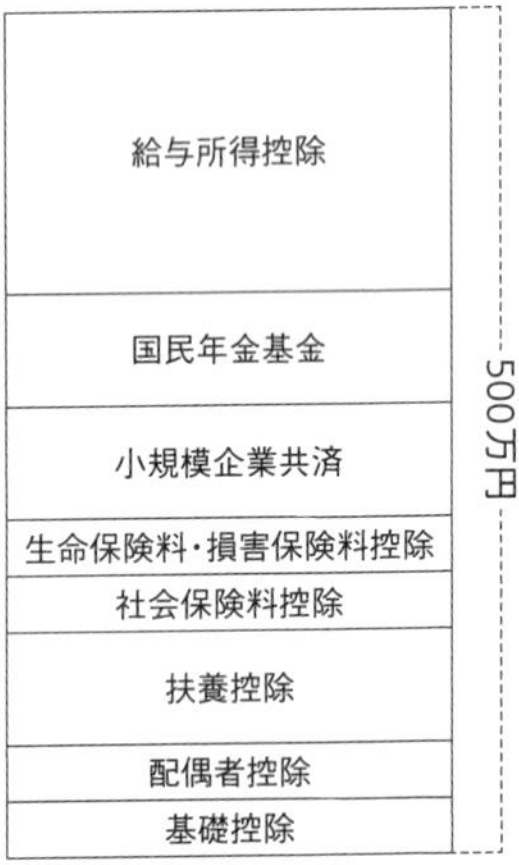

これで課税所得がゼロになる。

0円）のみになります（図31）。

実際には、住民税の所得控除（基礎控除、配偶者控除、扶養控除）の規定が所得税と異なるため、（所得税の）課税所得がゼロでも住民税課税が生じることがありますが、考え方は同じです。

家族に支払う報酬も同様の方法で最適化できます。

2 社会保険料を最小化する

自営業者やマイクロ法人の事業主が支払う社会保険料には国民年金と国民健康保険（＋介護保険）があります。このうち国民年金の保険料は、所得にかかわらず月額1万6490円（2017年現在）の定額なので最適化の方途はありません。社会保険料の最小化とは、国保の保険料をいかにして抑えるかの工夫のことです。

国保は地方自治体が運営主体で、原則として、保険料は所得に応じて決まります。したがって、（住民税の）課税所得がゼロであれば保険料もゼロになり、保険料は加入者1人あたりの均等割（東京都の場合、介護保険込みで年額5万4000円）になるはずです。

図32｜国民健康保険の保険料を最小化する年収

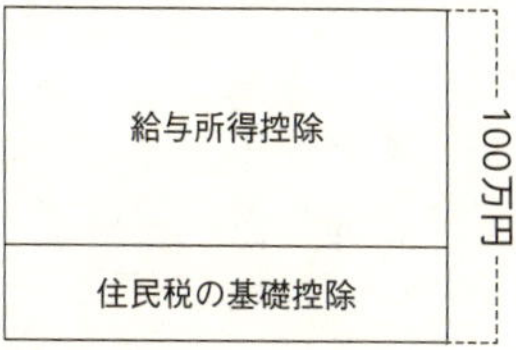

旧ただし書き所得への変更で
国保の保険料最小化は困難になった。

ところが2013年から、保険料の所得割額の計算基準が住民税額から「旧ただし書き所得」へと変更されました。旧ただし書き所得は「総所得金額－住民税の基礎控除33万円」で、総所得金額とは「（給与所得控除後の）給与所得＋山林所得＋株式の配当所得＋土地、建物などの譲渡所得金額など」となっています。

ここからわかるように、旧ただし書き所得では、配偶者控除や扶養控除はもちろん、国民年金基金（個人型確定拠出年金）・小規模企業共済を含む社会保険料も控除の対象になりません。すなわち、課税所得をゼロにするための技術は、社会保険料を最小化するのにほとんど役に立たなくなってしまったのです（図32）。

年収500万円で試算すると、旧ただし書き所得は313万円になります。これに対して医療保険、後期高齢者支援金、介護保険を合わせて約10％の所得割がかかりますから、保険料は31万円＋均等割になります。

国保の保険料には自治体ごとに上限が定められていて、東京都の場合、2017年現在で最大年89万円です。保険料の計算方式は自治体によって異なりますが、東京都（特別区）の場合、専業主婦と子ども2人の家庭では年収900万円で保険料は上限に達し、それ以上年収が増えても変わりません。所得税は累進課税で所得金額に応じてどこまでも増えていきますが、保険料には上限が決まっているので、所得が多いほど（収入における）保険料負担の割合は下がっていきます。

これは、社会保障では「払った保険料は（いつかは）自分に戻ってくる」とされているためです。これを応益負担（受益者が負担する）といいますが、その結果、低所得者の保険料負担が相対的に重くなっています。

専業主婦と子ども2人の家庭で年収300万円とすると、所得割・均等割を含め、国保の保険料負担は約35万円になります。これに国民年金（夫婦2人で年間約39万円）の支払い義務が加わるのですから、収入の約4分の1が社会保険料として徴収されてしまいます。これでは、家計は早晩破綻してしまうでしょう。

この計算からわかるように、低所得者はまともに年金と健康保険を払うと生活していけません。年金・健康保険料の未払いが急増して大きな社会問題になるのは当然なのです。

ただし書き所得への計算基準の変更で、社会保険料の最小化はきわめて困難になりました。国保の保険料を均等割のみにするためには年収を100万円以下にしなければならないからです。ほとんどの場合、これは非現実的でしょうから、国保の保険料は国民の義務と割り切って、所得税を基準に法人と個人の所得の最適化を考えた方がよさそうです。――こうして、国保ではなく社会保険に加入するという新しい戦略が生まれますが、それについては後述します。

しかしマイクロ法人の事業主のなかで、一部のひとはこの問題をクリアすることができます。

法人の決算が赤字だということは、その分をどこかでファイナンスしなければなりません。銀行からの融資の場合もありますが、多くのケースで事業主（株主）の個人資産を法人に貸付けて帳尻を合わせています。

法人側で毎年のように赤字が続いていると、この貸付額が累計されていきます。それが仮に3000万円で、毎年、法人から個人に500万円の資金を移転したとすると、これを報酬として支払うのではなく、貸付金の返済として受け取ればいいのです。

これによって、少なくとも6年間は所得をゼロにできます（その間も法人が赤字ならこの期間はさらに延びます）。これは一見、不正常な取引のように思えますが、自分（個人）が自分（法人）に貸したお金を返済してもらっているのですから税務上なんの問題もないのです。

国民年金基金と個人型確定拠出年金のどちらを選ぶか

国民年金基金は、自営業者などが加入する国民年金（平均的な受給額は月額5万3000円）と、サラリーマンや公務員の年金（同16万1000円）の格差を是正すべく1991年にスタートした年金制度です。国民年金加入者のうち経済的に余裕のあるひとは、別途、国民年金基金にも加入することで、掛金（上限月額6万8000円）の全額が所得控除になるなどの税務上の恩恵を受けつつ、長期の積立てで老後の年金を増やすことができます。

その後、2001年に確定拠出年金法が施行され、企業型と個人型の確定拠出年金（日本版401k）が始まりました。国民年金の加入者は、こちらの個人型確定拠出年金への加入資格もあります（掛金が所得控除されるなどの税務上の優遇措置も国民年金基金と同じです）。

国民年金基金と個人型確定拠出年金は選択制で、月額上限6万8000円の範囲で両者を併用することもできます。

このふたつの年金の違いは、次のようになります。

①国民年金基金：加入時点で将来の受給金額が確定する（確定給付型）
②個人型確定拠出年金：年金資産は加入者が選んだファンドなどに投資され、受給金額は運用パフォーマンスによって異なる（確定拠出型）

確定給付型と確定拠出型は一長一短ですが、原著の執筆時点では大半のひとが国民年金基金を選択したはずです。その理由は、加入者に提示する予定利率がきわめて高かったからです。

1991年の制度開始時の国民年金基金の予定利率は年5・5%でした。原著が書かれた2002年時点でも3%以上ありました。2017年時点でも予定利率は1・5%と、国債で運用するよりもはるかに有利です。これだけを見れば、運用利回りが高く、掛金や給付金に税の優遇まであるのですから、きわめて魅力的な金融商品であることは間違いありません。

しかしその結果、国民年金基金は積立不足に苦しむことになりました。事業概況によれば、2015年度に基金は3兆9000億円の資産を保有していますが、同時に9000億円の積立不足になっています。本来は4兆8000億円の資産がなければならないのに約2割が不足しているのです。これは、加入者に対して高すぎる運用利回りを約束してしまったために、実際の運用成績とのあいだに大きな乖離《かいり》ができたからです。

それに対して確定拠出型の年金は、加入者の選択したファンドの運用成績で支給額が決まるのですから、運用しだいで年金受給額が掛金総額を下回ることはあるかもしれませんが、制度として積立不足が起こることは原理的にありません。

こうした両者の違いを勘案して、どちらを選べばいいか考えてみましょう。

ここで基本的なことを確認しておくと、積立不足は赤字ではなく、責任準備金（約束した予定利率で加入者に年金を支払う場合に理論上必要とされる金額）に対するものです。国民年金基金が現在保有する資産は加入者が納めた掛金の総額を上回っていますから、基金をいますぐ解散すれば、予定利率には足りないものの、加入者は掛金以上の解約金を受け取ることができます。

「国民年金」の名を冠している以上、所管する厚労省は基金を破綻させるようなことはできないでしょう。「国民年金基金」の給付金が支払われなくなれば、本体の「国民年金」を信頼するひとは誰もいなくなってしまいます。

だとしたら、どのような解決策があるのでしょうか。

アベノミクスでバブル景気がやってきて運用収益で積立不足が解消するという

〝神風〟がないとすれば、あとは税の投入によって救済するか、制度を変えるしかありません。このうち、税による救済は政治的なハードルがきわめて高いでしょうから、現実的なのは高すぎる予定利率を引き下げることです。今後、景気が低迷して積立不足が拡大することになれば、法律改正で既存の加入者の予定利率引き下げを可能にし、年金財政を健全化しようとする可能性は高いでしょう。

しかしその場合でも、受給額が掛金の総額を下回るような制度変更が受け入れられるとは思えません。そう考えれば、予定利率が十分に高かった時代に加入したひとは、将来の予定利率引き下げを考慮しても、国民年金基金に加入し続ける意味はあるでしょう。

それでは、現時点で加入を検討しているひとはどうでしょうか。

これは個人の考え方しだいですが、予定利率が年1・5%まで下がり、そのうえ将来の制度変更のリスクまであるとすると、正直、加入を強く勧める気にはなりません。巨額の積立不足をどうするかの説明をしないまま新規勧誘を続けることは、金融商品取引法の趣旨である投資家保護の観点からも問題がありそうです。

だったら、個人型確定拠出年金を利用すればいいのでしょうか。

個人型確定拠出年金は、掛金が所得から控除でき、受取時は退職金（一括）や年金（分割）の扱いになるほか、運用益が非課税で再投資できるという税務上の大きなメリットがあります。そのため、ファンドを使った長期投資を考えている方であれば、迷わず掛金全額を個人型確定拠出年金で運用すればいいでしょう。

悩ましいのは、税務上の優遇は受けたいものの投資のリスクは取りたくない、という場合です。

個人型確定拠出年金の運用商品はアクティブ型の株式ファンドがほとんどで、将来的に株価が上がれば大きな運用収益が期待できますが、世界金融危機のような市場の混乱が起きれば資産は大きく毀損してしまいます。

マイナス運用のリスクを避けたい保守的な投資家のために、個人型確定拠出年金には積立定期預金のような元本確保型の商品も用意されています。ただし、制度を利用するには金融機関などに年6000〜7000円の管理費を支払わなければならないので、現在の低金利では最初からコストの分だけ損してしまいます。それでも節税効果が上回ればいいという考え方もあるでしょうが、だったらある程度の条件変更を前提として国民年金基金（こちらは手数料無料）を利用しても同じ、ともいえます。

けっきょく、国（お上）をそれなりに信用できるひとは国民年金基金、「そんなもの信用できるか」というひとは個人型確定拠出年金を選ぶ、ということになりそうです。

「国民年金基金はインフレに弱い」というのもよくいわれます。公的年金はインフレに連動して支給額が増えるようになっていますが、国民年金基金は確定給付なので、ハイパーインフレになったとしても加入時に約束しただけの年金しか受け取れない、というのです。

しかしそうなると、国民年金基金は予定利率よりもはるかに高い利回りで運用しているはずなので（ハイパーインフレになれば金利も高騰する）、こんどは積立過剰になってしまいます。株式会社であればこの利益は株主の配当になりますが、国民年金基金には利益を分配する相手が加入者しかいません。インフレリスクを完全にカバーできるとはかぎりませんが、過剰な積立金を特別分配することで、ハイパーインフレに対してもある程度のヘッジはかけられると思われます。

もっとも、将来のインフレを予想するなら最初から個人型確定拠出年金の株式ファンドで運用した方が合理的です。ファンドのスイッチングもできるので、市場の変化に合わせて柔軟な投資戦略をとることも可能です。

確定拠出年金を運用する金融機関を選ぶときは、手数料だけでなく、運用商品の信託報酬を確認するのがポイントです。手数料が安い金融機関では、信託報酬の割高なアクティブ型のファンドしか扱っていないことがあるからです。

アクティブ型とパッシブ型（インデックスファンド）では、手数料率が1％ちかく違います。運用総額1000万円ならその差は1万円、1000万円なら信託報酬だけで10万円の違いがありますから、長期で積立運用するのなら信託報酬の安いインデックスファンドでポートフォリオを構成するのが合理的です。

社会保険の加入義務とマイクロ法人戦略のコペルニクス的転回

ここまで述べたように、超高齢化で社会保険制度の財政はきわめて逼迫しており、厚労省はサラリーマンの厚生年金・健康保険料を一方的に引き上げ、〝ぼったくる〟

ことでなんとか「年金破綻」を避けようと腐心しています。それに対してマイクロ法人戦略では、国民年金と国民健康保険に加入することでこの罠から逃れようとするわけですが、厳密にいうとすべての法人に社会保険への加入義務があるわけですから、社長1人の法人も例外ではありません。

多数の従業員を雇用しながら社会保険料を支払わないブラックな会社があることは事実で、従業員が個人で国民年金・健康保険に加入していなければ、将来の年金も受け取れないし病気になっても病院に行けません。このような無責任な経営が許されないのは明らかですから、罰則も含めきびしく対処するのは当然です。

しかしその一方で、家族経営の零細企業の多くは社会保険ではなく、国民年金・健康保険を利用しているという実態があります。彼らは、どちらの制度で年金・保険料を払おうが自分たちの勝手だと考えているだけで、保険料を不払いしているわけではありません。それを国家が、自分たちの都合で「より不利な制度に移行しろ」と強制するわけですから、理不尽だと感じるのも無理はありません（そのうえ国民年金基金に加入している場合、社会保険への移行で強制的に脱退しなければなりません。この場合、これまでの資産はそのまま運用されますが、新たに掛け金を積むことはできませんから、予定利率の高い時代に加入したひとにとっては大損害です)。

これまでマイクロ法人の社会保険への加入はグレイゾーンとして曖昧なまま放置されてきたのですが、ここにきて厚労省は加入義務を徹底させようとしています。しかし現場の状況は官僚が机上で考えるほど単純ではありません。中小企業や零細法人にとって社会保険料はきわめて大きな負担なので、強引に加入させたうえ強制徴収しようとすると会社が倒産して従業員やその家族が路頭に迷ってしまうのです。そのため現場では、支払い能力のまったくない法人についてはこれまでどおり「見なかったことにする」ほかないでしょう。——社会保険に加入させて未払い分を法人の債務として記録してしまうと、債権者である年金機構はルールにのっとって強制徴収せざるを得ないのです。

そう考えれば、社会保険への加入を厳格に求められるのは支払い能力のある＝利益の出ている法人ということになります。ここで問題なのは、国税庁と日本年金機構が別組織で、現状では社会保険の徴収にあたって税務情報が利用できないことです。年金機構は法人の登記情報をもとに社会保険の加入義務を郵送で通知していますが、納税額はもちろんその法人が活動しているか休眠なのかもわからないのですから、それ以上できることはあまりありません。その結果、明らかに儲かっている一部の法人以外は、これまでとそれほど変わらない状況がつづくのではないでしょうか。

もちろん将来的には、国税庁と日本年金機構のシステムがマイナンバーで接続され、売上や利益を把握したうえで社会保険への加入を求められることも考えられます。そんな〝超監視社会〟ではマイクロ法人戦略は有効性を失ってしまうのでしょうか。

じつはそうともかぎりません。それはいま、社会保険料の引き上げと法人税率の引き下げという、異なるベクトルの変化が同時に起きているからです。これが「マイクロ法人戦略のコペルニクス的転回」につながるのですが、すこしややこしい話なので、以下、順に説明していきましょう。

社会保険料は標準報酬月額（給与）に健康保険料率と厚生年金保険料率をかけて計算します。賞与に関しては計算方法が若干変わりますが、現在は給与と賞与で負担が変わらないようになっているので、年収ベースで試算することにしましょう。

社会保険は各都道府県の「全国健康保険協会」が管理・運営しており、保険料率は自治体によって多少のばらつきがありますが、健康保険は年収の約10％、厚生年金が約18％で、45歳以上65歳未満の加入者はこれに介護保険料約２％が加算されますから計約30％になります。これを労使折半で支払うのですが、マイクロ法人の場合はひとつの人格をふたつに分けているだけですから、社会保険料は年収の３割と考えればいいでしょう。

マイクロ法人を使って課税所得を最小化できるのが年収５００万円として、社会保険に加入すれば１５０万円（５００万円×30％）の保険料が徴収されます。それに対して国民健康保険は、旧ただしがき所得で計算して（夫と妻の）加入者ふたりで50万円ほど（東京都の場合）で、これに国民年金（２人）の約40万円を加えても計90万円ですから、社会保険に制度変更しただけで年60万円も支払額が増えることになります。この計算からも、ほとんどの零細法人が社会保険ではなく国民年金・健康保険を利用している経済合理性は明らかです。

次に、それぞれの制度で保険料を最低限にしたケースを比較してみましょう。

国民年金は定額の月額1万6490円、国民健康保険の基礎分（均等割）は加入者1人あたり年額3万8400円（東京都の場合）ですから、仮に所得がゼロであっても計47万2560円が徴収されることになります。

それに対して社会保険では、厚生年金の最低ランクである月額報酬9万3000円（年収111万6000円）未満の場合は金額にかかわらず1万6000円です（年19万2000円／労使込）。健康保険の最低ランクである月額報酬6万3000円（年収75万6000円）未満では、介護保険料込みで月額6700円（年8万400円／労使込）が徴収されます（社会保険は各自治体ごとの保険料額表によって決まり、これは東京都のケース）。

国民年金の保険料が月額1万6490円、厚生年金保険料の最低額が月額1万6000円ですから、これだけをみるとほとんど変わりませんが、先に述べたように、国民年金は「払った分だけは返ってくる」制度設計になっており、厚生年金保険は「会社負担分が返ってこない」仕組みです。その一方で厚生年金では、配偶者が年収130万円（従業員501名以上の会社は106万円）未満なら第3号被保険者となって保険料を支払う必要がありませんから、この場合は実質負担が半分になって、国民年金と比べて損も得もなくなります。

社会保険の健康保険の最低額は1等級で、法人と個人合わせて保険料は6700円（年8万400円）です。これだけを見ると国民健康保険の最低額（年3万8400円）より割高ですが、社会保険には被扶養者がいくら増えても保険料が変わらないという大きなメリットがあります。夫婦2人であれば、国民健康保険の基礎分は倍の7万6800円になり、社会保険の最低額とほとんど変わらなくなります。子どもがいれば国民健康保険の基礎分は人数分だけ増えますから、社会保険の最低額の方が安くなるでしょう（自治体によっては、国民健康保険料の計算に、固定資産税額に基づく「資産割」や世帯ごとの「世帯割」を加えるところもあるので、収入がなくても負担額はその分だけ増えます）。

さらに社会保険（健康保険）では、両親や祖父母など三親等以内の親族を扶養している場合、同居の有無にかかわらず保険料は変わりません。また兄弟姉妹、甥姪、伯父伯母やその配偶者も、同居していれば扶養家族に入れることができます。このように被扶養者が多い場合、社会保険は圧倒的に有利になります。

このように考えれば、社会保険に加入したとしても、給与をほとんど払わないようにすれば、国民年金・健康保険に比べて必ずしも不利とはいえません。だとしたら、なぜこのような方法が広まらなかったのでしょうか。

その理由は、給与を低く抑えつつ法人も赤字にするという都合のいい状況をつくることが困難だったからでしょう。給与を下げれば法人の側に利益が出るわけですから、こんどは法人税が高くなります。1980年代は法人の実効税率が40％台で、社会保険料が法人と個人を合わせても20％台でしたから、社会保険料に上限が決まっていることを考慮すれば、法人で利益を出すよりも役員報酬で払ってしまったほうが合理的だったのです（さらに、賞与の社会保険料は給与より大幅に低いという制度の歪みもありました）。ところが、財政の逼迫で社会保険料が引き上げられ、国際競争力を維持するために法人の実効税率が引き下げられた結果、このバランスが崩れてきました。

資本金1億円以下の中小法人（東京都）の場合、年所得金額400万円以下なら実効税率21％、800万円以下で23％です（800万円超で軽減税率の特例はなくなり本則の33・8％）。一方、個人所得税・住民税の最高税率は55％なのですから、「儲かったら、利益は法人で払う」方がずっと得なのです。

マイクロ法人化したうえで社会保険に加入したとしても、給与を保険料額表の最低水準にして法人側に利益を移転することで、合法的に税・社会保険料のコストが最小化できます。現時点では、被扶養者がいないケースなら国民年金・国民健康保険に加入する方が若干有利ですが、被扶養者が増えれば社会保険に加入した方がずっと得でしょう。今後、社会保険料がさらに引き上げられ、その一方で法人税率が引き下げられるならば、この制度の歪み（黄金の羽根）はさらに広がっていきます。

そうなればこれまでの常識は根本的に変わり、「社会保険に加入したうえで被扶養者をできるだけ増やし、給与を厚生年金の最低ランクである月額9万3000円未満に抑えて利益は法人で納税する」のが最適戦略になるでしょう。これが「マイクロ法人戦略のコペルニクス的転回」ですが、その効果についてはもうすこし様子を見たいと思います。

なお、ここでは詳しく触れませんでしたが、社会保険料の計算のもととなる標準報酬月額は法人が各自治体の年金機構に自己申告したものです。ところが年金機構は税務情報にアクセスできないので、その金額で報酬が支払われているかどうかを確認できません。そのため実態としては、役員報酬を引き上げた（あるいは多額の賞与を支払った）にもかかわらずそれを申告せず、安い保険料を納付しているケースがかなりあると思われます（もちろんこれは不正です）。

それとは逆に、業績の悪化で役員報酬が支払えなくなっても、いったん申告した報酬月額に基づいて納付すべき保険料が計算され、法人の債務になっていきます。年度の途中で報酬月額を引き下げることは可能ですが、その場合でも変更までに3カ月かかり、その間は以前の報酬で計算された保険料のままです。

これはまさに「正直者が馬鹿をみる」という話で、制度設計そのものに大きな問題があるといわざるを得ません。

9 不可能を可能にする奇跡のファイナンス

『黄金の羽根』で読者の大きな関心を惹いたのが法人を利用したファイナンス（資金調達）について述べた部分です。本書の冒頭で「赤坂にビルを3棟持っている」読者と出会った話を紹介しましたが、彼の人生を変えたのも以下の記述でした――。

経済が成長し、パイが大きくなっている時代には、制度に大きな歪みがあっても問題は起きませんでした。再分配が特定の人たちに偏ってもなお、国民全体が豊かさを実感できるだけの余裕があったからです。

ところが10年以上に及ぶ長い不況で、これまでの大盤振舞いのシステムは崩壊してしまいました。それでも多額の借金をしてなんとかここまで維持してきましたが、それももはや限界です。こうして、国家による再分配の柱である公共事業の大幅縮小が誰の目にも明らかになりました。今後は建設業を中心に、膨大な補助金でなんとか生きながらえている産業が次々と破綻していくでしょう。

しかしそれだからといって、国家が再分配をやめることはありません。そんなことになれば政府・公務員の存在価値がなくなるばかりか、国家そのものが不要になってしまいます。

現実には、不況になれば、国家の役割は強化されます。〝弱者保護〟のためにさらなる再分配が必要になるからです。

BSEが発生すれば、売り物にならない国産牛肉を国が補助金で買い上げてくれます。その他の在庫といっしょに税金で引き取ってもらえば、何もしなくても儲かります。

失業率が上昇すると、転職を容易にするために、社員の出向や職業訓練に国からの助成金が出るようになりました。それを見て、出向を偽装したり、訓練記録を適当にでっちあげれば金が転がり込んでくると気づく人間が出てきます。

前者では雪印食品と日本ハムが、後者では佐世保重工が逮捕者を出しましたが、いずれも氷山の一角に過ぎません。その陰には、同じことをやって儲けた会社がいくらでもあります。

国が補助金や助成金の制度をつくると、蜜に群がる蟻のように、そこにひとが集まってきます。働かずに金が儲かれば、これほどいいことはないからです。

雇用助成金は、失業対策の花形です。この不況下で労働者を新たに雇うと、国が人件費の一部を出してくれます。そこで大阪のある暴力団は、架空の会社をでっちあげ、浮浪者や日雇い労働者を社員に雇用したことにして多額の助成金を詐取しました。雪印食品や日本ハム、佐世保重工がやったことは、要するに、この暴力団と同じです。歴史のある一部上場企業が、暴力団並みの倫理観しか持っていないところに、現在の日本を覆う深刻なモラルハザードが象徴されています。

最近では、各種の補助金・助成金を紹介する本も増えてきました。しかしその多くは、実はほとんど使えません。

誰でも利用可能な助成金としては、5年以上の雇用保険加入者に最大30万円まで支給される教育訓練給付金がほぼ唯一の例外でしたが、英会話学校などの専門学校に特需をもたらしたこの制度もすでに廃止されました。それ以外はどれも受給対象を限定しており、そのうえ制度について熟知していなければ申請すら覚束《おぼつか》ないのが現状です。考えてみれば当たり前で、誰でも簡単に申請できるなら、利用者が殺到して制度自体が破綻してしまうのです。

それでは、〝黄金の羽根〟はどこに落ちているのでしょうか?

それは、一般のひとが気づかないような場所にあります。これも当然で、多くのひとが知っているのなら、羽根はすでに拾われていて、残っていないはずだからです。

ファイナンスは「資金調達」の意味で、簡単にいうと借金のことです。

もっとも気軽な借金は消費者金融の自動契約機を利用することで、金利はどれも年20%です。なぜ一律かというとこれが出資法で定められた日本国の上限金利だからで、利用者からこれ以上の金利を取ろうとすると違法行為になりますから、そこから先は闇金融の世界です。

クレジットカードのローンで金を借りると、金利は年18%程度です。銀行のカードローンだと、だいたい年10%程度でしょう。

銀行預金の金利0・001%と比較すると驚くべき高利ですが、これらのローンはすべて無担保ですから、借金をしたひとが返済できなくなれば、貸した側は丸損になってしまいます。そのため、金利を高めに設定しないと商売になりません。

同じ無担保ローンでも金利が違うのは、顧客のリスクが異なるからです。銀行のカードローンやクレジットカードのローンが利用できないひとでも、消費者金融はお金を貸してくれます。当然、返済が滞るリスクは高くなりますから、金利は法定の上限に張りつくことになります。

世の中には、その消費者金融でさえお金を貸さないひとがいます。無職だったり、過去に延滞や不払いの記録のあるひとで、彼らは闇金融を利用するほかありません。ここは法律の規制のない暴利の世界なので、たいていは骨までしゃぶられて捨てられることになります。

消費者金融の金利が高すぎると批判するひとがよくいますが、法律で強制的に金利を下げれば、リスクの高い客が融資対象から排除されることになります。これまでと同じ基準で貸していては、収益だけが減って経営が成り立たないからです。消費者金融から排除されたひとは闇金融に流れますから、かえって被害者は増えます。規制を強化すれば社会はよくなるという、典型的な誤解です。消費者を保護するには、イギリスのように、上限金利を撤廃してすべての業者を法の管理下に置かなくてはなりません。

融資に担保がついていると、仮に返済が滞っても、金融機関は担保を処分して貸金を回収することができます。無担保融資が丸損なのに比べて、こちらの方がはるかに安全ですから、当然、金利は下がります。

担保融資は、金融機関に差し出す担保の種類によって金利が変わります。自動車を担保にしたカーローンだと年利3％前後、株式を担保に証券金融から融資を受けると年利約3・5％、不動産を担保にした住宅ローンは年利0・5～1％です。なかでも超低金利を受けて、銀行の住宅ローン金利が大幅に下がっています。

市場経済においては、貸出金利は調達金利とリスクによって決まります。銀行の調達金利（預金金利）はほぼゼロですから、住宅ローンの場合、わずかなリスクプレミアムを上乗せするだけで元が取れます。しかし年利1％では1000万円の融資に対して年10万円、3000万円の融資でも年30万円程度の利益にしかなりません。この小さな利益を賽《さい》の河原の石のように積み上げて、人件費やシステム開発費用、一等地の店舗の維持費用などを賄うのが銀行の商売です。

法人によるファイナンス

日本には、市場原理に則ってビジネスをしている民間金融機関のほかに、公的金融機関なるものが存在します。もっとも身近なのは住宅金融支援機構ですが、それ以外にも日本政策金融公庫（国民生活金融公庫と中小企業金融公庫、農林漁業金融公庫が合併）、日本政策投資銀行などがあります。

サラリーマンを辞めて独立する場合に、最初に考えなくてはならないのは事業のキャッシュフローです。

事業というのは投資の一種ですから、それが立ち食いそば屋であれ、社員1万人の大企業であれ、資金を投入し、それ以上のキャッシュを回収できなければ意味がありません。

資金→事業→資金＋コスト＋利益

というわけです。

事業を始めるにあたっては、回収するキャッシュが投入するキャッシュを上回るかどうかを慎重に検討する必要があります。しかし現実には、ＭＢＡホルダーを何十人も抱える大手企業でも、事業の基本設計に失敗し赤字を垂れ流すことがよくあります。

事業が決まれば、次は投入するキャッシュを準備します。自己資金ですべて用意できれば問題ありませんが、足りない場合はどこかから借りてこなくてはなりません。これが「資金調達（ファイナンス）」です。

事業に必要な資金は、大きく運転資金と設備資金に分かれます。

立ち食いそば屋を始めるには、店舗の保証金や内装費用がかかります。工場をひとつ立ち上げると、１０００億円以上の設備投資が必要になることもあります。こうした資金は、毎月の売上のなかからすこしずつ回収していくことになりますから、長期の資金でファイナンスする必要があります。

ほとんどの商売は、仕入れと売上のあいだにタイムラグが発生します。仕事が完了したのに支払いは3ヵ月後だったり、6ヵ月の約束手形を切られることもあります。このように仕入れ（出金）と売上（入金）の期日が大きく隔たっている場合は、その間の資金をあらかじめ用意しておかなければなりません。これが運転資金で、金利の安い短期資金が使われます。

ファイナンスには、ふたつの方法があります（図33）。

ひとつは株式を発行して出資を募るエクイティ・ファイナンス（Equity Finance）です。無利息でかつ返済義務のない資金を調達できますが、そのかわり会社の支配権の一部を第三者に渡さなくてはなりません。株主総会では会社の経営に注文をつけられ、利益があがれば配当として株主に分配しなくてはなりません。

もうひとつは、銀行から融資を受けたり、債券を発行して投資家に買ってもらうデット・ファイナンス（Debt Finance）です。こちらはたんなる借金ですから、元本に利息をつけて返済しているかぎり経営に口を出されることはありません。

この2種類のファイナンスのどちらが有利かはケース・バイ・ケースですが、最

図33 | ファイナンス(資金調達)の方法

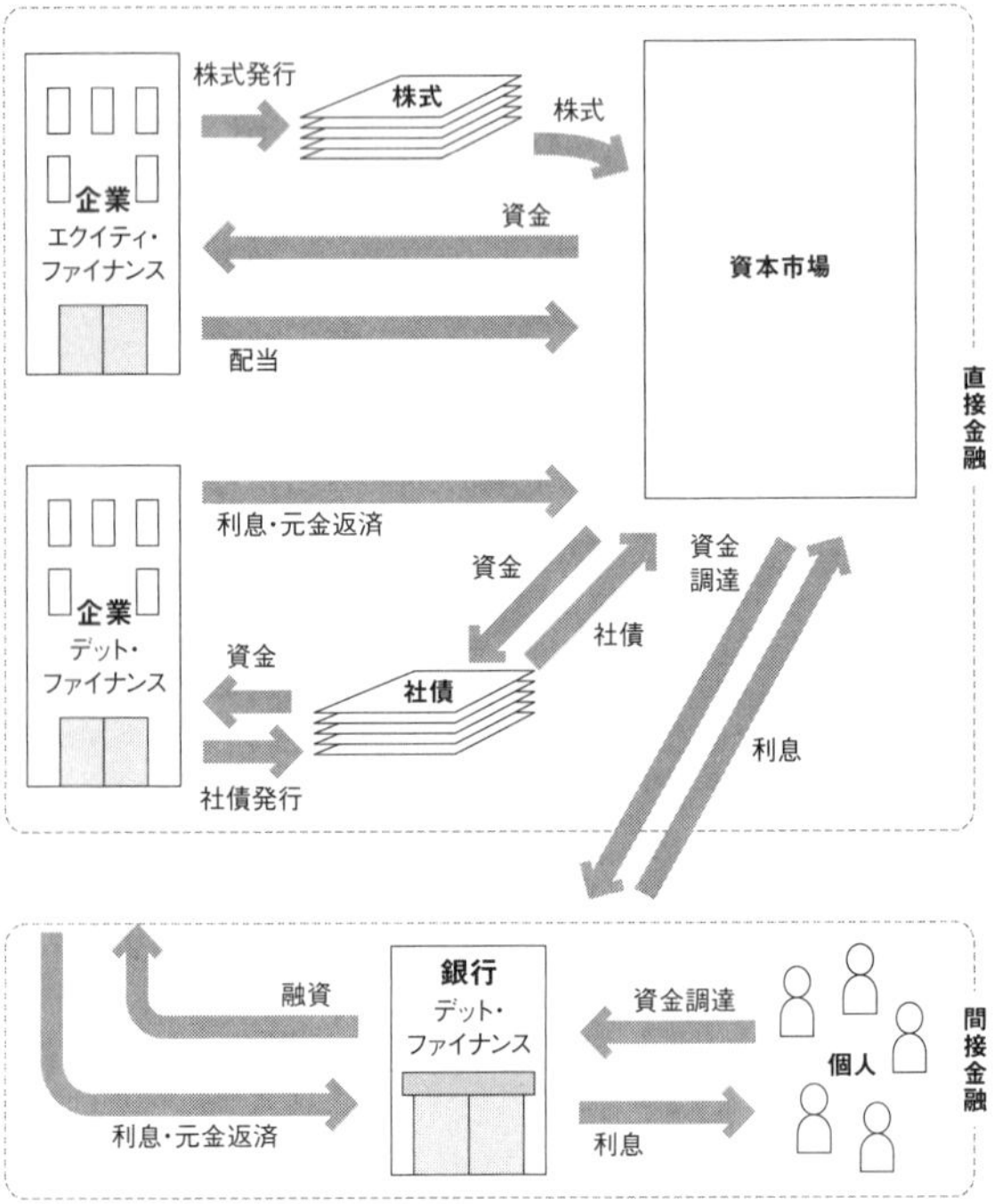

近の経営学では、一見有利に思えるエクイティ・ファイナンスの方が企業にとってのコストは高いとされています。株主になった投資家は、リスクが高い分だけ、より高いリターンを要求するからです。企業がそのリターンを達成できなければ、経営陣が更迭されるか、株式が売られます。そのうえ、借入れから発生する利息は全額損金に算入できますが、配当の原資となる純利益には法人税がかかります。

非上場の場合でも、第三者の株主がいれば、同様のことが起こります。投資家はボランティアではないので、期待したリターンが得られないと、文句をいったり怒り出したりするからです。そのときの面倒を考えて、中小企業の多くが株主を親族の範囲にとどめる同族会社を選ぶことになります。

エクイティ・ファイナンスに限界がある以上、資金調達は借入れに頼るほかありません。零細法人は債券など発行できませんから、銀行に融資を申し込むことになります。

独立自営で失敗するいちばんの原因は、事業の基本設計にあります。投入した資金以下しか回収できない、儲からない商売を始めてしまうのです。

次に多い失敗は、ファイナンスに関するものです。資金繰りが苦しくなってから銀行に相談に行っても、融資が決まるまでには時間がかかりますから、その間にキャッシュが枯渇してしまいます。そのうえ現実には、不動産などの担保がなければ融資の決済は下りません。

そうすると仕方なく、(当時は商工ローンと呼ばれた)事業者向けの貸金業者を頼ることになります。こうした金融業者はグレイゾーンに棲息し、即決・無担保で運転資金を貸してくれますが、手数料などの名目で法定の上限金利を大きく上回る年利30%近い高金利を取られます。一般に年30%を超える投資効率の事業などありませんから、コストの高い資金を借りるといずれ行き詰まってしまいます。

こうした事態を避けるためには、あらかじめ低利の資金を調達しておく必要があります。しかし現実には、ほとんどのひとがこんな基本的なことすら知らずに商売を始めてしまいます。

奇跡の融資支援制度

自治体の案内を見ていると、域内の事業主向けにさまざまな融資制度を用意しています。

たとえば東京都産業労働局の小規模企業向け融資では、従業員30人以下（卸売業、小売業、サービス業は10人以下）の事業者に対し、最大8000万円までの運転資金・設備資金を返済期間3年以内なら年利2・1％以内、7年超でも年利2・7％以内で融資しています。貸金業者の金利に比べて、べらぼうに有利なのはいうまでもありません。

また日本政策金融公庫では、一時的に売上が減少するなど業況が悪化している事業者に「経営環境変化対応資金」、取引金融機関の経営破綻により資金繰りが悪化した事業者に「金融環境変化対応資金」などを用意しています。融資限度額は4000万～4800万円で、金利は融資期間などの条件によって異なりますが、5年以内なら0・9～2％です。

個人が公的金融機関の低利融資を利用できる機会は住宅ローンや教育ローンなどに限られますが、法人になったとたんに融資の機会は一挙に広がり、融資金利も下がります。もはや説明する必要もないと思いますが、ここにも莫大な税金が投入され、〝黄金の羽根〟がばら撒かれています。

ここではその一例として、創業支援用の融資斡旋制度を紹介しておきましょう。これは、制度のある自治体に法人登記をすれば原則として誰でも申請可能です。

以下は、私が申請した東京都内某区の創業支援融資斡旋制度の概要です（データは2002年当時のものです。融資の仕組みはいまでも変わりません）。

・融資金利：年0・4％
・融資の上限：1000万円（運転資金のみは600万円）
・返済期間：7年
・融資条件：開業後1年未満（創業前を含む）。同一企業に3年以上（または同一業務に5年以上）勤務し、同一事業で開業すること
・自治体が指定する中小企業診断士の推薦を受けること
・融資は、自治体が指定する地域内の金融機関から行なわれる（金融機関の融資金利は年2・2％）
・融資にあたっては、東京都信用保証協会の保証が条件になる

図34｜年利0.4%のファイナンスの仕組み

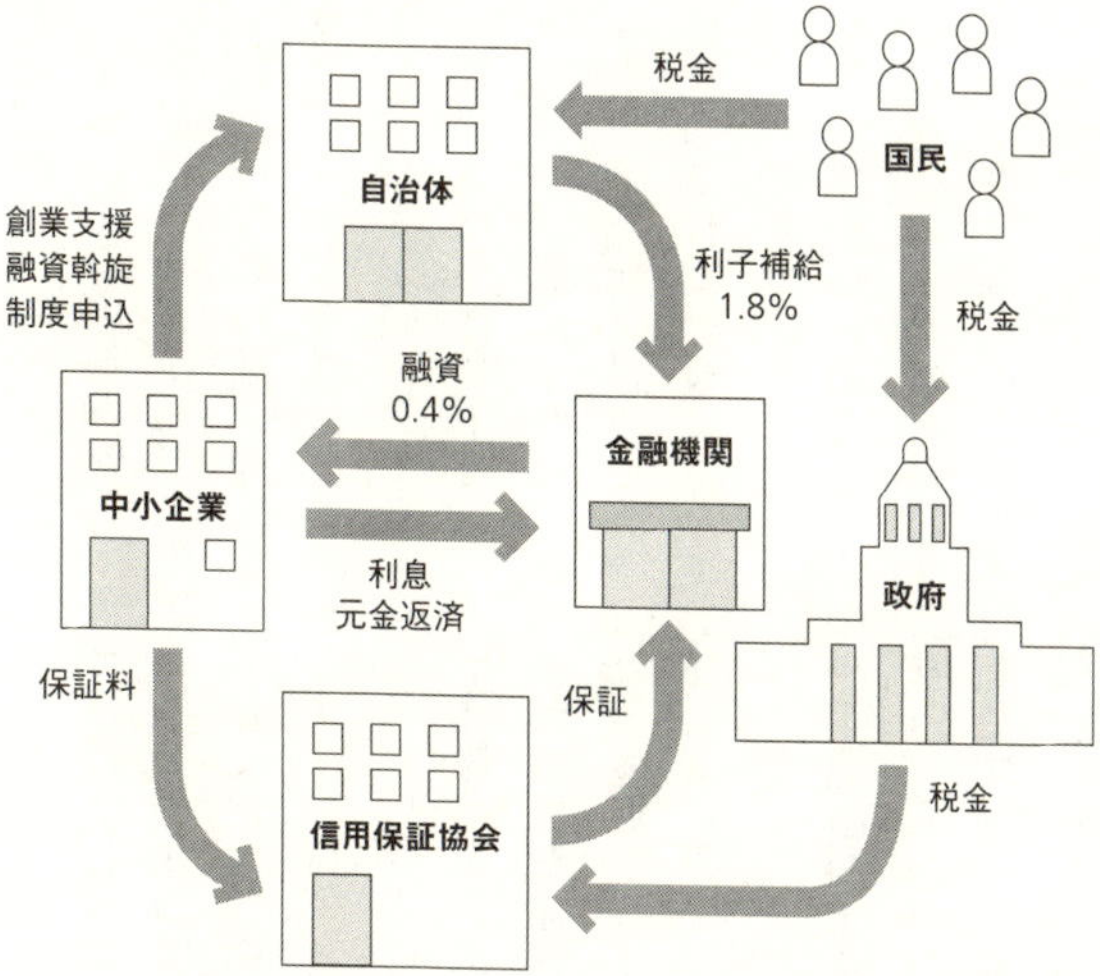

これを簡単に説明すると、区内に法人登記しただけで、まだ事業を始めてもいない、なんの実績もない（どこの馬の骨かもわからない）人間に無担保で1000万円貸してくれる、という制度です。おまけに融資金利は年0・4%ですから、1000万円に対して1年間に支払う利息はわずか4万円です。民間の金融機関と比較すれば、途方もなく恵まれた条件、というほかありません。

図34のように、この融資制度に登場するのは、中小企業（融資を受けるひと）、自治体、金融機関、信用

保証協会の四者です。

融資は、金融機関から本人宛に行なわれます。融資金利は年2・2％ですが、本人負担は年0・4％で、差額の年1・8％は自治体から金融機関に支払われます。自治体はこの利子補給を、議会によって承認された地域産業振興予算から支出します。元金は金融機関が融資しますから、自治体がリスクを負うことはありません。仮に融資先が破綻しても、自治体にはなんの影響もないのです。

こうした条件の下では、自治体側の融資担当者は、予算の消化を優先しようと考えます。予算が余れば、次年度からは減額されてしまうかもしれません。役人のアイデンティティはより大きな予算を動かすことにあり、彼らは基本的に、自分たちの仕事が住民の役に立っていると思いたいので、申請者が来ることを切望しています。

自治体から依頼を受ける中小企業診断士も、こうした事情を知っていますから、よほどのことがなければネガティブな評価は出しません。創業すらしていない事業の「診断」などそもそも不可能ですから、適当な事業計画書一枚で推薦状を書いてくれます（企業のその後に責任を負わないのは彼らも同じです）。

銀行は自らの資金を年利2・2%で貸し出します。一見するとリスクを取っているようですが、貸出には信用保証協会の保証がついています。これは、万が一利用者の返済が滞れば、保証協会が代位弁済してくれるということです。

このことから、銀行もまたなんのリスクも負っていないことがわかります。形式上は銀行融資ですが、利息は自治体から支払われ、元金は信用保証協会が保証するのですから、要はたんなるブローカーです。確実に儲かるウマい話ですから、彼らもまた、数ある指定金融機関のなかから自分たちが選ばれることを待ち望んでいます。

したがって、自治体と銀行については、ハンコさえ持っていけば融資の申請をふたつ返事で引き受けてもらえます。この融資でもっとも大きなリスクを負っているのは、元金を保証する信用保証協会です。

この構図がわかると、効率的に融資の申請をすることができます。

信用保証協会のダブルバインド

信用保証協会は、中小企業向け事業融資の保証を請け負う公的機関です。融資にあたって、保証協会は顧客から信用保証料を受け取ります。これがいわば保険料で、万が一融資先の経営が破綻し、元金を返済できない企業が出ると、保険料の積立金から金融機関に〝保険金〟が支払われます。

これが代位弁済で、２００2年当時は元金が１００％保証されていました。その後、この制度は紆余曲折があり、金融機関にも融資のリスクを負わせるべきだとの理由から保証割合が引き下げられたこともありましたが、そうなると利用が減ってしまうので、現在は１００％保証の負担金方式と80％保証の部分保証方式が併用されています。

民間で保証協会と同じ役割を果たすのが、クレジット会社です。実は銀行のカードローンも自動車メーカーのカーローンも、すべてクレジット会社の保証がついています。クレジット会社はリスクを負うかわりに、利用者が支払う利息の一部を保証料として受け取っています。

公的機関である保証協会が民間のクレジット会社と違う点は、ふたつあります。ひとつは保証料が非常に安いこと。もうひとつは審査が甘いことです。これを保険会社にたとえれば、保険料が安く、なおかつリスクの高い人でも加入できるのと同じで、保険加入者にとっては素晴らしい話です。こんなことが可能になるのは、もちろん税金が投入されているからです。

バブル崩壊後の長引く不況のなかで、不良債権の山を抱えた金融機関は、青息吐息の中小企業に融資を継続する余力を失いました。これが「貸し渋り」「貸しはがし」で、金融引き締め圧力のなかで多くの企業が倒産の瀬戸際に追い込まれました。

そんなとき、長年の支持基盤である地元の中小企業を救うために自民党が活用したのが信用保証協会です。保証協会が保証をつければ、業績不振に加えて担保割れのどうしようもない融資先でも、銀行は融資に応じるからです。こうして小渕政権時代の98年10月、中小企業向けの不況対策の切り札として、担保価値や経営内容を問わず、ほぼ無審査で最大5000万円（有担保の場合は別枠で2億円）を保証する20兆円の特別保証枠が用意されました。

融資が行なわれたのは、放っておけばつぶれるほかない、どうしようもない会社がほとんどです。当然、この無茶な融資の多くが焦げ付き、そのツケは保証協会に回って巨額の赤字が政治問題化しました。

その結果、私が利用申請した2002年当時、信用保証協会は微妙な立場に置かれていました。

民間金融機関から融資を断られた中小企業の救済という政策目的からは、審査を厳しくするわけにはいきません。そんなことをすれば、自らの存在意義を否定することになってしまいます。

しかしその一方で、甘い融資を積み上げてこれ以上赤字の山を築くこともできません。国の財政に、もはやそんな余裕はないのです。

このような解決不能の相反する状況に置かれることを、人類学者グレゴリー・ベイトソンは〝ダブルバインド〟と名づけました。保証協会の置かれた立場は、まさにその典型です。

では、このようなダブルバインド状況のとき、ひとはどのように行動するのでしょうか？　それを考えれば、保証協会の審査を効率よくパスする方法がわかります。

保証協会は金融機関というより役所の一種ですから、赤字になっても会社がつぶれることはなく、従業員がリストラされるわけでもありません。そのうえ、もともととハイリスクな融資先に保証をつけるのが仕事ですから、融資先の破綻で担当者が詰め腹を切らされることもありません。

役所では、ルールに則って行なわれたことは、仮にそれが失敗であっても担当者の責任が問われることはありません。ルールは政治が決め、結果もまた、政治が責任を負うべきものだからです。役人はルールに従うのが仕事で、勝手な判断は許されません。

役人がトラブルを避けるためには、自分がルールどおり手続きを行なったことを証明する必要があります。役所は書類が支配する世界ですから、無過失の証明も書面で行なわなくてはなりません。

このことが、役人の行動原理を決定します。要するに、手続きに必要な書面が揃っていれば、その他のことはどうでもいいのです。

信用保証協会の審査でも、話は同じです。申請に必要な書類は厳密に決められていますが、それさえ揃えば驚くほど簡単に保証が下ります。

たとえば創業支援融資の場合、「事業開始時に融資希望額と同額以上の自己資金を持っていること」が条件だとされていました。そのためには、過去半年に遡って、銀行預金通帳や証券会社の取引明細書で自己資金の額を証明することを求められます。この審査は厳密で、事業を始めるにあたって親や知人から出してもらった資金は算入できませんし、自己資金でも妻や子どもなど、他人名義で預けてあるものは除外されます。「自宅に現金で置いてあった」という理由も、当然認められません。

この規定は、見せ金で保証依頼するケースが後を絶たないために導入されたもののようです。暴力団がフロント企業を使って融資を申請することもあり、保証協会としても、神経質にならざるを得ないのでしょう。したがって、例外はいっさい認められません。

次に必要なのは、現に事業を営んでいることの証明です。小売店や飲食店で、実際に店舗を借りている場合はなんの問題もありません。しかし、とりあえずは自宅に登記し、事務所や店舗を借りるための設備資金を含めて融資を申請するケースでは面倒なことになります。

事業を営んでいることを書類上で証明するには、事務所ないしは店舗の賃貸借契約書が必要になります。しかし、事務所（店舗）を借りるための設備資金を申請するのに、あらかじめ賃貸借契約書を用意できるわけはありません。保証協会は賃貸借契約書がなければ保証を下ろしませんから、ここで挫折するケースがかなりあるようです。

3つ目は、事業の収益から融資の返済が行なわれることの証明です。事業計画のほか、取引先との受注契約や覚書など、将来の売上を文書で証明するものが要求されます（私の場合は出版業で申請しましたが、取引先とのメールのやりとりのプリントアウトでも受け付けられました）。

このなかでも、契約金を払う前に店舗・事務所の賃貸借契約書を提出するのは難題です。そのため保証協会は仮契約書で代用することを認めていますが、貸主がこうした変則契約を受けてくれるかどうかはわかりません。

ではどうするかというと、とても簡単な方法があります。保証協会は、保証が行なわれたあとにそこで実際に事業が行なわれるかどうかは関知しませんから、手頃な不動産を持っている知人に頼んで仮契約書をつくってもらえばいいのです。

世の中には、高いコンサルタント料を取ってこうした抜け道を教える人がいます。しかし、この程度のことをいちいち他人に聞いていたのでは前途は明るくありません。それ以外にもいろいろ方法はあるでしょうが、その気になれば自然と道は開けるはずです。

信用保証協会の保証が必要な融資を申し込む場合、自治体や金融機関が関与していても、まずは管轄の保証協会に足を運んで融資条件と必要な提出書類を確認しておきましょう。自治体（金融機関）の担当者が問題ないと太鼓判を押しても、保証協会で断られるケースがかなりあるからです。これでは完全な無駄足です。

効率的に融資を受けるなら、保証協会の条件をクリアしたあとで、利用可能な融資支援制度を探した方がずっとスムーズです。保証さえついていれば、自治体や銀行はもろ手をあげて歓迎してくれます。

信用保証協会は中小零細企業の経営を支えたり、ベンチャー企業の創業を支援するのが仕事なのですから、必要な書類をすべて揃えることさえできればほぼ100%保証は下ります。そしてあなたの手元には、年利0・4%という超優良企業でさえ不可能な低利の資金が入ってきます（実際の返済額には保証協会の保証料が加わりますが、これにも助成金を出す自治体があります）。自分1人で始める商売なら、1000万円の事業資金でたいていのことは間に合うでしょう。

いったん融資を受けたら、次にすべきことは、毎月必ず期日までに返済することです。これを続けていると、それが信用になって、さらに多額の資金を借入れることが可能になります（たとえば日本政策金融公庫が中小企業の新事業を支援する「新事業活動促進資金」の融資限度額は7億2000万円です）。いちいち説明はしませんが、こうした公的金融機関の活用法はすべて同じです。ルールに則って手続きするだけで、目の前に〝黄金の羽根〟が次々と落ちてくるのです。

自営業者が「法人成り」すると、税・社会保険料のコストを大きく節約することが可能になります。そればかりか、取締役1人の会社でも、立派な事業者として、公的金融機関から低利の事業資金を借りることができます。

世の中には、年利0・4％の資金で事業を行なっている経営者がいます。その対極には、商工ローンから高利の資金を借りて返済に苦しんでいる人もいます。

ここでもまた、同じことが問われています。

あなたは、どちら側に立つのでしょうか？

＊マイクロ法人の活用法はその後、『貧乏はお金持ち』（講談社＋α文庫）で詳述したので、興味のある方は参考にしてください。

10 税金について知りたいほんとうのこと

この項では、個人事業主になってはじめて見えてきた「税」の実態について述べています。いま読み返すと露悪的な表現が目立ちますが、「日本の社会の秘密を見つけた」という当時の興奮が伝わってくるので、修正は最小限にとどめることにしました。

税務調査に関する部分も、現在では状況が若干変わっているかもしれませんが、そのまま再掲しました。調査を受ける読者の立場になって、「税務署は敵だ」と読めるような書き方になっていることについては、公正な徴税に日々努力している税務署の方々にあらかじめお詫びいたします。なお、文庫化にあたってマイナンバー制度について追記しました——。

税コストを下げる方法には、節税・グレイゾーン・脱税の3種類があります。

節税は、税法に照らして適法な範囲で納税額を下げることで、本書ではこの方法を紹介しています。日本の税制は大きく歪んでいるので、法的リスクを冒すことなく、有利な制度を組合わせるだけで大きな効果を生むことができるからです。

税法は、すべての経済活動をカバーしているわけではありません。そこには当然、解釈の分かれる広大なグレイゾーンが存在します。海外のSPC（特別目的会社）を使った複雑なスキームを組むような、裁判で決着をつけるしかないケースもあります。しかし現実には、税務署と納税者との交渉の大半は、1枚の領収書をめぐって、これを経費に算入するかしないかで争われます。

脱税とは、解釈の余地なく、税法に違反する行為です。経費を前倒しで支払った場合は、解釈で争う余地が生じます。しかし、実在しない法人をでっちあげ、そこに経費を支払ったら、言い逃れは利きません。

このことから、節税と脱税は説明責任（アカウンタビリティ）の違いだとわかります。

国家は納税者に対して、税法のすべてを知悉《ちしつ》して申告納税することを求めてはいません。一般市民は税法の専門教育を受けたわけではないのですから、当然、無知や勘違いによって払うべき税金を納めていなかった、ということもあるでしょう。そんなとき税務署は、正しく納税できるよう納税者を教え導く責務を負っています。税務署から修正申告を求められることを脱税だと思っているひとがいますが、これは間違いです。

節税には、成功したものと失敗したものがあります。失敗した節税でも納税者は善意（本人としては正しく納税しようとした）ですから、これは違法でもなんでもありません。税務署の指導を受けて修正申告し、延滞税を支払ったとしても、これはたんなる行政手続きなのです（とはいえ、高率の延滞税は実質的な罰則以外のなにものでもありませんが）。

失敗した節税は、本人はそれが正しいと思っていたわけですから、なぜそのような会計処理をしたかを税務調査官に説明することができるはずです。その説明を聞いて税法の規則に合致しているかどうかを判断するのが税務署の仕事ですが、いずれにせよ納税者はアカウンタビリティの義務を果たしています。

それに対して脱税は、もともと違法を承知で行なっているのですから、その会計処理（たとえば裏帳簿の存在）を合理的に説明できません。すなわち、アカウンタビリティの義務を果たせないのです。

このように考えれば、本人が主観的に正しいと思っているものはすべて「節税」です。

日本社会の制度は大きく歪み、そこから〝黄金の羽根〟がこぼれ落ちてきます。それを探し出して拾うのは完全に合法ですから、そもそも脱税をする必要などありません。「説明可能なことしかしない」というのが、税金に関してもっとも賢い態度です。

これが本書の基本的なスタンスであることを確認して、「裏金」について検討してみましょう。

大半のサラリーマンにとって、裏金は縁遠い存在です。それもあってか、この言葉には犯罪の匂いが染みついていますが、自営業や法人では日常的に裏金が発生します。

裏金というのは、実際の所得と、過少に申告された税務上の所得との差額のこと

図35｜裏金ができる理由

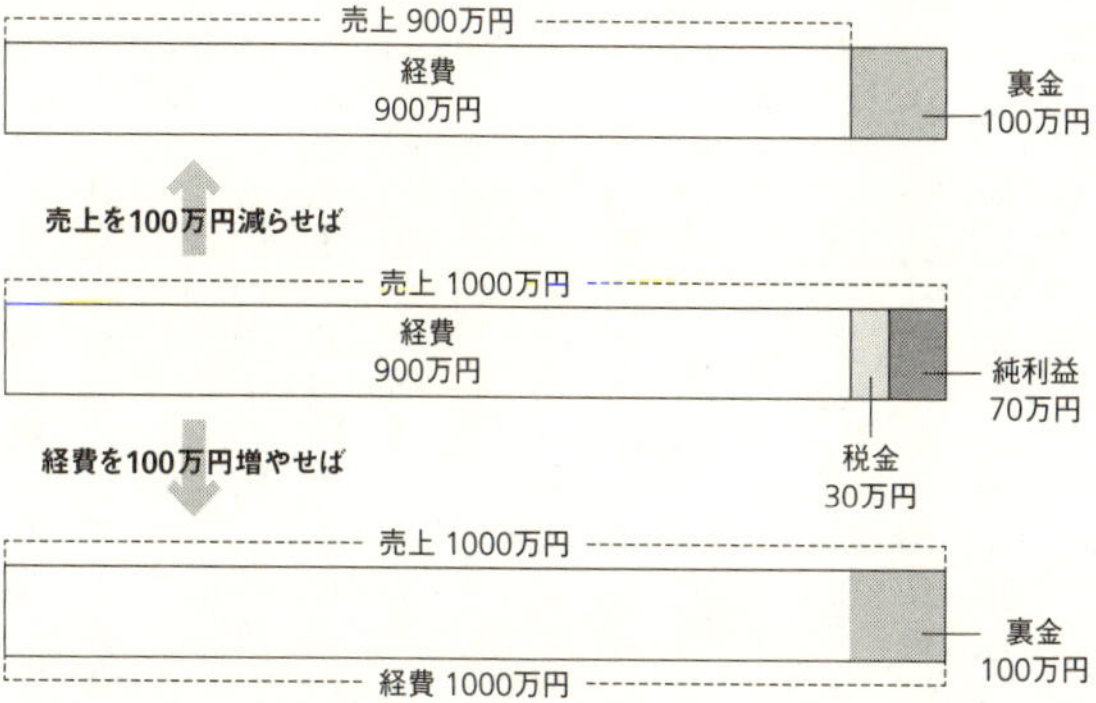

です。実際の所得が1000万円で、税務上の申告所得が900万円なら、差額の100万円が裏金となるわけです。

裏金は主に、ふたつの方法で生み出されます（図35）。

ひとつは、売上を過少に申告する方法です。

売上1000万円の会社が100万円の利益をあげれば、税額は30万円（100万円×法人税の実効税率30％）です。この会社が売上を10％（100万円）過少に申告したとすると利益はゼロになり、30万円の税金は跡形もなく消えてしまいます。

もうひとつは、経費を多めに計上する方法です。

この場合、会社は1000万円の売上に対

して900万円の経費（原価）を使い、100万円の利益をあげています。この経費を100万円水増しして1000万円にすれば、利益はゼロに減り、やはり30万円の税金を払わずにすみます。

100万円の売上を落としてしまえば、手元には100万円の現金が残るはずです。同様に100万円の経費を水増ししても、経費そのものは架空ですから、100万円の現金が残ります。この税引き前のキャッシュが、裏金ということになります。

このキャッシュは、会計上、存在しないはずのものなので、何にでも自由に使えます。そのため、オーナー社長の愛人の経費から政治家・暴力団への資金提供まで、公にできない経済活動に優先的に使用されることになります。

裏金はその性質上、銀行や証券会社など金融機関の口座に堂々と預けることができません。国内金融機関は税務調査で顧客情報を開示してしまいますから、裏金の存在がいつ発覚するかわかりません。行き場を失った裏金は、現金や割引金融債、金の延べ板などにかたちを変えて、自宅の押入れや箪笥のなかに仕舞い込まれることになります。

映画『マルサの女』にも描かれたように、国税局査察部の強制調査は、なによりも裏金（タマリ）の発見が目的になります。いかに状況証拠を積み上げても、肝心の裏金が見つからなければ、事件にはできないのです。

裏金は税金を払わなくてすむばかりか、使途に制限なく自由に使える資金なので、自営業者や企業経営者にとっては非常に魅力的です。そのため、裏金づくりのさまざまな方法が考案されてきました。

レジのない小売店や飲食店であれば、売上を落とすのは簡単です。客から現金を受け取った証拠は残りませんから、売上は自由に調整できてしまいます。しかしこれは誰でも思いつく方法なので、税務署は業種ごとに統計をとった標準経費率でチェックしています。売上をあまりに落としすぎると、経費率が上がって税務署の目にとまります。

しかしそれとはまったく別の理由で、店の規模が大きくなるとこの手法は使えません。売上の証拠が残らないということは、アルバイトの店員がそのまま現金を自分のポケットに入れてもまったくわからない、ということでもあるからです。商売が大きくなると後者のリスクが上昇するので、どこもレジを導入して日々の売上を管理しようとします。そうすると売上をごまかすのが難しくなり、多くの経営者がこの二律背反に悩みます。店内にレジを2台置いて決算の際に1台分のレジの売上しか申告しない、などの離れ業もあるようですが、これは目立ちすぎてかえって逆効果でしょう。

古くから〝脱税業種〟と呼ばれているのは、簡単に売上をごまかすことができる現金商売ばかりです。

たとえばパチンコ店は、パチンコ台に投入された現金を店を閉めたあとに手作業で数えていますから、売上の計算などあってなきが如しです。風俗店も典型的な現金商売で、売上はもちろん、外部からは原価を把握することすら困難です。

銀行口座を使って決済を行なう一般企業の場合、すべての売上は通帳に記載されますから、これをごまかすのは困難です。そのため、裏金づくりは経費を水増しして行なうしかありません。しかしこの方法では、売上を落とすのと違って、偽装の証拠が帳簿に残ってしまいます。

架空の経費を捻出する方法は、ピンからキリまでさまざまです。

自営業者だと、行きつけの飲み屋のママに頼んで白紙の領収書をもらったり、近所のぶらぶらしている大学生に小遣い銭を渡して領収書を切らせたり、涙ぐましい努力をしています。

アルバイトをしていない大学生は、基礎控除の38万円までなら、架空領収書を発行しても納税の義務は発生しません。こういう便利な人間を10人見つけてくれば380万円の裏金が捻出できるのですから、セコいといって馬鹿にはできません。

文房具屋で適当なハンコを買ってきて、領収書を偽造するケースも後を絶ちません。しかしこれは、領収書の住所に該当する人間がいるかどうかを調べられたら一発で偽造がバレてしまいますから、あまり賢い方法とはいえません。

経費の水増しは第三者にお金を支払ったことにするわけですから、この第三者に納税義務が発生します。したがって、資金を受け取ったはずの第三者を調べれば、架空の経費かどうかはわかってしまいます。これを「反面調査」といい、税務調査の基本になっています。

ところが世の中には、税務署の調査が及ばないひとたちがいます。

たとえば、ヤクザ、エセ右翼、エセ同和関係のひとたちにお金を支払ったことにして、その一部を謝礼として渡せば、好きなだけ裏金をつくることができます。税務調査官もひとの子なので、命を賭けてまで脱税を摘発しようとは思いません。

ただしこの方法にも難点はあって、裏社会のネットワークを通じて、その筋のひとたちに脱税がバレてしまいます。そうするとどこからともなく、それをネタにゆすり、たかりを企む輩が湧いてきて、けっきょくは高くつくことも少なくありません。

摘発される脱税幇助《ほうじょ》ビジネスは、ほとんどが架空の経費を振込ませ、キックバックする方式です。1000万円をコンサルタント料として振込んで、マージンを20%支払って800万円を裏金として戻してもらえば、所得税・住民税（最高税率55%）や法人税（実効税率30%）を払うよりも確かにコストは安くなります。ただし、この脱税コンサルタントが摘発されてしまうと、芋づる式に顧客全員の裏金がバレてしまうので、悲惨なことになります。

ところで、こうしてつくられた裏金はどのように使われるのでしょう。

売上1000万円程度の個人事業主でも、年に100万円くらいの裏金は自然に生まれます。こうした少額の裏金は、ふつう、日々の生活費の支払いに充てられます。

裏金で生活していると、銀行に振込まれた給与は使う必要がありませんから、口座にお金が貯まっていきます。貯まった表金は、法人に貸付けて法人口座で運用します。

こうして、法人の裏金を個人の表金に変換し、それを法人口座に貸付けるという、原始的なマネーロンダリングが完成します。これで法人を赤字にすれば、貯まった利益を無税で運用することができます。

裏金がさらに増えると、支払いの記録が残らないあぶく銭に使われることになります。銀座のクラブで遊んだり、愛人を連れて海外旅行をしたり、ラスベガスのカジノで散財したり、お金の使い道には事欠きません。女性なら、ブランド物を買い漁っても楽しいでしょう。

その一方で、裏金では不動産を購入したり、株式に投資するような、証拠の残る

図36｜法人と個人の資金循環

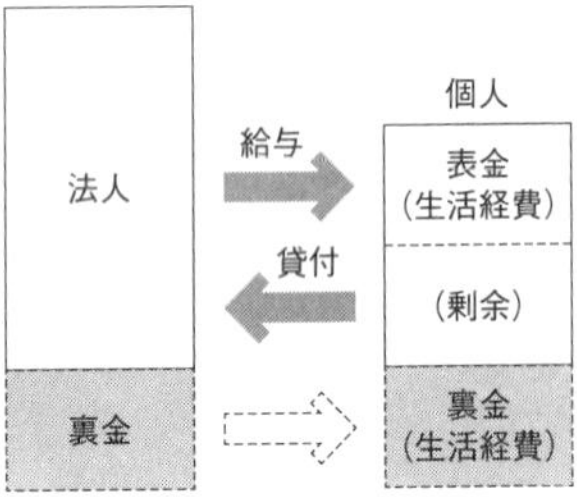

使い方ができません。自宅に億単位のお金を隠しているのもだんだん心理的負担になってきますが、かといって仮名口座で金融機関に預けるのも不安です。脱税摘発の8割が、金融機関への税務調査で発見された架空名義の口座に端を発しているからです（ちなみに残りの2割は情報提供、つまり密告です）。こうして最後には、貯まった裏金を持て余すようになります。パチンコ店や風俗店経営者の典型的な悩みです。

裏金はその性質上、散財を運命づけられています。80年代のバブル期がそうでしたが、巨額の裏金が消費に回ることで、経済は活性化します。それを考えれば、無駄な公共投資に使われる税金よりも、確実に消費に回る裏金の方が経済的な効用は高いともいえます（図36）。

個人の所得は、毎年1月1日から12月31日を1期として計算し、翌年3月15日までに所轄の税務署に決算書を提出します。これが、「確定申告」です。

ただし一般のサラリーマンは、会社が年末調整を行なって決算作業を代行してしまうので、不動産を売買したり、まとまった額の医療費支出があった場合など以外に、確定申告をすることはありません。税法においては、納税義務はサラリーマン本人ではなく会社が負っているのです。

一方の法人は、設立月を基準に、1年を超えない範囲で好きなときに決算月を設定することができます。日本の企業はほとんどが4月から翌年3月を1期としているので、中小の法人もそれに合わせて3月決算にするところが多いようです。これはもちろん、決算の集中で税務署のチェックが甘くなることを期待しているからです。

零細法人の場合、決算の目的は赤字にすることです。それには、ふたつの理由があります。

ひとつは、黒字にすると法人税を払わなくてはならないからです。

しかし、さらに切実な理由が別にあります。黒字にすると、それを見て税務署がやってきてしまうのです。

「税務調査は3年にいちど」といわれますが、これは一般原則に過ぎません。後述するように、税務署が行なっているのは徴税ビジネスなので、商売にならないところには調査は入りません。税務署の調査官は厳しいノルマを背負って仕事をしているので、零細赤字法人相手に時間をつぶしているヒマはないのです。

一方、ちょっと売上が大きかったり、黒字だったりすると、毎年のように税務調査が入ります。彼らの感覚だと、黒字の法人はもっと搾り取る余地がある、ということになるのです。こういう税務署の習性は自営業者・中小企業経営者のあいだで広く知られており、そのため、税金を払ってもいいと思っている事業者まで赤字決算にしてしまいます。税務調査が入ると、帳簿や領収書の整理などで仕事にならないからです。

そのうえ日本では、税の繰戻しが認められていません(税法上は1年の繰戻しが規定されていますが、税収難を理由に一部の例外を除き凍結されています)。今期が黒字で法人税を支払い、翌期に赤字に陥っても、いちど払った税金は戻ってはきません。これでは、売上が不安定な企業はたまったものではありません。

こうした不公平を避けるために、たいていの国では期限を切って税の繰戻しを認めています。人気タレントを抱える芸能プロダクションの大型脱税が世間を騒がせましたが、経営者は、納税額のあまりの大きさと流行商売の不安から税負担を逃れようとしたと語っています。明らかに違法ですが、その心情は理解できます。稼ぎ頭のタレントが結婚・妊娠したり、人気が落ちて経営が苦しくなっても、国はいちど受け取った莫大な法人税を一円たりとも返してくれないからです。日本にも税の繰戻し制度があれば、彼が法を犯すこともなかったかもしれません。

決算調整でもっともよく使われる方法は、取引先に早めに請求書を起こしてもらうことです。

決算してみたら100万円の黒字になっていたという場合は、取引先に頼んで、日付を遡って300万円の請求書を切ってもらいます。請求書があれば経費計上できますから、これで200万円の赤字になります。税法上は、実際にお金が動いたかどうかは問題にならないので、支払いはあとでもまったく構いません。

同様に、売上月を決算後にずらしても、辻褄を合わせられます。300万円の売上が翌期に回れば、やはり200万円の赤字になります。

帳簿を文字どおり帳面につけていた頃は、請求書や領収書の日付を改竄《かいざん》すると、どうしてもその跡が残ってしまいました。しかし会計のコンピュータ化で、どんなデータも、いっさいの痕跡を残さずに簡単に修正できるようになって、決算調整は劇的に楽になりました。すべての作業を終えたあと、伝票の連番を頭からソートしてしまえばいいからです。こうなると、税理士に記帳を任せるよりも、自分でやった方がずっと効率的に税コストを下げることができます。こうして、たんなる記帳屋に過ぎなかった多くの税理士が仕事を失ってしまったのです。

税法上は、仕事が完結した時点で売上と費用が確定します。したがって、仕事が完了していないのに費用を前倒しで支払ったり、仕事が完了しているのに売上を翌期に繰越したりすることは認められません。決算をまたぐ会計処理は、税務調査でも必ずチェックされます。

現実には、どの会社も、このようなときに協力しあう仲のよい取引先を何社か持っていて、互いに都合のいい請求書を切り合い、利益を融通し合っています。通常は、決算期が異なり、なおかつ税務署の所轄が違う取引先が選ばれます。

世の中には、仕事の開始と完了が明確になっていない業界はいくらでもあります。芸能界などがその典型ですが、口約束で仕事が決まり、振込まれてみなければ報酬の額はわかりません。こうした業界では売上と費用の確定が困難なので、いくらでも決算調整ができてしまいます。

ところで、ここで述べた方法の逆をやると、本来は赤字なのに黒字の決算ができます。黒字にしないと経営陣が責任を取らされる上場企業のほか、銀行から融資を受けていて赤字にできない会社がこうした粉飾決算に手を染めます。ウォール街を震撼させたエンロンやワールドコムの会計操作も、この一種です。

赤字の決算を黒字に見せかけると、たいていはより大きなものを失います。取引先同士が手形を融通して利益を繕うことがありますが、いずれどこかが破綻し、連鎖倒産で夜逃げや自殺が相次ぐことも珍しくありません。

誰も、無から有を生み出すことはできないのです。

11 税務調査の裏と表

給与所得控除によって課税所得が自動的に決まり、給与からの天引きで税金が徴収されるサラリーマンは、そもそも脱税することができません。それに対して、自ら所得を申告する法人や自営業者は、税務調査によって申告額が正しいかどうかをチェックする必要が生じます。

税務調査には、強制調査と任意調査のふたつがあります。

強制調査は国税局査察部（通称「マルサ」）が、悪質な大口脱税容疑者を調査するために、裁判所の令状を取って行なうもので、個人の場合、脱税額1億円以上が目安になっています。1億円を脱税するためには2億円程度の所得がなければなりませんから、ほとんどのひとには関係のない話です。

通常行なわれる税務調査は「任意調査」と呼ばれるものです。ただし任意とはいえ、あらかじめ決まっている出張等の理由がなければ拒否することはできません。

自営業者や零細法人の場合、税務調査の内容はいたって定型的なものです。

❶領収書のチェック

架空の経費や、事業に関係のない個人的な飲食費や旅行代金などが含まれていないか調べられます。場合によっては、相手先への反面調査も行なわれます。

❷現金と預金残高の確認

大半の会計操作は、現金を使って行なわれます。現金というのは、保有や譲渡に記録の残らない特権的な決済手段だからです。そこで、不審な現金の出入りはないか、帳簿上の数字と預金通帳の残高が照合されます。

❸個人名義の銀行口座の調査

特定株主とその親族・関係会社が50％以上の株式を保有し、会社を実質支配している同族会社（オーナー企業）の場合、個人の銀行口座もあわせて調べられます。これは、売上を個人と法人に都合よく分けて入金させているケースがあるからです。

個人の銀行口座には、法人からの給与以外、余分な入金はいっさいないようにしておきましょう。

❹ 決算期末を越えた会計処理

売上を翌期に繰越したり、原価を今期に繰上げたりする処理が頻繁に行なわれることから、必ずチェックされます。

❺ 役員賞与や接待交際費の処理

役員賞与（ボーナス）はもちろん、親族を従業員として賞与を支払っていた場合も損金として認められません。本来は接待交際費で処理すべきものを、別の名目で経費処理していた場合も同様です。

かつては使い放題だった接待交際費も、現在では原則、損金不算入（全額課税）となってしまいました。ただし特例として、資本金1億円以下の中小法人は年間800万円までを損金にすることが認められています（さらに2014年の税制改正で、中小法人は800万円の定額控除限度額を超えても、交際費のうち飲食に類する経費の50％を損金に算入することが認められました）。

これを利用して、取引先同士で商品券を〝贈答〟し合うケースもあります。総額

100万円の商品券を盆暮れに取引先に贈り、同額のお返しを商品券でもらうと、100万円が損金になります。手元にある商品券は、金券ショップで換金してしまいます。零細法人なら、この方法で利益を効率的に圧縮することができます。

❻在庫

在庫を抱える商売だと、期末に在庫数を調整して決算数字をつくることができます。そのため、調査官がわざわざ倉庫まで出向いて在庫を確認することもあります。

これらの項目を中心に、だいたい1~3日で税務調査は行なわれます。自営業者や零細法人の場合は、たいてい1日で終わるはずです。限られた時間ですべての項目を調べることはできないので、どこが指摘されるかは運しだい、ということになります。

税務調査の指摘を受けて修正申告すると、修正分の法人税に加えて、延滞税（期限後2ヵ月以内に納付した場合は2・9%、それ以降は9・2%）や過少申告加算税（最高15%）・無申告加算税（最高20%）がかかります。また仮装・隠蔽をともなう悪質な税逃れだと認定された場合は重加算税が適用され、年35%（期限後申告の場合は年40％）の懲罰金利が科せられます。この場合は、1年間の延滞で納税額は1・5倍、3期前まで遡って課税されると課税額が本来の所得よりも多くなってしまいます。これが、「脱税は割に合わない」といわれる理由です。

税金を払いたくない経営者のなかには、税務調査は3年にいちどという原則を逆手にとって、3年ごとに会社の登記場所を変える人もいます。税務署も日本の役所の例に漏れず、ヨコの情報交換はなきに等しいので、所轄の税務署が異なればすべての情報がリセットされるからです。しかしこの方法はあまりに露骨で、そのうえ最近は法人情報のデータベースも構築されつつあるので、いつまで通用するかはわかりません（現在ではこの方法は使えないでしょう）。

さらに剛の者は、3年ごとに会社をつぶして、同じ商号の会社を違う場所でつくり直したりしています。これなら確実に情報はリセットされますが、何かの主義主張があるならともかく、そこまで手間とお金をかけてもペイするほど本業で利益があがっているのならマトモに税金を納めた方がいいような気もします。脱税金額が膨らむほどリスクも大きくなり、最後は壁の向こう側に落ちることになるからです。

税収の大幅な落ち込みから、近年、納税者に犯意がない場合でも重加算税を課し、トラブルになるケースが多発しています。そのため国税庁は、重加算税の対象となるケースを具体的に示すようになりました。それによれば、税法でいう「仮装・隠蔽」とは、二重帳簿の作成、帳簿および書類の隠匿、証明書類の改竄・偽造、簿外資産・簿外資金（いわゆる裏金）の存在、などで判断するとされています。

通常、国税の時効は申告期限から5年ですが、悪質な脱税の時効は7年となっています。ただし公訴時効は、5年未満の懲役もしくは罰金刑で3年、10年未満の懲役刑で5年なので、それ以降は仮に脱税が発覚しても刑事告発はなされません。また過去に遡っての課税範囲は、実務上、最大3年とされています。

税務署の裏事情

以上は税務調査の一般論ですが、現実には、それはどのように行なわれているのでしょうか？

税務署は各法人の決算データをコンピュータに入力し、過去の調査から3年以上経過している会社を中心に、業種や規模、経費率を勘案しながら調査対象を選ぶとされています。これは要するに、「税金の取れそうなところしか調査しない」ということです。

広く知られているように、税務署は、調査官一人ひとりに徴税ノルマを課しています。そのため徴税は一種のビジネスとなり、調査対象は費用対効果によって選ばれることになります。

売上が少なく赤字の会社が真っ先に除外されるのは当然で、多少あやしくても、赤字額が大きければ無視してしまいます。仮に１００万円の申告漏れを見つけたとしても、３００万円の赤字があれば、どれだけ調べてもなんの成果も得られないからです。

法人税の赤字は9年間（事業年度により5年間、7年間の場合もあり）繰越し可能なので、毎年の赤字を積み上げていくと、かなりの額になります。資本金の額を上回る債務超過になることも珍しくありません。そうなるともう、誰からも相手にされません。

一方、この不況下でも黒字を出している会社には頻繁に税務調査が入り、なんだかんだと言いがかりをつけて税金を取っていきます。当然、必死に頑張って利益を出している経営者は怒りますが、税務署員にとっても背に腹はかえられません。生活のためには、理不尽だとわかっていても、儲かっている会社からさらに搾り取りノルマを達成するしかないのです。

こうした徴税の実態を見れば、誰もが、適当に赤字にしておいた方が得だと考えます。日本の法人の7割が赤字なのは、なにも不況のせいばかりではありません。


税務署員がいくらノルマで縛られているからといっても、デタラメな課税ができるわけではありません。そんなことをすれば納税者が怒り、国税不服審判所に異議申立てをしたり、最悪の場合、裁判を起こされることになりかねないからです。これは大きな減点対象なので、なんとしても避けなくてはなりません。納税者がしぶしぶ納得する範囲で、追徴額を決めなくてはならないのです。

その結果、法人に対する税務調査では、損益計算書やバランスシート（貸借対照表）から担税力を把握し、そこから追徴額をはじき出すという本末転倒なことが起こります。逆にいえば、企業の経営に悪影響を及ぼすような極端な追徴は、よほどのことがないかぎり行なわれません。収益のある会社は彼らにとって黄金の卵を産むガチョウなので、つぶしてしまっては元も子もないのです。

こうした事情を税理士はよく知っているので、税務署の調査官と話し合って落とし所を探ります。税理士の仕事は、顧客のために税務署と闘うことではなく、税務署員がノルマを達成できるように、顧客を説得して「お土産」を持たせてあげることなのです。「売上が1000万円に満たない零細企業なんだから、ここは10万円くらいで勘弁してあげてくださいよ」というわけです。調査官としても、企業から一方的に嫌われてもいいことは何もありませんから、このあたりは阿吽《あうん》の呼吸で決まります。

これには、合理的な側面もあります。税理士が徴税に協力すれば、税務署としても無茶なことはできないからです。地域社会のなかの狭い業界ですから、先々のことを考えれば、相手を本気で怒らせるような無茶なことはできません。税理士としても、税務署に顔が利くと思わせておけば、顧客に顧問料を払わせる大義名分が立ちます。とくに税務署OBの税理士に、こうした傾向が顕著です。

一方、反抗的な税理士に対しては、税務署は徹底した嫌がらせを行ないます。場合によっては、顧問先すべてに一斉に税務調査に入る、ということまでやります。これでは顧客企業はすべて離れてしまいますから、頭を下げるしかありません。

世の中に〝闘う弁護士〟はいますが、〝闘う税理士〟はいません。税理士の処分権は財務大臣にあるのですから、〝お上〟に反抗することなどできるはずはありません。制度上、税理士は顧客の利益のために仕事をすることを許されてはいないのです。

こうした税務署の行動原理を見れば、相続税や不動産売却益など一過性の所得に対する徴税が過酷になる理由がわかります。このひとたちは継続的に利益をあげるわけではないので、恨まれたところで実害はありません。税金を搾り取っても生活に困ることはないでしょうから、心置きなくポイントを稼ぐことのできる恰好の餌食なのです。

税務署と税理士のあやしい関係

税務署と税理士の関係は、税務署OBが地元で税理士として開業することで、さらに歪《いびつ》なものになります。

日本では、23年以上税務署に勤めた職員に無試験で税理士資格が与えられます。国税OBの税理士は、全国7万5000人の税理士の半数に及びます。国家資格であるにもかかわらず、試験で選ばれた者が半数しかいないという不思議な世界です。さらに、弁護士や公認会計士も税理士業務ができますから、いっそう話がややこしくなります。

欧米では、税法にかかわる相談は弁護士の仕事とされています。税理士という職業は、そもそも存在しません。

公認会計士が税理士を兼務できるのも珍しい制度です。会計士はその名のとおり会計の専門家で、専門に税法を勉強したわけではないからです。ただし資格試験としては公認会計士の方がはるかに難しいため、彼らは税理士のことを馬鹿にしています。

税理士のなかでも試験組は、このことに強いコンプレックスを持っています。弁護士は仕方ないとしても、税について大した知識のない公認会計士にまで見下されるのが耐えられないのです。そして、自分たちの地位が低いのは、試験も受けずに税理士になる人間が半分もいるからだと考えています。

一方の税務署ＯＢは、ひとの嫌がる汚れ仕事を20年以上やってきたのだから、税理士の資格を与えられるのは当然の権利だと考えています。しかしそれでも、試験組の税理士からの蔑《さげす》みの視線は意識していますから、面白いはずはありません。こうして、税理士業界の内部は試験組と税務署OB組で真っぷたつに割れています。

無試験で税理士資格を与える制度はずっと批判の対象になってきましたが、税務当局はこれを廃止することはできません。税務署員の多くが、税理士資格を目当てに日々の過酷な仕事に耐えているからです。その特典をなくしてしまったら、人材の確保ができなくなってしまいます。

どれほど否定しようとも、退職後に地元で税理士として開業することが、調査官の行動に大きな影響を与えているのは明らかです。

将来の開業を考えれば、顧問先になってくれそうな会社には、あらかじめ便宜を図っておかなくてはなりません。厳しい調査で恨まれたり、悪評が立つようなこともできなくなります。

地元企業の多くが、税務署OBの税理士を顧問にしています。彼らが税理士会を仕切っていますから、OB税理士の顔をつぶすような税務調査をすれば、税理士として独立したときに、相手にしてくれるひとは誰もいなくなってしまいます。

20歳で税務署に就職したとして、勤続23年で税理士資格を得るのは40代半ば。家族を抱え、これからの長い生活を考えれば、ＯＢ税理士やその顧問先企業と仲良くやるのがいちばんです。こうして税務署とＯＢ税理士は構造的に癒着します。

ＯＢ税理士にとってもっとも都合がいいのは、彼らを顧問に迎えない会社に厳しい税務調査が行なわれることです。こうした評判がたてば、将来、税理士として開業することになる税務署員にとっても有利です。国税庁は「税理士がＯＢであるか否かにかかわらず、公正な調査を行なっている」といいますが、そんな建前は当の税理士自身が信じていません。試験組の税理士の優良顧問先に、頻繁に税務調査が入る例がいくらでもあるからです。だからこそ企業は、嫌々でもＯＢ税理士を顧問に迎えます。

さらに驚くべきことに、国税局は、定年の2年前に退職した幹部職員に顧問先を斡旋していました。斡旋先は1人あたり平均13件、報酬額は平均９４１万円とされています。国税局はこの厚遇を、「退職後の生活の不安解消、非行防止、民間需要への対応の観点から必要」としていますが、なぜ国税の元幹部に民間企業の需要があるのかは、この説明だけではわかりません。

建前上は、国税元幹部を顧問に迎えたからといって、便宜が図られることはないとされています。しかし、国税局からの依頼に応えて元幹部を顧問にしたにもかかわらず、厳しい税務調査が入ったら、その会社は二度とそんな馬鹿らしいことをしなくなるでしょう。便宜を図らなければ、この斡旋制度が成立しないことは誰が見ても明らかです。徴税の公平性を主張するのなら、少なくとも、国税幹部を顧問に迎え入れた会社に過去何回税務調査が入り、いくらの追徴が課せられたかを公表すべきでしょう（さすがにその後、この制度は廃止されました）。

国税局の花形である査察部（マルサ）にも、表と裏のふたつの顔があります。表の顔はもちろん、摘発によって脱税が割に合わないことを世に知らしめ、適正な申告を促すことです。

しかし現実には、税務調査に怯える企業は、国税元幹部の税理士を高い顧問料で雇っています。脱税で逮捕された元札幌国税局長の退官時に、国税局は年収1億円の顧問料契約を用意したといいます。国税局査察部が巧みに「恐怖」を演出しなければ、はたして国税ＯＢにこれだけの報酬が支払われたでしょうか？

マスメディアは「マルサ」を正義のヒーローのように扱いますが、彼らもしょせんは役人ですから、組織のために仕事をしているだけです。

国税から企業の顧問税理士への〝天下り〟構造がある以上、華やかな脱税の摘発はOBの再就職を助け、彼らに高額の報酬をもたらすでしょう。右手で相手を殴りつけておいて、左手で金をせびるのでは、やっていることはゆすり・たかりといっしょです。掲げられた「正義」の旗は、虚しい幻影に過ぎません。

信用崩壊

ひとは誰でも、税金を払いたくありません。

たとえば元札幌国税局長は、「将来の収入や健康面の不安から、できるだけ蓄えようと考え」、1997年から2000年までの4年間で、大手芸能プロダクションを含む200社の顧問料7億4000万円を隠し、所得税約2億5000万円を脱税し、税務当局に対する国民の信頼を一夜にして崩壊させました。

あるいは日本最大の労働団体である自治労は、生命保険会社からの手数料を簿外口座に溜め込み、98年3月期までの2年間で6億円余の所得を隠し、2億2458万円を脱税していました。こうした裏金は、幹部の行なった株式信用取引の損失の穴埋めや右翼対策費に使われ、さまざまな名目で関係者にばら撒かれたとされています。

国民から税金を徴収する国税幹部に納税意識のかけらもなく、平和や正義を声高に叫ぶ労働団体も、国民のために自分の金を出す気はさらさらないという現実が白日の下に晒《さら》されただけでも、大きな進歩です。どんなにきれいごとをいおうとも、けっきょくは自分の利益だけが大事という、当たり前の話です。

脱税を摘発された大手芸能プロダクションは、税務調査に立ち会っただけで、元札幌国税局長に1000万円の報酬を支払っていました。こうした報酬を法人側経費処理すると、当然、源泉徴収の記録からその支払いは税務署の知るところとなります。1人の税理士に1000万円単位のコンサルタント料が支払われていれば、誰が考えてもあやしいと思うでしょうが、地元（東京都世田谷区）の税務署はこの大物国税OBに対してなんの調査もしていません。国税庁の元幹部を税務調査するなど、彼らにとっては想像すらできないことだったのです。

こんなことが日常的に行なわれていれば、誰も税務当局を信じなくなるのは当然です。外務省や厚労省、農水省などと同じく、国税庁もいまや、深刻な信用崩壊の瀬戸際に立たされています。

税務署に対する信頼感の喪失と個人の権利意識の拡大から、税務署への異議申立てや国税不服審判所への審査請求、税務訴訟が増えています。

税務調査の判断に不服がある場合は、所轄の税務署長に対して「異議申立て」をします。これが年間6000件ほどあり、そのうちの10％強が処分の全部ないし一部を取り消されています（2010年は異議申立て5100件、全部取消件数77件）。

異議申立てが棄却された場合は、国税不服審判所に「審査請求」を出します。この段階での取消率は15％程度ですが、不服審査が国税ＯＢによって行なわれている現状から見れば、かなりの数字です（同じく2010年は審査請求3100件に対し全部取消153件、一部取消326件）。

審査請求も棄却されたら、裁判で争うことになります。裁判所にも調査官として国税局職員が派遣されており、かつての税務訴訟は「勝てない裁判」の代名詞でしたが、最近では原告（納税者）側が勝訴する例も出てきました。訴訟段階で処分が取り消されるのは、全体の５％程度です（２０１０年の訴訟事件〈第一審〉１９４件のうち国側敗訴〈一部・全部〉が10件）。

納税者とのトラブルを抱えると、税務署も大きなダメージを受けます。裁判を起こされたら、裁判資料の作成に忙殺されることになります。そのため、表には出ませんが、納税者が強気に出たとたんに処分が変わることも多々あります。徴税はますます、困難になっているのです。

行政は国民に行政サービスを提供するのが仕事ですが、徴税業務だけは、その性質上、国民の利害と真っ向から対立せざるを得ません。その仕事は、国家権力を背景に、他人の懐に手を突っ込んで金を奪い取っていくことだからです。

現在、全国で約５万６０００人いる税務署員が、蛇《だ》蝎《かつ》の如く忌み嫌われ、罵詈雑言を浴びせかけられるこの汚れ仕事に耐えています。これほど多くの有為な人材を、非人間的な業務に従事させる意味がはたしてあるのでしょうか？

もちろん、国家を運営していくうえで税金は必要です。しかしそれを、所得税や法人税として徴収しなくてはならない合理的な根拠があるわけではありません。

たとえば所得税・法人税・相続税（贈与税）を廃止し、税源を消費税のみにすれば、徴税に関するトラブルはほとんど解決します。税務署の優秀で勤勉な職員は、もっと意義のある、国民から感謝される仕事に就くことができるでしょう。企業や個人は申告と納税の手間が不要になって、経済の効率が上がります。少なくとも、社会がいまよりもずっと明るくなることは間違いありません。消費税の逆進性を問題にするひともいるかもしれませんが、それは別のセーフティネットで対応すればいいことです（消費税でも脱税は起きますが、これは消費者から一時的に預かっている税金を納めないという行為なので、〝血と汗で稼いだ〟所得への課税に比べて同情の余地はありません）。

しかし現実には、こうしたシンプルな解決方法が採用される可能性はありません。そんなことになれば、税務行政に携わる多くの官僚が職と既得権を奪われるからです。

こうして、理不尽な徴税システムは税制に対する信頼感を喪失させ、国民の負担と受益の構造をますます歪なものにしていきます。黄金の羽根はその歪みから生まれ、得をするひとと損をするひとのあいだに深い溝を穿っていきます。

この際限のない繰り返しこそが、日本国の根幹を蝕む宿痾《しゅくあ》なのです。

マイナンバー制度と海外投資

ここで2016年から運用が始まったマイナンバー制度の影響について述べておきます。

税務の面から見れば、マイナンバー制度の目的は所得と資産の把握です。企業が個人事業主に報酬等を支払った場合は支払調書を発行し、それに基づいて確定申告をするわけですが、この支払調書には支払先のマイナンバーを記載しなければなりません。法人への支払いにもマイナンバーが記載されますから、税務当局はそれを集計するだけで、誰がいくらの収入を受け取ったかがわかります。

すでに述べたようにマイクロ法人戦略とは、合法的な範囲内で支出を最大化し、利益を圧縮して税・社会保険料のコストを最小化することです。売上を過小にすることはそもそも前提にしていないので、マイナンバーの導入によってほとんど影響を受けないばかりか、じつは有利になりさえします。

マイナンバーで売上がガラス張りになったとしても、現金商売はあいかわらずこの罠から逃れることができます。これは一見、よいことのようですが、光があれば影もあります。

マイナンバーによって売上が把握できるなら、税務当局は申告された数字とマイナンバーの記録を比較するだけで売上をごまかしているかどうかがわかります。ここで売上の数字に問題がなければ、わざわざ税務調査を行なうインセンティブ（動機）は大きく下がります。売上が正しければ支出で争うしかないのですが、裏帳簿などで売上を過小にしているのとはちがって、支出については納税者の側にいくらでも主張（アカウンタビリティ）の余地があるからです。

納税者がキャバクラの支払いを経費にしていたとします。常識ではとうてい認められませんが、「建設会社の社長と大切な商談があったのだが、先方がキャバクラを指定してきたので断れなかった」と主張されたらどうでしょう。税務署側が納税者の主張を否認するためには、原則として、相手が納得する合理的な説明が必要です（どうしても納得しなければ職権で課税することになります）。毎週キャバクラに通っていれば別でしょうが、業種によってはこうしたケースもないとはいえず、税法に「風俗は経費にならない」と書いてあるわけではありませんからしぶしぶ折れることになりそうです。

同様の紛争は、講演用のブランドもののスーツやバッグ、来客のための豪華な調度品、顧客を案内するための車（「初対面の相手を圧倒するにはランボルギーニでなければならない」とか）などいくらでも考えられます。こんな議論をえんえんとやっても埒があかないので、税務資料で売上が証明できている会社からは徐々に税務署員の足が遠のき、現金商売の業者を集中的に調査対象にするのではないでしょうか。すなわちマイナンバー制度の導入によって、まっとうなマイクロ法人が正しく評価されるようになるのです。

なお、決算書を税理士・公認会計士に依頼している場合は、「書面添付」にすることによって、税務調査の際に事前に意見陳述（説明）の機会が与えられます。無予告調査は対象外ですが、これは脱税の確信がある場合なので、実地調査が行なわれるリスクは書面添付によってかなり下がるでしょう。多くの場合、納税者が税務調査を嫌うのは税金を取られるというより面倒くさい（イヤな思いをしたくない）からでしょうから、じゅうぶんに検討に値する制度だと思います。

マイナンバー制度のもうひとつの目的は資産の把握です。

現在でも証券会社やFX会社に口座開設する際はマイナンバーの登録が必須になっていますが、今後は銀行や保険会社の既存口座にも拡大され、いずれ国内の金融資産はすべてマイナンバーで把握されることになるでしょう。そうなると、税務署に知られたくない資産は現金で保管するしかなくなります。このところ金庫の売れ行きが好調とのことですが、これは超低金利で銀行に預けておく理由がなくなったというよりも、富裕層がマイナンバーで預金が把握されることを怖れているからかもしれません。

国内金融機関の資産がいずれマイナンバーでガラス張りになるのなら、いまのうちに海外の金融機関に預けておけばいいと考えるひとが出てくるのは当然です。そのため税務当局は、5000万円を超える資産を海外に保有する場合に「国外財産調書」の提出を義務づけるとともに、海外の税務当局と協力して資産情報を交換しています。そのため一部の海外金融機関は、口座開設を希望する日本人にタックスID（マイナンバー）の登録を求めるようになりました。

2018年から日本とOECD諸国とのあいだで、CRS（共通報告基準Common Reporting Standard）に基づく税務情報の自動交換が始まります。これに香港やシンガポールが含まれていることから、海外で資産運用していた富裕層に大きな影響が予想されます。ただし本稿執筆時点で具体的な運用方針は決まっておらず、「開示対象は資産100万米ドル（約1億1000万円）超の口座」などといわれていますが、実際に運用が開始されてみないとどの程度の範囲が対象になるかはわかりません。

OECD諸国のなかではアメリカがCRSに参加しておらず、米国内の金融機関に預けた資産は自動交換の対象外です。ただし日本はアメリカとのあいだで税務情報の交換を含む租税条約を締結していますから、米国の金融機関に「守秘性」があるわけではなく、多額の利益や大きな資金移動については把握されていると考えた方がいいでしょう。資産のプライバシーを守りたいひとのなかには、香港やシンガポールから（CRS対象外の）カンボジアなどの新興国に資金を移す動きもあるようですが、ここまでやるかどうかはひとそれぞれです。

世界金融危機を機にタックスヘイヴンの存在が問題視されるようになってから、国際社会の税務政策の流れは「国内と国外で資産運用の条件を同じにする」方向に大きく変わりました。マイナンバーで国内の資産がガラス張りになるように、将来的には海外の資産も把握されるかもしれませんが、各国にはそれぞれ事情があり、制度が一元化されるとしてもまだかなりの時間がかかりそうです。当面は、海外資産を法人名義に移すなどの〝抜け道〟が残ることになるでしょう。

こうした事態に対して、本書の立場はきわめてシンプルです。国内・国外にかかわらずルールの範囲で利益を圧縮し、正しく納税しているのであれば、海外の資産を把握されてもなんの問題もありません。

現在、日本と海外のあいだで100万円相当以上の資金移動があると金融機関から「国外送金等調書」が所轄の税務署に提出され、送金の目的や資金の内訳を尋ねられることがありますが、CRSによって把握されている海外資産であれば、こうした面倒に煩わされることなく自由に日本に戻すことができるでしょう。「痛くもない腹を探られる」という理由で海外資産の処理に躊躇していたひとにとっては、よいきっかけになるのではないでしょうか。

原著では、日本国の非居住者になることによって、莫大な財産を受け取っても合法的に贈与税・相続税を払わない方法があることを紹介しました。その後、武富士創業者の長男がこの手法を実践し、居所を香港に移して無税で約1330億円の生前贈与を受け、これを最高裁が適法と認めたことが大きく報じられました。その結果、この節税法は富裕層のあいだで広く知られることになりましたが、その後は税法が改正され、現在は贈与者（被相続人）と受贈者（相続人）がともに10年超、非居住者でなければ課税対象となります。非居住者の（合法的）税逃れはとてつもなく法外な「黄金の羽根」でしたが、当然のことながら、そのような「羽根」がいつまでも落ちているはずはないのです。

もっとも現在でも、外国籍を取得して日本国籍を放棄するという「節税」法は有効です。外国人（親）が国外に保有する資産を外国人（子）に贈与したとしても、（いまのところ）日本国はそれに課税することはできないからです。そこまでするかどうかは、これもひとそれぞれですが。

PART3

人生を最適設計する働き方

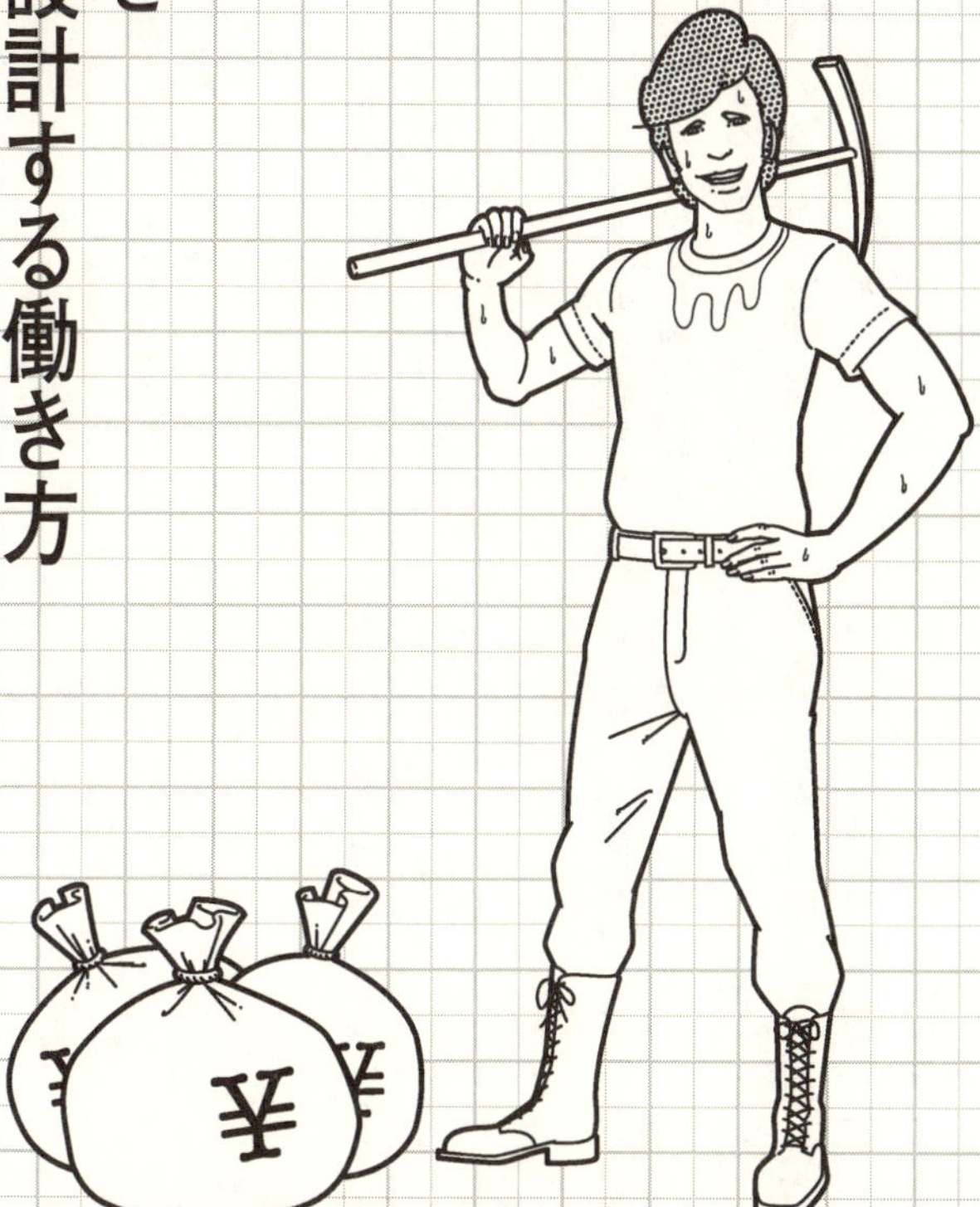

12 クリエイティブクラスとマックジョブ

私たちにとって最大の資産が〝働く能力〟、すなわち人的資本であることは間違いありません。そこで最後に、知識社会において私たちの「働き方」がどのように変わっていくのかを考えてみましょう。

私たちはグローバル化した知識社会に生きています。知識社会とは、「知」が権力として作用し、そこから富が創造される社会です。

孔子が礼と徳による王道を講じた中国の春秋時代や、ソクラテスやプラトン、アリストテレスなどの哲人が活躍した古代ギリシアを例に引くまでもなく、知は常に権力とともにありました。しかしイギリスの一角で産業革命が起こるまでは、アジアでもヨーロッパでも大多数の民衆は土地にしばりつけられ、知とは無縁のまま生涯を終えていきました。

知識社会では、テクノロジーの発達に適応すべく、知的能力を基準に労働者が編成されます。

ヒトはさまざまな能力を持って生まれてきます。アメリカの認知心理学者ハワード・ガードナーは、多重知能の理論において、人間は大きく9つの知能を持っていると考えました。たとえば空間的知能は広い空間のパターンを認識して操作する能力で、パイロットや建築家に向いています。博物学的知能は世界を分類して理解する能力で、博物学者には必須です。

こうした知能は、200万年以上続いた旧石器時代の厳しい環境のなかで、生き残るために脳を進化させた結果です。旧石器時代にパイロットはいませんが、高い樹に登って周囲を把握し、素早く危険を察知したり獲物を見つける能力はとても重要でした。狩猟採集生活ではさまざまな動植物から食べられるものを選び出さなくてはなりませんから、誰もが「博物学者」でなければなりませんでした。

人類は複雑な環境に適応するために知能を多様化させましたが、こうした環境を産業革命が根底から変えてしまいました。ガードナーがあげる複数の知能のなかで、いまではふたつの知能だけが特別に重視され、その他の知能は軽んじられることになったのです。

知識社会に必須とされている知能とは、言語的知能（文字や言語を操作する能力）と論理数学的知能（問題を論理的に分析したり、数学的に処理する能力）です。

生まれつきこれらの能力に秀でたひとには、政治家、弁護士、医師、プログラマー、研究者など幅広い職業機会が提供されます。それに対して、音楽的知能が高ければ歌手や演奏家、身体運動的知能に恵まれればプロ野球選手やJリーガーになれるかもしれませんが、これは生きていくのにどうしても必要な能力というわけではなく、一流への道はきわめて険しいのでほとんどが脱落してしまいます。

このように知識社会では、ヒトの持つ多様な能力のなかで特定の知能だけが選択的に特権化されるのです。

高度なテクノロジーに支えられた知識社会では、私たちの仕事は大きく3つに分けられます。クリエイター、スペシャリスト、マックジョブです。

マックジョブは誰でもできる代替可能な仕事です。こうした仕事の象徴がマクドナルドの店員で、厳密に定められたマニュアルどおりに作業すれば、新人でも初日からベテランと同じハンバーガーを作ることができます。

スペシャリストは専門家のことで、医師や弁護士、公認会計士などをいいますが、国家資格を持っていなくても、何らかのビジネスに精通し、その知識や経験にふさわしい報酬を得ていればスペシャリストと見なせます。

クリエイターは、その名のとおり、クリエイティブ(創造的)なビジネスに携わっているひとたちで、作家や音楽家、俳優や歌手、スポーツ選手などが含まれます。

グローバル化によって世界の市場がひとつになったことで、製造業は、消費地に近く人件費の安い国に工場をつくるようになりました。そうなると、アメリカや日本のような人件費の高い国の工場はコスト面できわめて不利なので、同じことをしているだけでは、賃金は中国やインド、ブラジルの労働者の水準まで下がっていきます。

さらに国境を越えたひとの移動が自由になると、「内なる国際化」が進行します。移民たちは安い賃金でも喜んで働くので、国内のサービス業の賃金も世界水準まで引き下げられます。これがいまアメリカやヨーロッパで起きていることです。

こうしたマックジョブに対して、スペシャリストやクリエイターは相対的に高い所得を期待できます。彼らを〝クリエイティブクラス〟と呼ぶならば、格差社会とは、グローバル化と知識社会への適応度で労働者がクリエイティブクラスとマックジョブに二極化されていくことをいいます。

同じクリエイティブクラスでも、クリエイターとスペシャリストに分かれるのはなぜでしょうか。これは、「拡張可能な仕事」と「拡張不可能な仕事」の違いです。

劇団の役者よりも映画俳優の方がはるかに大きな富を獲得できるのは、映画は拡張可能ですが、演劇は拡張不可能だからです。

どれだけ人気のある劇団でも、出演者の収入は、劇場の大きさ、1年間の公演回数、観客が支払える料金、などの要素によって決まります。こうした要素には明らかな上限があるため、役者の仕事には富の限界があります（拡張性がない）。

それに対して映画は、大ヒットすれば世界じゅうの映画館で上映され、DVDで販売・レンタルされ、テレビで放映されます。主演俳優にはそのたびに利益が分配されますから、映画の仕事には富の限界がありません（拡張性がある）。

これを、将来の出来事を統計的に把握できるベルカーブ（正規分布）と、きわめてまれに「とてつもないこと」が起きるロングテール（べき乗分布）の違いだと考えてみましょう。

映画産業がロングテール化したのは、テクノロジーの発達によって、きわめて安価に（ほぼゼロコストで）作品を複製できるようになったからで、ヒット作は世界市場で販売され、巨万の富を生み出します。映画と同様に、本（ハリー・ポッター）や音楽（マイケル・ジャクソン）、ファッション（シャネル、グッチ）やプログラム（マイクロソフト）もロングテールの世界です。

マックジョブは時給計算ですから、収入は労働時間によって決まり拡張性はまったくありません。しかしクリエイティブクラスの仕事のなかにも、拡張性のないものはたくさんあります。

弁護士や会計士などの専門家は、きわめて高い時給で働いているかもしれませんが、扱える事件やクライアントの数には上限があります。医師の収入は、手術件数や患者の数によって上限が決まるでしょう。これらは平均収入は高いものの、やはりベルカーブの仕事なのです。

図37 | クリエイティブクラスとマックジョブ

クリエイティブクラス		マックジョブ
クリエイター 拡張可能 な仕事	スペシャリスト 拡張不可能 な仕事	マニュアル化された 拡張不可能な仕事
ロングテール の世界	ベルカーブの世界	

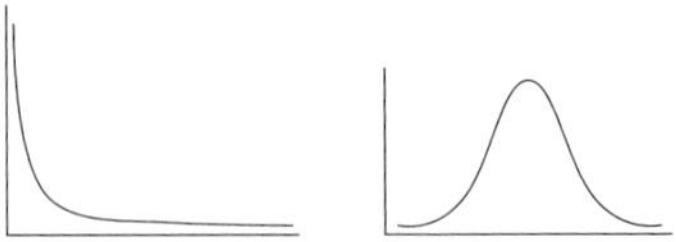

この関係を図にすると、図37のようになります。

マックジョブはマニュアル化された拡張不可能な仕事で、自己実現はないかもしれませんが責任もありません。

スペシャリストとは、クリエイティブクラスのなかで拡張不可能な仕事に従事するひとたちで、大きな責任を担うかわりに平均して高い収入を期待できます。

クリエイターはクリエイティブクラスのなかで拡張可能な仕事に挑戦するひとたちで、いちど大当たりすれば信じられないような富を手にすることができますが、大半は鳴かず飛ばずのままです。

これは、どれがよくてどれが悪いという話ではありません。

多くのひとが拡張可能なロングテールに魅力を感じるでしょうが、ブラックスワン（きわめてまれな成功）に出会えるチャンスはめったにありません。スペシャリストの仕事は高給で安定していますが、強いストレスがかかります。マックジョブでは大金は稼げませんが、仕事や人間関係で悩むこともありません（マニュアルどおりにやればいいだけです）。マックジョブは外国人だけでなく、性的マイノリティのように差別されていたり、人間関係をうまく構築できないひとたちに社会のなかでの居場所（と収入）を与える大事な役割を果たしています。

ところでここで、「この図にはサラリーマンがどこにもない」と疑問に思ったひともいるでしょう。それも当然で、日本以外ではサラリーマンという職業などそもそも存在しないのです。

戦前の日本では、映画スターや人気歌手も映画会社・レコード会社に所属するサラリーマンでしたが、これはどちらにとっても不都合なことがすぐに明らかになりました。クリエイターの仕事はロングテールが魅力なのに、大ヒットを出してもボーナスがすこし増えるくらいではまったく割に合いません。会社としても、売れない歌手や俳優にいつまでも給料を払うことはできません。こうして映画制作の現場では、監督、脚本家、俳優などフリーランスのクリエイターをプロデューサーが呼び集め、作品が完成したら解散するというハリウッドスタイルが日本でもたちまち一般化しました。

欧米の会社では、クリエイターの独立に続いてスペシャリストとバックオフィスが分化しました。

ウォール街の投資銀行では、巨額のマネーを動かすトレーダーと、記帳などの事務を行なうバックオフィスはまったく別の存在で、彼らは相手が「同じ会社」の人間とは思いません。

バックオフィスの仕事は、同一労働同一賃金の原則が徹底しています。年齢が上でも、仕事の内容が同じなら若い労働者と同額の給与しか支払われません。これは、年齢によって労働者を差別することが禁じられているからです（同様に、年齢による強制解雇である定年制も違法とされます）。

それに対してトレーダーの仕事は完全な能力給で、成功すれば収入は青天井ですが、ノルマに達しなかったら問答無用で解雇されます。病院の医師や、社内弁護士・会計士なども同じで、彼らは会社（病院）の暖簾《のれん》を借りて商売する自営業者のようなものですから、会社への帰属意識はなく、業績しだいで頻繁に転職を繰り返します。

欧米人に職業を尋ねると、（アップルやグーグルなどの有名企業ならともかく）会社名ではなく自分の専門を答えます。それでも会社名を訊くと、「なぜそんな質問をするんだ」と不審な顔をされます。日本人がまず会社名を答えて、それから仕事の内容を説明するのとまったく逆です。

これも何度か書いたことですが、欧米の労働慣行は利益の最大化を目指す「強欲な資本主義」から生まれたのではありません。人種や宗教などが異なる複雑な社会ですべての労働者を公平に扱おうとすると、客観的に明示できる能力や資格で昇進・昇格を決めるしかないのです。それ以外の理由で従業員の待遇を変えると、すぐに差別として告訴されてしまいます。

グローバル企業は、国籍に関係なく世界じゅうの社員を同一の基準で評価できます。現地採用の社員が現地法人の経営を任されたり、本社の幹部に登用されることも当たり前です。

それに対して日本の会社は、終身雇用・年功序列の「日本的雇用慣行」によって日本人の社員を特別扱いしていますから、現地法人の社長は事情もわからないまま本社から派遣されてくる日本人社員で、現地語はもちろん英語すら話せないことも珍しくありません（彼らは専用の通訳をつけて仕事をします）。現地採用では日本本社はもちろん現地法人の幹部にもなれませんから、優秀な従業員ほど展望がないことに気づいてさっさと転職していきます。日本企業がグローバル展開に失敗するのは外国人社員が「日本的経営」に適応できないからだと説明されることが多いのですが、その実態は人事制度によって外国人を差別しているからなのです。

日本の会社は新卒で社員を雇い、異動や転勤でさまざまな仕事を体験させます。「ゼネラリストを養成する」などといいますが、実際はその会社でしか通用しない「企業特殊技能」を学ばせるためです。日本の会社では、部品の細かな仕様から稟議書の書式まであらゆることが「暗黙知」で決まっています。

サラリーマンは、その会社でしか通用しない知識や技能を苦労して習得したのですから、景気が悪いからといって簡単にクビになったり給料をカットされてはたまりません。会社としても、悪い評判が立つと優秀な人材が集まらないので、年齢に応じた昇給と終身雇用を約束して社員を安心させようとします。

日本的雇用慣行では、会社は安定した身分と引き換えに若い正社員に低賃金労働を要求します。日本のサラリーマンは会社に退職金という〝人質〟を取られているようなもので、定年まできっちり働かないと正当な報酬を全額受け取れないのです。

このように考えると、日本の会社が大学院卒や転職者を嫌がったり、サラリーマンが学歴や入社年次にこだわる理由がよくわかります。年齢に応じてほぼ一律に昇進させるのが年功序列制度ですから、中途採用や年齢の異なる新卒を受け入れると人事制度が壊れてしまいます。役所がその典型ですが、競争は同期のあいだで行なわれ、年次を越えて階級が異動することはありません。

「企業特殊技能」に対して、どの会社でも共通なマニュアル化できる知識を「一般的技能」と呼びます。これはパソコンの部品のようなもので、プロセッサやメモリ、ハードディスクなどの主要パーツが規格化されていれば、台湾やインドからいちばん安い部品を集めて組み立てればいいだけです。同様に会社が一般的技能で運営されていれば、労働市場で必要な経験や知識・資格を持つ人材をいつでも調達できます。

よくいわれるように、アメリカの会社は一般的技能によって、日本の会社は企業特殊技能によって運営されています。なぜこのようにきれいにふたつに分かれるかというと、日本とアメリカが人種的・文化的に異なっているからではなくて、それぞれが安定した雇用慣行だからです。

ところがいま、日本の労働環境に大きな変化が生じています。

グローバルな競争のなかで、日本企業は中高年を中心に大規模なリストラに手をつけざるを得なくなりました。これは企業にとっては合理的な経営判断かもしれませんが、当のサラリーマンにとっては災厄以外のなにものでもありません。これまで会社との暗黙の約束で、終身雇用という安定と引き換えに安い給料で（サービス残業までして）働いてきたにもかかわらず、その約束を一方的に反故《ほご》にされてしまうのです。

サラリーマンの転職を困難にしているいちばんの理由は、日本の会社では、他社では役に立たない企業特殊技能だけしか身につかないことです。日系企業はそもそも中高年の転職をほとんど受け入れませんから、転職の機会は（グローバルスタンダードの）外資系かベンチャー企業しかありませんが、こうした会社は徹底した能力主義で、標準化された資格などの「一般的技能」を要求します。

日本の会社がこれまでスペシャリストを育ててこなかったのは、社員をできるだけ会社に依存させるためです。高い専門性を持てばどこでも働けるようになって、人材への投資が転職という〝裏切り〟で無駄になることを恐れたのです。

このようにして、日本の会社ではスペシャリストとバックオフィスが未分化なまま、仕事の内容にかかわらず正社員が「サラリーマン」と呼ばれるようになりました。彼らは自分の専門がなく、職業を訊かれたら会社名を答えるしかないのです。

会社の人事制度は軍隊などと同じくピラミッド型で、年齢が高くなるにつれてポストの数は減っていきます。当然、出世競争から脱落した余剰人員の処理が問題になります。

高度成長期は事業規模が拡大していきますから、それにともなってポストの数も増えるし、子会社や関連会社に引き取らせることも可能でした。ところが低成長で全体のパイが縮小してくると、中高年の数に対して会社が用意できるポストの数が足りなくなってしまいます。これが、リストラや追い出し部屋が社会問題になる背景です。

サラリーマンの人的資本は会社に依存していて、会社のなかに居場所がなくなれば生きていけません。ところが年齢を重ねるにつれて椅子の数はどんどん少なくなっていくのですから、これはいわば罠にはまったような状態です。

いまではほとんどの会社が部門ごとにノルマを課しています。会社の人件費コストは、オフィスの賃料や福利厚生費などを加えると一般に給料の倍といわれています。年収1000万円だとしたら、2000万円の利益を稼いでくれないと元が取れないのです。それに対して、年収300万円の若手社員は600万円の利益でノルマがクリアできます。

こうした制度が、中高年のサラリーマンの人生をより困難なものにしています。自分たちの部門も、ノルマが上がる中高年の配属を嫌がるようになるからです。自分たちがどれほど働いても、部門全体でノルマをクリアできなければボーナスが減額されてしまうのですから、これは無理もありません。このようにして、経営者や人事部の独断ではなく、社員の総意によって日本を代表する大手企業に次々と追い出し部屋がつくられるようになりました。

かつては、サラリーマンの人生は若いうちに苦労して、年をとれば楽になるといわれていました。ところがいまは、年をとるほどつらくなっていきます。リストラ圧力は日本的雇用慣行の歪みから構造的に生じてくるものですから、会社や経営者、あるいは〝グローバル資本主義〟を非難してもどうしようもないのです。


中高年のサラリーマンが抱える問題の本質は、労働市場で客観的に評価される一般的技能が欠如していることです。スペシャリストとバックオフィスが未分化な日本の会社では専門性を磨く機会が与えられなかったのですから、サラリーマン個人を責めても仕方のないことですが、だからといって誰かが救済してくれるわけではありません。

企業特殊技能しか持たないサラリーマンの人的資本は会社を離れるとゼロになってしまいますから、定年後の再就職もきわめて難しくなってしまいます。ビジネス社会から完全に切り離された〝悠々自適〟が定年後の理想ともてはやされたのはこのためで、不況と低成長でそれが難しくなると、安い給料で元の会社に再雇用してもらうしかなくなりました。

会社にいわれるままに漫然と働いていると、いずれこの陥穽《かんせい》に落ちることになります。日本的雇用慣行のこうした残酷な構造に自覚的でないと、サラリーマンという生き方は40代を過ぎたあたりからとても苦しいものになってしまいます。

大手企業でも、最近では40代で役員、50代で社長が珍しくなくなりました。仕事もないまま飼い殺しにされる〝窓際族〟という言葉も死語になりました。いまや多くのサラリーマンが、人的資本を枯渇させた状態で労働市場に放り出されています。これが、日本の社会を蝕む「労働問題」の本質です。

この「残酷な世界」で生き延びるためには、どうすればいいのでしょうか。目標は明快ですが、実現は容易ではありません。

知識社会では、仕事はクリエイター、スペシャリスト、マックジョブしかありません。会社から見捨てられ、マックジョブで一生を終えるのが嫌ならば、クリエイティブクラスとしてキャリアを積む以外に道はないことは誰にでもわかります。

人的資本からの収益を増やすには、原理的に、次の方法しかありません。

❶人的資本への投資によって運用利回りを上げる
❷人的資本の運用期間をできるだけ長くする

①は自己啓発本などに書かれている方法で、資格を取得したり、コミュニケーション（コミュ力《りょく》）などのスキルを上げたり、「南極のペンギンに氷を売る」営業力を身につければ単年度の収入を大きく増やすことができるでしょう。

しかしそれよりもっと確実なのは、②の方法です。当たり前の話ですが、長く働けば働くほど労働市場から得られる富は大きくなります。老後問題とは「老後」が長すぎることなのですから、80歳まで働ける仕事を持てば問題そのものが消失し、年金制度の破綻を気にすることもなくなるでしょう。そう考えれば、いちばん大切なことは楽しく長く働ける仕事を見つけることです。

北欧やオランダ、ベルギーなどの〝北の欧州〟では生涯現役（自分のできる範囲で市民社会に参画し続けること）が新しい常識になってきています。「国民」だからといって、その既得権によって国家から生涯面倒を見てもらえるわけではありません。福祉の前提は、社会や共同体（コミュニティ）に対する貢献なのです。

日本ではほとんど理解されていませんが、欧州の移民問題は人種差別だけでは説明できません。保守派の政党にも移民出身の政治家はたくさんいます。そこで戦わされているのは、家庭内で女性を差別するなど、近代の価値観（人権と男女平等）を受け入れず、封建的な文化や宗教に拘泥して市民社会に貢献するつもりもないひとびとにも等しく福祉は与えられるべきか、という議論です。

地理的・歴史的な幸運から日本はヨーロッパのような移民問題に悩まされることはないかもしれませんが、今後、本格的な超高齢社会を迎えることが避けられない以上、定年後も労働市場や市民社会への参画を求められる時代になることは間違いありません（同様に、女性が働かなければ労働需要を賄えないのですから、専業主婦という言葉も死語になるでしょう）。そのときに不本意な仕事しか選択肢がないのなら、生きることそのものが苦痛になってしまいます。

不幸というのは、強い心理的ストレスに晒された状態のことです。人間が社会的存在である以上、ほとんどのストレスは人間関係から生じます。家庭や恋人との関係も難しいでしょうが、サラリーマンの人生は会社に拘束されているのですから、上司や部下、同僚など会社内の人間関係が苦しさの原因になることが大半でしょう。

このようにして日本人は、働くことは苦役であり、大過なく勤め上げれば定年後に〝悠々自適〟という極楽が待っている、というきわめて特殊な人生観を持つようになりました。最初は希望に燃えていても、40代で先が見えてしまえば、あとはひたすら会社という牢獄で耐えるほかないのです。

しかしこれは、大学卒業から定年まで、会社員人生が40年と区切られているからこそ、かろうじて成立する人生設計です。80歳まで働く世の中になれば、60年間、人生の4分の3が「苦役」になってしまいます。ほとんどのひとは、こんな人生に耐えることはできないでしょう。

そう考えれば、超高齢社会の人生設計は「自分の好きな仕事をする」ことしかありません。

「なにを当たり前のことを」と思われるでしょうが、これ以外に60年という長い職業人生を乗り切る戦略はありません。「楽しく長く働ける世の中にしよう」というきれいごとではなく、私たちは、「好き」を仕事にする以外に生き延びる術がない、そんな「残酷な世界」に連れ去られてしまったのです。

自分だけのニッチを見つけ、人的資本を最大化する〝スペシャル（専門）〟に特化し、会社に依存せずに市場から富を得る――知識社会に生きるとは、そういうことです。

しかしこれは、クリエイティブな職業でなければ成功はない、ということではありません。サービス業や建設業、あるいは農業や漁業にも、あなたの「好き」を実現できるニッチはあるでしょう。

自営業者になってみて痛感したのは、「好きなことしかやらない」と決めれば人生における面倒な問題の大半は消失する、ということです。

世の中には、（おそらく）5％程度の割合で、正常な人間関係を結ぶのがきわめて難しいひとがいます。仕事上のほとんどのトラブルはこの〝やっかいなひと〟がもたらすのですから、苦しさから抜け出すには、そういうひとと付き合わない選択肢をこちらが持てばいいだけです。組織から自由になれば、理不尽な人間関係のなかで「倍返しだ！」と叫ぶこともなくなるでしょう。

そのうえ、通勤と会議がなくなれば自由な時間が劇的に増えます。私は1年の4分の1程度を海外で過ごしていますが、これが可能になるのは無駄なことに時間を費やす必要がなくなったからです。

人生は有限であり、私たちにとってもっとも貴重なのはお金ではなく時間です。それを考えれば、経済的独立によって得られる「自由」の価値はなにものにも代えられません。

経済的独立というのは、使いきれないほどの大金を稼ぐ、ということではありません。ウォーレン・バフェットやジョージ・ソロスなど、現代の大富豪は「自己実現」の手段として富を獲得するというきわめて特異な選択をしたひとたちです。

ヒトとしての私たちの欲望には物理的な制約があります。

大奥やハーレムを見ればわかるように、大きな権力と財力を握った男性の夢はできるだけ多くの若く美しい女性を独占することですが、近代社会の一夫一妻制の下ではこの欲望は禁じられています。そうなると、あとは豪邸に暮らし、美味しいものを食べ、自家用ジェットと大型クルーザーを買うくらいしかお金の使い道はありません。もっともグルメにしても、毎日ミシュランの三ツ星レストランで食事をしていては生活習慣病で寿命が縮んでしまいます。その結果、ほとんどの富裕層が富を持て余しているという調査結果もあります（ロバート・フランク『ザ・ニューリッチ』ダイヤモンド社 2007年9月)。

とはいえこれは限られた幸運な富裕層の話で、誰もが楽しく働いて十分なお金を稼げるわけではありません。経済的な独立を達成して真の自由を手に入れるためには、いつかはリスクを取らなければならないのです。

そんなときにこそ、経済合理的に人生を設計してキャッシュフローを最大化するさまざまな技術がきっと役に立つでしょう。

Epilogue

新宿中央公園のホームレス

原著の出版後にいただいた手紙やメール（当時はTwitterやFacebookはありませんでした）でもっとも多くの反響をいただいたのが、実はこのエピローグです。すこし古い話ですが、全文を再掲します――。

パークハイアット東京に寄った帰りに、ときどき新宿中央公園を訪ねることがあります。

アメリカのレストランガイド『ザガット・サーベイ』がこのホテルを高く評価したことから、最近は会食の場所に指定されることが多くなりました。少なくともアメリカ人のあいだでは、東京で最高のホテルだと信じられています。

私は美食家でもなく、高級ホテルに興味があるわけでもないので、自ら出かけることはありません。それでも、このホテルのレストランにはすこし詳しくなりました。

パークハイアット東京といえば、最上階のメインダイニング「ニューヨークグリル」からの夜景が有名ですが、ラウンジ「ジランドール」のブレックファースト・ブッフェや、和食レストラン「梢」でのディナーも人気です。「梢」は、最低でも

1人2万円は必要な高級会席の店ですが、いつ行っても満席で、予約なしでは入れません。最近では、出勤前のホステスとの同伴や不倫の逢瀬よりも、若いカップルの姿が目立つようになりました。髪の毛を金色に染めた若者たちが、1泊5万円を下らない部屋に宿泊し、ラフな恰好で気軽に食事をしています。350万人の失業者も、年間3万人を超える自殺者も、10年に及ぶ長く重苦しい不況も、まるでよその国の話のようです。

窓際の席に座れば、どのレストランからも、新宿中央公園の淡い緑が眼下に見渡せます。夜になれば、煌めくような夜景のなかで、その一帯だけが不思議な存在感を持って、暗い沈黙に満たされています。

ホテル玄関のスロープを下りて南通りに出ると、すぐ目の前が公園入口です。東京都庁のシルエットを右手に見ながら淀橋給水所を越え、公園大橋を渡って、ハイアットリージェンシーやヒルトンホテルのある北通りまで歩くのがいつものコースです。

天気のよい午前中は、公園大橋の欄干に色とりどりの布団が干してあります。水飲み場には、歯を磨き、顔を洗うひとたちが集まっています。剃刀《かみそり》を器用に操って、頭を剃っているひとがいます。夏の暑い時期は、人工滝の下で水浴する姿も目に入ります。公園のそこかしこに段ボールハウスが置かれています。

新宿中央公園に、いつ頃からホームレスが集まり出したのかは知りません。10年ほど前は、新宿西口から高層ビル街を抜けて東京都庁に至る地下道にずらりと段ボールハウスが並んでいました。この地下道の左右に据えられた太い柱が、ホームレスたちに恰好の隠れ家を提供していたからです。

段ボールハウスが撤去され、通路の端に動く歩道がつくられると、彼らはJR新宿駅西口前の地下に移り住みました。

タクシー乗り場と、地上への出口と、京王線との連絡通路の人波のなかに、ブラックホールのような空間があります。1日に数万人が通り過ぎるその場所に、忽然と段ボール村が誕生しました。

この新しい村は思いのほか長く存続しましたが、数年前に東京都が強制撤去し、跡地は催事場に変わっています。こうして、居心地のいい地下を追い出されたホームレスの群れが、新宿中央公園に集まってきたのです。

東京都内には、上野公園や荒川の河川敷など、こうした場所がいくつもあります。自治体としても、段ボールハウスを撤去したあとに、福祉でホームレスの世話をする余裕はありません。たとえ不法占拠でも、住民からの苦情が来ない場所で自活してもらった方が助かるので、騒ぎを起こさないかぎり黙認されているのです。

春は、新たなホームレスが生まれる季節だともいいます。

厳しい冬の寒さを避け、桜の花の散る頃に、多くのひとがホームレス生活に身を投じるからです。花見客の残した段ボールやビニールシートが、彼らの新しい家をつくる素材になります。次の冬が来る前に、暖をとるねぐらと食べ物を得る技術を身につけることができれば、生き延びることができます。さもなければ、凍え死ぬだけです。

べつに、彼らホームレスの人生に興味があるわけではありません。野宿するほかない境遇に身を落とすにはそれなりの理由があったのでしょうが、それを知りたいとも思いません。彼らの人生がどれほど悲惨でも同情はしないし、ホームレスを支援すると称する団体に、たとえ100円であろうともカンパする気にはなりません。

この冬を越せず、彼らの多くが生命の火を消すことになっても、私の人生にはなんの関係もないことです。

ではなぜ、私は、新宿中央公園に引き寄せられるのでしょうか？

公園を通り抜けるあいだに、りゅうとした身なりの紳士がじっとホームレスたちを見つめている場面に出会うことがあります。あるときは、降りしきる雨のなか、高価なカシミアのロングコートを身にまとった初老の男性が、崩れかけた段ボールの前で立ちすくんでいる姿を目にしました。その段ボールのなかには、生きているか死んでいるかわからない、半分水に浸かったまま横たわり、ぴくりとも動かない半裸の男の姿がありました。

ホームレスに同情したり、見世物にしたり、嘲《あざけ》ったりするのではありません。公園で偶然出会う紳士たちとは目を合わせることすらありませんが、私は、彼らの瞳に宿っている光の色を知っています。彼らも同様に、私の心の内側を見透かしているでしょう。

私たちがともに抱いているもの、それは恐怖です。

あなたは、この恐怖の味を知っているでしょうか？

ホームレスには、ふたつの人種があるといいます。

ひとつは、ただ家がないだけで、仕事をして稼いでいる者たち。仕事の内容はほとんどが工事現場の肉体労働で、彼らは山谷の簡易旅館に寝泊りするかわりに、公園や河川敷での野宿を選んでいます。なぜそんなことをするかというと、彼らには、畳の上で寝るよりも大事なことがあるからです。それはたいてい、酒か、女か、博奕です。

彼らのなかには、たとえば競輪に人生を賭けている者がいます。稼ぎのすべてを車券に注ぎ込むためには、寝る場所に金を払うような無駄なことはできません。当然、酒や女にも1円の金も使いません。それはもちろん快楽のためですが、その姿はどこか求道者にも似ています。同様に、女を抱くことに人生を賭けている者は、酒や博奕には手を出さないと聞きます。

彼らは、野宿をしているものの、自分のことをホームレスだとは思っていません。なぜなら、決定的な一点において、自分はまだ人間としての尊厳を保っていると信じているからです。

彼らにとって、人間であるか否かの境界は、残飯を漁るかどうかで決まります。世間の常識から見れば同じ最底辺の境遇であっても、そこには厳然とした区別、あるいは差別が存在します。ホームレスとは「残飯を漁る者」であり、それは人間ではない何かだと考えられているのです。

無論、ホームレスであっても、日本国民として、日本国憲法で保障された人権を有していることに違いはありません。残飯を漁ったからといって、人権を失うわけでもありません。だがここには、そうした空虚な建前にはない、強烈なリアリティがあります。

深夜のコンビニの前を通ると、ゴミ箱から食べ残しの弁当がはみ出しているのが目につきます。それを引きずり出し、他人が食いかけた肉や飯を素手で口に運んだとき、私はまだ、人間としての尊厳を保っていることができるでしょうか？

たまたま街でホームレスの姿を見かけても、ほとんどのひとは眉を顰《ひそ》めるだけです。そこに思いどおりにいかない自らの人生を映して、同情を寄せるひともいるかもしれません。ときどきは、それが自分の明日の姿かもしれないと想像してみることだってあるでしょう。

だが、そんな漠然とした不安について述べているのではありません。

あなたは、ホームレスとなって、残飯を漁って生きていく現実をこの目で確認しなければいられない、そんな衝動に駆られたことがあるでしょうか？

新宿中央公園に足を向ければ、そこには私の同類がいます。もちろん、言葉を交わすこともなければ、心が触れ合うこともありません。互いに黙って目を伏せるだけです。

パークハイアットの贅を尽くしたレストランの席に座ると、私は、この暗い公園に目を向けずにはいられません。なぜならそこには、薄汚れた段ボールハウスに住み、残飯を漁る私がいるからです。

あなたには、この恐怖の肌触りがわかるでしょうか？

もしそうなら、あなたもまた、リスクを負って生きることの意味を知っているはずです。

あとがき Don't Walk on the Dark Side

『黄金の羽根』を執筆中によく聴いていたのが、ルー・リードの「Walk on the Wild Side（ワイルドサイドを歩け）」でした。そこから、原著でも「あとがき」の見出しを「Don't Walk on the Dark Side（ダークサイドを歩くな）」としました。

〝ダークサイド〟とはもちろん、国家によって情しみなく奪われる側にいることです。

本書をお読みになって、「道徳的に許されない」と思う方もいるかもしれません。これは思想信条の問題ですから、不快な思いをされたのなら申し訳ないと謝罪するほかありません。

「違法行為をそそのかしている」と憤る方がいるかもしれませんが、これはまったくの誤解です。本書で紹介したさまざまな〝黄金の羽根の拾い方〟が、すべて完全に合法的にできるところに、日本の社会の問題の本質があるのです。

本書ではこのことをよいとも悪いともいいません。目の前に〝黄金の羽根〟が落ちていても拾わないひともいるでしょう。これは、それぞれの個人の自由です。もちろん、自分の生き方の方が高級だと主張する自由は誰にでもあります。

日本にとっても、私にとっても「特別な年」であった1995年からほぼ20年がたちました。今回、ひさしぶりに『黄金の羽根』を読み返してみて、現在に至るまで、けっきょく同じことをいい続けてきたということにあらためて気がつきました。リーマンショックや安倍バブルなどそのときどきで経済環境の浮き沈みはありましたが、原理的なことは何も変わらないのです。

もうひとつ思い知らされたのが、東日本大震災と福島の原発事故が起き、日本の社会が大きく変化したように見えても、実は制度の歪みはほとんどそのまま温存されているということです。だからこそ、12年前の〝黄金の羽根〟をいまでも同じように拾うことができるのです。

本書の内容については異論もあるでしょうが、次のことだけは確かだと思っています。

経済的に成功するためには、経済合理的でなくてはならない。

国家は神聖なものでも、崇拝や愛情の対象でもなく、人生を最適設計するための道具だ。

これは国家の否定ではありません。福祉国家のもっとも大事な役割は、国民の人生を効率化するインフラを提供することなのです。

資産運用と人生設計については、書くべきことはすべて書きつくしたので、これでひとつの区切りにしたいと思います。

本書がきっかけとなって、あなたにとっての〝黄金の羽根〟を見つけることができたなら、これに過ぎる喜びはありません。

2014年9月　橘　玲

この作品は二〇一四年九月小社より刊行された『お金持ちになれる黄金の羽根の拾い方2015　知的人生設計のすすめ』を再構成し、改題したものです。

新版《しんばん》 お金《かね》持《も》ちになれる黄金《おうごん》の羽根《はね》の拾《ひろ》い方《かた》

知的人生設計《ちてきじんせいせっけい》のすすめ

橘玲《たちばなあきら》

平成29年8月5日 初版発行
令和4年11月25日 14版発行

発行人——石原正康
編集人——高部真人
発行所——株式会社幻冬舎
〒151-0051東京都渋谷区千駄ヶ谷4-9-7
電話 03(5411)6222(営業)
03(5411)6211(編集)
公式HP https://www.gentosha.co.jp/
印刷・製本—株式会社 光邦
装丁者——高橋雅之

検印廃止
万一、落丁乱丁のある場合は送料小社負担でお取替致します。小社宛にお送り下さい。

定価はカバーに表示してあります。

幻冬舎文庫

ISBN978-4-344-42639-9 C0195 た-20-8